【上理传播学论丛】

WO GUO QING SHAO NIAN SHOU JI
CHUAN BO ZHONG DE YA WEN HUA YAN JIU

我国青少年手机传播中的亚文化研究

江凌 著

中国书籍出版社
China Book Press

图书在版编目（CIP）数据

我国青少年手机传播中的亚文化研究／江凌著．—北京：中国书籍出版社，2018.11
ISBN 978–7–5068–7108–2

Ⅰ．①我… Ⅱ．①江… Ⅲ．①移动电话机–传播媒介–影响–青少年–研究–中国②青少年–亚文化–研究–中国 Ⅳ．①G206.2 ②D669.5

中国版本图书馆 CIP 数据核字（2018）第 267262 号

我国青少年手机传播中的亚文化研究
江凌 著

责任编辑	许艳辉 庞 元
责任印制	孙马飞 马 芝
封面设计	文人雅士
出版发行	中国书籍出版社
地　　址	北京市丰台区三路居路 97 号（邮编：100073）
电　　话	（010）52257143（总编室）　（010）52257140（发行部）
电子邮箱	eo@chinabp.com.cn
经　　销	全国新华书店
印　　刷	北京九州迅驰传媒文化有限公司
开　　本	787 毫米 × 1092 毫米　1/16
字　　数	260 千字
印　　张	17
版　　次	2019 年 9 月第 1 版　2019 年 9 月第 1 次印刷
书　　号	ISBN 978–7–5068–7108–2
定　　价	68.00 元

版权所有　翻印必究

序 言

江凌的《我国青少年手机传播中的亚文化研究》即将付印出版,作为江凌的博士生导师,我甚感欣慰。本书是在其博士论文《我国青少年手机亚文化研究》的基础上删减与增补、修改与完善后的成果。

两年前,她以此为题完成了学位论文,并获得了博士外审导师的一致好评。两年过去了,今天,我们依然感受到它主题的鲜活与诉求之灵动,且这种感受是与日俱增的。

随着互联网技术的发展,人类的生活方式发生着翻天覆地的变化,手机已经成为人类的新"器官",与我们相互依存的关系也在与日俱增。而作为国家未来的青少年,其手机网民的异军突起,使得这一群体的亚文化更为活跃,也更值得我们研究与深思。

截至 2015 年 12 月,中国青少年网民规模已达 2.87 亿,占中国青少年人口总数的 85.3%,远高于 2015 年全国整体网民互联网普及率(50.3%);青少年手机网民规模已达 2.59 亿,较 2014 年同期增长了 6.5 个百分点。"突如一夜春风来,千树万树梨花开"的手机群体,特别是青少年群体及其相伴相生的亚文化,千姿百态,竞相怒放。如此波澜壮阔的文化大潮,撞击催生着经济层面、人文思想、价值取向、生活方式的大裂变。对此,我们不能不予以高度关注,这是无法推卸的历史责任和不可逾越的时代课题。

青年亚文化研究的历史最早可追溯到 20 世纪六七十年代的英国伯明翰学派,在该学派代表性著作《仪式的抵抗》中这一课题被给予了广泛关注,影响深远。那么到底什么是青少年手机亚文化呢?本书以我国青少年手机亚文化发展的脉络梳理作为研究起点,以移动智能终端时代为大背景,首先厘清了我国青少年手机亚文化生发的基础。认为青少年手机亚文化生发的三大动因是：信息化社会和个性化时代背景、媒介技术的催生及手机传播特征的优越性。同时提出了青少年手机亚文化的五大特征：对精英文化的解构性、对主导文化的抵抗性、后现代的仿真性、逆主流的风格化和集体非理性。认为青少年手机族群的特质为：颠覆反叛性、主体的自我性和主体的个性化。手机在青少年印象管理的"自我呈现"、群体效应的认同、屏蔽心理和偶像效应方面，在心绪转换效用、人际关系效用、环境监测效用、自我确认效用方面满足了青少年的需求。

在借鉴国内外学者研究成果基础上，本书认为青少年手机亚文化是青少年以手机终端为载体，在手机平台上通过一系列符号系统，以语言沟通、社交、游戏、搜索、音视频欣赏等作为行为；以微博、微信、手机小说、手机视频、手机APP应用等文化产品进行交流互动；以表达自身独特的风格化追求，通过手机本体的信息传播活动与其所处的社会文化语境相创而形成的一种亚文化系统和一种特殊的文化样态。这种文化样态是一种带有浓厚的后现代色彩的、大众狂欢的、"新风格化"的新文化形式。

我们需要怎样的青少年亚文化呢？本书从鲍德里亚消费主义角度出发，论证了手机平台上文化消费到生产实践的过程，手机与青少年消费文化存在互构关系。指出了青少年手机消费文化的三大特质：炫耀消费、符号化消费、快速消费。认为青少年手机亚文化生产力具备新技术成为手机平台下的青少年亚文化生产力升级的重要载体和手段、用信息生成信息全新的赢利模式、消费生产一体化、生产形式多样化、生产方式动态化、生产源头复杂化等特征。

作为独特的青少年亚文化景观，青少年手机亚文化也存在着手机依赖症越发普遍、传播内容的缺失、"泛娱乐化"现象、"浅层阅读"、安全隐患等问题。由此，作者对手机原住民"童年的消逝""手机成为儿童的新玩具"及手机传播对"成人阴谋"的瓦解现象进行了思考。立足于文化再生产的意义，分析了青少年手机亚文化的后现代创造力、意义及其未来。认为"手机"与"青少年"是青少年手机亚文化后现代创造力的两个驱动因素，青少年手机亚文化在作为产业生产力和文化创造力两方面体现出积极意义。

作者采用思辨与实证相结合的方法，运用社会学的田野调查方式，结合深度访谈、文本分析、个案研究对青少年手机亚文化进行解析。这样采取跨学科研究的方式具有示范性和创新性。

本书具有较强的现实意义，青少年手机亚文化作为一支重要的文化力量和文化新景观，折射出当今社会、文化、经济、科技的种种变革与趋势。青少年手机亚文化研究切中了新媒体时代研究社会文化的命脉，从某种意义上透视出了整个时代的问题。力求厘清我国当今青少年手机亚文化的发展脉络，总结并正确认识了当今青少年手机亚文化的发展模式和意义。对青少年手机亚文化的核心理念进行了深入研究，在青少年手机亚文化出现的种种问题上进行了系统的评析，为青少年亚文化和手机文化研究提供了实际可操作性的策略，研究对于正处于社会转型时期的中国社会，具有重要的现实意义。在深刻剖析手机文化的基础上，为进一步解放手机文化生产力，释放"拇指经济"，对手机文化产品的生产服务，手机平台下的文化产业大发展大繁荣提供了理论指导和借鉴。

文化无界，学术无疆。

对此，江凌用一个月时间，独自一人自驾穿越美国"母亲之路"——66号公路。在亘古神秘的科罗拉多大峡谷、在烈日灼烧下的莫哈维大沙漠、在一望无际的丘壑与荒原，感受着探索世界的快乐……在搭讪邂逅一个个美国小人物的过程中，探寻着草根文化的原味以及中西文化的差异；《穿越66号公路——一个中国女博士独自穿越美国66号公路的另类行走手记》通过微信公众号传播，在互联网众筹的支持下得以出版，她也受邀在SMG东广新闻台、"澎湃新闻"、《上海青年报》等知名媒体分享自己的见闻；在上海、昆明、西安等线下做现场分享。2016年3月8日，四川大学官方微信号三八特刊做了这样的介绍："长路在她的脚下，从不叫'漫漫'，远方在她的眼前，从不叫'天涯'，她与世界，没有总有一天，只有已经出发。"

现任上海理工大学教师的江凌，正身体力行，试图学贯中西，期待她给我们带来更多的文化研究学术成果。

写就此文，恰值春雨来临，又该是花重锦官城了。

遥想学术路上的江凌，可是头顶蓝天，脚踩大地，拨弄着满枝的汪汪露水，铿锵前行吧。

蒋晓丽

2017 年 4 月 1 日于川大花园

目　录

绪　言 ……………………………………………………………… 1

第一章　溯源与界定：青少年手机亚文化发展脉络和概念探析 ……… 32

　　第一节　青少年手机亚文化生发基础 …………………………… 32
　　第二节　青少年手机亚文化的生发动因 ………………………… 52
　　第三节　青少年手机亚文化的概念探析 ………………………… 64

第二章　反叛与对抗：青少年手机亚文化特征及主体特征 ………… 70

　　第一节　青少年手机亚文化特征 ………………………………… 70
　　第二节　主体"拇指部落"的"族人"特质 ………………………… 78
　　第三节　主体内因驱动需求解读 ………………………………… 88
　　第四节　主体的"使用与满足"分析 ……………………………… 98

第三章　时尚与个性的狂热表达：青少年手机亚文化的风格解读 … 108

　　第一节　"微"文化：青少年朋友圈的社交文化解读 …………… 108
　　第二节　"酷"文化：青春期亚文化风格 ………………………… 116
　　第三节　"潮"文化："自媒体"我行我素的生产方式 …………… 129
　　第四节　"宅"文化：青少年指上的流动家园 …………………… 142
　　第五节　"迷"文化：生存体验中的狂欢与沉沦 ………………… 148

第四章　从文化消费到文化生产力：青少年手机亚文化的生产研究 … 161

　　第一节　青少年手机消费文化的特质 …………………………… 164

1

  第二节　手机与青少年消费文化的互构 …………………… 175

  第三节　手机平台下的青少年亚文化生产力 ………………… 182

第五章　反思：青少年手机亚文化的问题及思考 …………………… 190

  第一节　手机依赖症 …………………………………………… 192

  第二节　手机传播内容的缺失 ………………………………… 199

  第三节　泛娱乐化 ……………………………………………… 201

  第四节　手机阅读对青少年的影响 …………………………… 203

  第五节　手机原住民："童年的消逝"？ ……………………… 214

第六章　展望：青少年手机亚文化的后现代创造力、意义及其未来 …… 221

  第一节　青少年手机亚文化的后现代创造力 ………………… 222

  第二节　青少年手机亚文化的意义及未来 …………………… 234

结　语 ………………………………………………………………………… 242

参考文献 ……………………………………………………………………… 244

后　记 ………………………………………………………………………… 261

绪　　言

　　理解青少年手机亚文化，就是理解我们身处的时代。一方面，我们正处于一个经济文化多元并存的时代。伴随着经济社会的发展，互联网信息传播的全球化，青少年手机亚文化正不知不觉地形成一种结构性的力量，而且有日益强大的趋势。但在主流文化面前，青少年手机亚文化正经历着威胁与考验。主流文化正以权威主导角色对其进行改造收编，正在将青少年格式化为主流社会需要的式样。面对主流文化这样的召唤，青少年不愿落入俗套，不想被社会格式化，不想进入成人社会的既定轨道，在焦虑困惑的情绪中，强烈的身份认同危机感迫使他们去寻求一些抵制或摆脱成人社会的途径：如用"微信社交""游戏沉沦""脸萌创意""一秒钟变猫人的无厘头"等文化现象构筑属于他们的青少年亚文化景观。

　　另一方面，互联网信息技术是当今时代发展的主流。随着移动4G智能手机的转型升级，手机作为互联网延伸终端应用的势头越发迅猛。伴随着电脑、网络、手机通信技术的发展，微信等即时通信方式和人际交往互动方式的便利，使得青少年话语权表达，在时间上日趋随意，在欲望上日趋强烈，在意识上越发以自我为中心，表现出身份认同意识的膨胀。即去他人崇拜为自我崇拜，去主流文化束缚为我行我素的特点。其中"炫""晒"就是该文化追求时尚和追求个性的显著利器。他们在手机平台上，通过一系列符号系统表达自身独特的风格化追求，通过互动传播生发出一种特殊的文化样态。

　　在基于国内外学者研究成果的基础上，本书对我国青少年手机传播中的亚文化进行了总体的分析，认为青少年手机亚文化是青少年以手机终端为载体，在手机平台上通过一系列符号系统，以语言沟通、社交、游戏、搜索、音视频欣赏等作为行为；以微博、微信、手机小说、手机视频、手机APP应用等文化产品进行交流互动；以表达自身独特的风格化追求，通过手机本体的信息传播活动与其所处的社会文化语境相创而形成的一种亚文化系统和一种特殊的文化样态。这种文化样态是一种带有浓厚的后现代主义色彩的、大众狂欢的、"新风格化"的新文化形式。

亚文化（subculture，也译作次文化），是通过风格化方式挑战正统或主流文化以便建立集体认同的附属性文化形态。具有"抵抗性""风格化""边缘性"三个特征。西方青少年亚文化研究糅合了社会学、人类学、符号学、通俗文化研究等多门学科的研究方法和经验，主要有大众文化的批判立场以及平民主义（民粹主义）的立场。前者继承的是自阿多诺、利维斯、阿尔都塞、法兰克福学派等以来的批判理论传统，站在精英主义的立场上彻底批判青少年在流行文化中的被动、盲从和趣味低下，凸显其对社会结构和教育的危害和压力。后者受到英国文化主义理论、文化霸权理论、布尔迪厄文化资本理论等诸多理论话语的启示和滋养，突出青少年在流行文化中作为消费者在意义生成方面的主动权和多元文化建构中的主体地位，强调文化研究的重点应该是"所有年轻人的活动、探索文化与社会关系的延续与中止，发现这些活动对青少年所具有的含义"。

在全球化的大背景下，学习借鉴中国青少年亚文化研究与西方青少年亚文化研究的优秀成果和方法，对中国青少年手机亚文化的研究具有传承和指导意义。在智能手机用户的亚文化交流活动中，文化的浸润使人由"生物的个体"成为文明世界中的"人"。由于移动智能终端搭建了高速信息通道，使得互动传播、话语自主这两大驱动元素融合发力，构建了青少年手机亚文化赖以生存的基础和生产方式。

青少年代表着国家的未来，是国家的新生力量。青少年阶段，是生命历程上一个特殊时间分段，这个时间段在生命历程中具有重要意义。有人称它为承前启后的"过渡期"；有人认为它是生命的"转折期"，由于这个阶段的青少年在生理和心理上都处于加速发展期，所以又称作人生发展的"加速期"。在这个阶段，他们首先要面临的就是角色定位、身份认同和价值取向等一系列问题。对青少年手机亚文化的关注和重视，是责任也是担当。青少年手机亚文化作为一支重要的文化力量，作为异军突起的文化新景观，折射出了当今社会、文化、经济、科技的种种变革与趋势。青少年手机亚文化研究切中了新媒体时代研究社会文化的命脉，从某种意义上透视出了整个时代的问题。本书力求厘清我国当今青少年手机亚文化的发展脉络，总结并正确认识当今青少年手机亚文化的发展模式和意义。对青少年手机亚文化的核心理念进行了深入研究，在青少年亚文化出现的种种问题上进行了系统的评析。

在研究设计上，笔者试图从传播学、社会学等不同的文化侧面，采取跨学科研究的方式，借鉴最新最前沿的国内外研究成果，结合当下传媒新实践、青少年手机亚文化新现象，审视由手机所引发的青少年亚文化潮流、症候和发展趋向。本研究主要采用了芝加哥学派越轨社会学（The Sociology of Deviance）的路径，通过"民族志"（Ethnography，也译为"人种志"或"文化研究"）和"参与考察"（Participant observation）的方法来研究亚文化。文章通过思辨与实证相结合，综合运用文献分析（Textual Analysis）、问卷调查、田野（深度）访谈（In-depth Interview）、文本分析等实证研究，加上微观的个案分析，对青少年手机使用行为与习惯，手机与个性化色彩，使用话语，使用心理，手机对人际交往、生活方式的影响等一系列问题进行资料搜集和现象描述的求证。在案例及文本研究方面，选取了最新潮和经典的受青少年青睐的手机文化产品。从青少年亚文化、消费主义、泛娱乐化、传媒经济、媒介技术等多重理论维度，以丰富鲜活的青少年手机使用个案、青少年手机亚文化产品与文本为例，力求呈现出一个全方位、多维度的青少年手机亚文化立体研究态势。

一、研究背景、对象、目的与意义

（一）研究背景

英国人类学家爱德华·B. 泰勒对"文化"的解释是："文化是一个复合的整体，其中包括知识、信仰、艺术、道德、风俗以及人作为社会成员而获得任何其他的能力和习惯。"① 文化使人由"生物的个体"成为文明世界中的"人"，传播是实现这一过程的重要因素之一。每一代文化，都会作为一个整体传给新的一代，从而一代一代传下去，我们把这一过程叫作

---

① 汪琪：《文化与传播》，三民书局1982年版，第15页。

社会化。显然，社会化是文化接受的过程。传媒文化以其传播载体的现代化而成为当今社会具有高度渗透性与开放性的文化形态。它在人的社会化过程中起着非常重要的作用。

20世纪，曾经在美国有这样的一个调查，四至六岁的孩子被问及是更喜欢爸爸还是电视时，54%的孩子回答是电视，由此引发了关于"要爸爸还是要电视"的段子。无独有偶，前些日子，在武汉的一个普通家庭里，也发生了类似的事情。作为一家之主的爷爷过生日，宴席上90后的孙子孙女们全部低头玩手机，结果是爷爷大怒，拍桌子走人。因此引发了"要爷爷还是要手机"这样一个热议话题。可见手机与我们的生活息息相关，手机已成为我们日常生活中的"顺风耳"和"千里眼"，手机是不可或缺的重要媒介。

现代化科技时代明显的标志就是结束了"交通靠走，通信靠吼"的状况，即便是在边远的乡村或山寨也是如此，且更为突出。时空瞬间转换，大世界变成了"地球村"。进而便是信息化的快节奏，一切都在飞快地忙碌转动。伴随着行色匆匆的快节奏，席卷全社会的传播媒介——手机，恐怕是最忙碌的了。手机就像是机器人一样日夜不停地为主人工作，除非主人关机需要睡觉或者进入梦乡。但当人们从甜美的睡梦里醒来时，仍要习惯性地开机看看有谁打过电话，来过短信。这时，它就会明明白白地告诉主人，谁什么时候打过电话，谁什么时候发过短信或留言。看来，手机真是一刻也不休息地忙碌着。

在这个信息发达的世界，"飞入寻常百姓家"的手机，已经成为人们"离不开"的生活伴侣。手机与人们的生活息息相关，成为人们日常生活中的"顺风耳"和"千里眼"，是不可或缺的重要媒介。因此，"有事，打我手机"成为使用频率最高的提示性话语，"人机分离"或"糟了，忘了带手机了"成为使用频率最多的歉意性话语。北京大学张颐武教授说："手机成为人们的新器官。"

理解手机，就是理解我们身处的时代。

据2017年1月中国互联网络信息中心（CNNIC）在京发布的第39次《中国互联网络发展状况统计报告》显示，截至2016年12月，中国网民规模达7.31亿，其中，手机网民规模6.95亿，互联网普及率达到

53.2%。网民上网设备中，手机使用率达95.1%，通过台式电脑、笔记本电脑和平板电脑接入互联网的比例均有下降。随着手机终端的大屏化和手机应用体验的不断提升，手机作为网民主要上网终端的趋势进一步明显。①

随着4G商用，我国互联网基础资源的不断完善，这一方面为互联网企业开创了更为广阔的业务发展空间。另一方面，手机成为互联网延伸终端的趋势越发明显。互联网环境变化导致了用户需求的改变——用户已不会将时间停留在某一项手机应用上，取而代之的是使用能够同时满足他们不同需求的多种业务：微博用户持续增长，用户逐渐移动化；网络购物和团购保持较高增长率；手机端电子商务类应用使用率整体大幅上涨。网民在手机电子商务类、休闲娱乐类、信息获取类、交流沟通类等应用的使用率都在快速增长，移动互联网带动了整体互联网各类应用发展。

截至2016年12月，我国手机网民规模达6.95亿，较2015年年底增加7550万人。网民中使用手机上网人群的占比由2015年的90.1%提升至95.1%，提升5个百分点，网民手机上网比例在高基数基础上进一步攀升。②

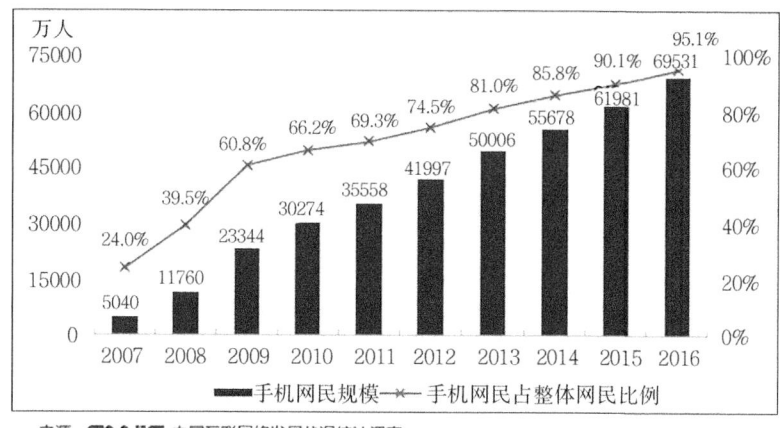

图1 中国手机网民规模及其占网民比例

① 中国互联网信息中心：《中国互联网络发展状况统计报告》，2017年1月。
② 中国互联网信息中心：《中国互联网络发展状况统计报告》，2017年1月。

据 2015 年《中国青少年上网行为研究报告》显示，截至 2015 年 12 月，中国青少年网民规模已达 2.87 亿，占中国青少年人口总数的 85.3%，远高于 2015 年全国整体网民互联网普及率（50.3%）。中国青少年新增网民为 1028 万，增长率为 3.7%，青少年网民占整体网民比例为 41.7%，较去年降低了 1 个百分点。从年龄结构来看，青少年网民中 19—24 岁占比最高，为 48.1%，较去年降低 1.5 个百分点。6—11 岁青少年占比从去年的 7.5% 提升至 11.5%，增加了 4 个百分点。①

手机是青少年最重要的上网终端，截至 2015 年 12 月，青少年网民使用手机、台式电脑和笔记本电脑三种上网设备的比例为 90%、69% 和 39.5%。手机是青少年上网使用最多的设备且热度持续上升，相比 2014 年，2015 年使用手机的比例增加了 2.4 个百分点，在三种上网设备中使用比例增加最多。截至 2015 年 12 月，青少年手机网民规模已达 2.59 亿，较去年（2014 年）同期增长了 6.5 个百分点，增长率自 2013 年年底持续下降，青少年手机上网比例为 90%，与同期整体网民水平基本一致。

图 2 青少年手机网民规模及手机上网比例

我国网民以 10—39 岁群体为主，截至 2016 年 12 月，10—39 岁群体占整体网民的 73.7%，其中，20—29 岁年龄段网民的比例为 30.3%，在整

---

① 中国互联网信息中心：《2015 年中国青少年上网行为研究报告》，2016 年 8 月。

体网民中的占比最大；10—19岁群体占比为20.2%，较2015年年底略有下降，与2015年年底相比，20岁以下网民规模占比增长，10岁以下低龄群体占比也有所提升，互联网继续向低龄群体渗透。

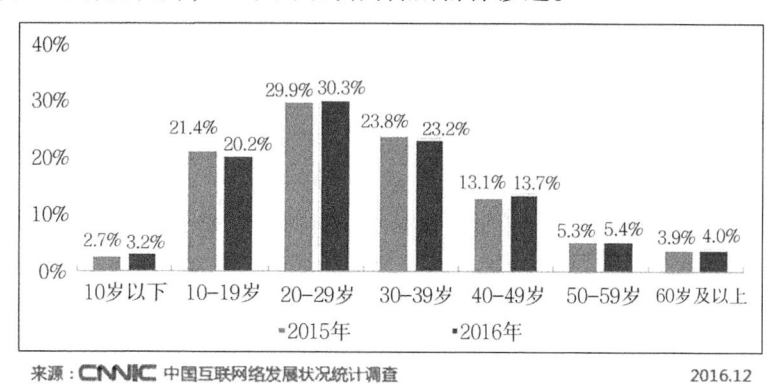

图3　中国网民年龄结构①

截至2015年12月，青少年网民中19—24岁占比为48.1%，较去年降低1.5个百分点；6—11岁青少年占比从去年的7.5%提升至11.5%，增加了4个百分点。

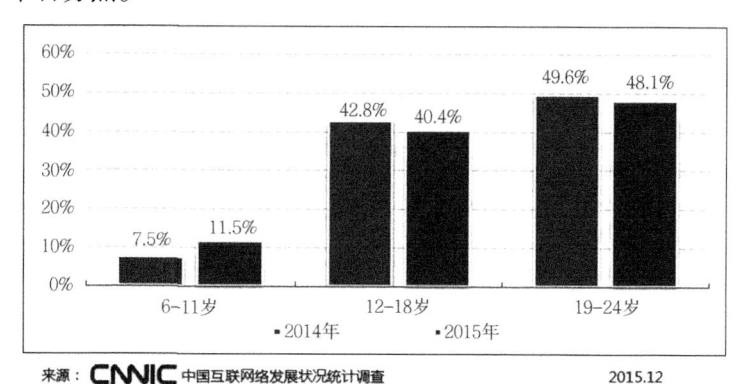

图4　青少年网民年龄结构

中国青少年网民男女比例为50.1∶49.9，其中女性青少年网民占比较去年增加了4.4个百分点。②

---

① 中国互联网信息中心：《中国互联网络发展状况统计报告》，2017年1月。
② 中国互联网信息中心：《2015年中国青少年上网行为研究报告》，2016年8月。

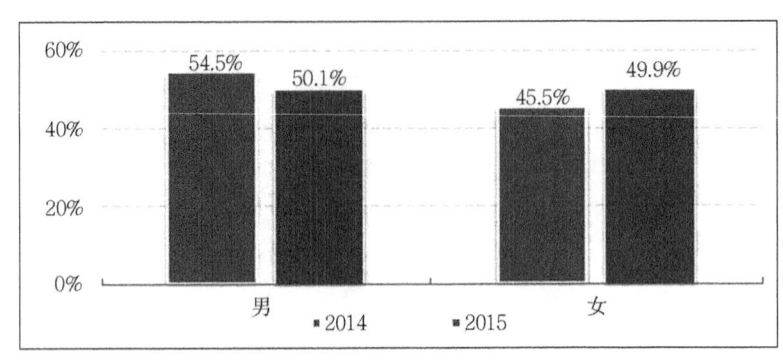

图5 青少年网民性别结构

从网民的学历结构来看，网民学历为初中、高中（中专技校）学历的网民比例最高，达到37.3%、26.2%。其中（中专技校）学历的网民较2015年年底下降3个百分点，与2015年年底相比，小学及以下学历人群占比提升了2.2个百分点，中国网民继续向低学历人群扩散。[①]

截至2016年12月，学生依然是中国网民中最大的群体，占比最高为25.0%；其次为个体户/自由职业者，比例为22.7%，较2015年年底增长0.6个百分点，企业/公司的管理人员和一般职员占比合计达到14.7%。[②]

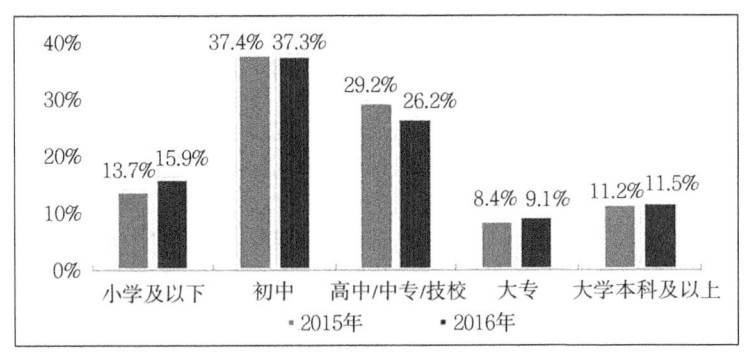

图6 中国网民学历结构[③]

---

① 中国互联网信息中心，《2015年中国青少年上网行为研究报告》，2016年8月。
② 中国互联网信息中心，《中国互联网络发展状况统计报告》，2017年1月。
③ 中国互联网信息中心：《中国互联网络发展状况统计报告》，2017年1月。

```
                    0%        10%        20%        30%
            学生                                  25.2%
                                                  25.0%
党政机关事业单位领导干部 0.4%
                      0.4%
党政机关事业单位一般职员 4.9%
                      4.3%
    企业/公司高层管理人员 0.5%
                      0.5%
    企业/公司中层管理人员 2.3%
                      2.3%
      企业/公司一般职员    12.4%
                         11.9%
         专业技术人员  5.5%
                    4.8%
         商业服务业职工 4.2%
                    4.4%
       制造生产型企业工人 2.6%
                    4.5%
        个体户/自由职业者              22.1%
                                   22.7%
        农村外出务工人员 2.9%
                    1.8%
         农林牧渔劳动者 5.7%
                    5.7%
              通休  4.1%
                    4.1%
         无业/下岗/失业 5.7%
                    6.6%
                    ■2015年  ■2016年
来源:CNNIC 中国互联网络发展状况统计调查          2016.12
```

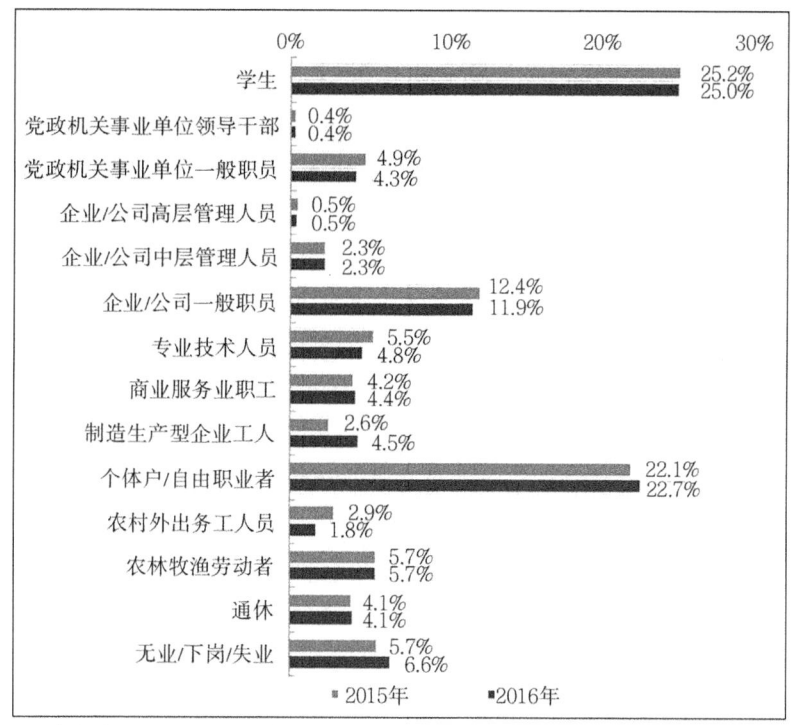

图7 中国网民职业结构

2015年青少年网民平均每周上网时长相比2014年下降了0.7小时，通过在学状态对青少年网民进行细分之后可以发现，中学生群体的周上网时长下降最为明显，较去年降低了1.7小时。①

表1 不同在学状态青少年网民上网时长

上网时长	小学生	中学生	大学生	非学生	青少年总体
2014年	14.4	23.7	29.3	31.0	26.7
2015年	14.9	22.0	31.7	32.6	26.0

青少年年龄阶层是一个时代高度聚焦和突出问题所在，青少年一出生就成为手机的原住民，青少年手机亚文化研究成了研究社会文化的命脉，

---

① 中国互联网信息中心：《2015年中国青少年上网行为研究报告》，2016年8月。

青少年手机亚文化研究将透视出这个时代的问题。青少年处于人格即将被定型的阶段,面临着角色定位和身份认同的问题,在这个阶段里,他们首先感受到的是主流文化的召唤。这种主流文化更多地表现在经济方面,广告的诱惑、消费社会的压力等,形成了一种结构性的力量,足以将其中的成员格式化为社会需要的样子。面对这样的召唤,有些年轻人会比较认同,但也有些年轻人会抵制或逃避,在这种情况下,年轻人自然会产生焦虑或困惑的情绪,身份认同危机由此产生,青少年亚文化随之出现。[①]

西方青少年亚文化研究糅合了社会学、人类学、符号学、通俗文化研究等多门学科的研究方法和经验,主要有大众文化的批判立场以及平民主义(民粹主义)的立场。前者继承的是自阿多诺、利维斯、阿尔都塞、法兰克福学派等以来的批判理论传统,站在精英主义的立场上彻底批判青少年在流行文化中的被动、盲从和趣味低下,凸显对其社会结构和教育的危害和压力。后者受到英国文化主义理论、文化霸权理论、布尔迪厄文化资本理论等诸多理论话语的启示和滋养,突出青少年在流行文化中作为消费者在意义生成方面的主动权和多元文化建构中的主体地位,强调文化研究的重点应该是"所有年轻人的活动、探索文化与社会关系的延续与中止,发现这些活动对青少年所具有的含义"。

在全球化及互联网大背景下,学习借鉴中国青少年亚文化研究与西方青少年亚文化研究的优秀成果和方法,对于中国青少年手机亚文化的研究具有传承和指导意义。文化的浸润,使人由"生物的个体"成为文明世界中的"人"。互联网搭建了高速信息通道,互动传播、话语自主捍卫了青少年手机亚文化赖以生存的基础和生产方式,对话交流与价值认同显示了青少年手机亚文化的核心理念追求。

理解手机亚文化,就是理解我们身处的时代。我们正处于一个经济文化多元并存的时代。来自于手机亚文化的传播,伴随着对互联网互联互动,不知不觉地形成一种结构性的力量,而且大有日益强大的趋势。但是,在习以为常的主流文化面前,手机亚文化正经历着威胁与考验。主流文化正以主流权威主导对其进行改造融合,正在将青少年格式化为主流社

---

① 陶东风、胡疆锋:《亚文化读本》,北京大学出版社 2011 年版。

绪　言

会需要的式样。

不想被社会格式化，不想进入成人社会的既定轨道，在焦虑或困惑的情绪中，在强烈的身份认同危机感的压力下，迫使他们寻求一些抵制或摆脱成人社会的途径。一方面用"恶搞""动漫""粉丝"等一系列文化现象构筑起了时下盛行的青少年亚文化景观；另一方面也突出表现为，在手机平台上通过一系列符号系统表达自身独特的风格化追求，通过手机本体的信息传播活动与其所处的社会文化语境相创生形成的一种亚文化系统和一种特殊的文化样态。在文化意义上，这种"新风格化"与主流文化既存在着矛盾与抵抗，也存在着联系。

对青少年手机亚文化的关注和重视，也意味着对未来主流文化的关注和重视，是责任也是担当。青少年手机亚文化作为势不可当的一支重要文化力量，作为一种异军突起的大众文化新景观，折射出了当今社会、文化、经济、科技的种种变革与趋势。青少年手机亚文化研究切中了新媒体时代研究社会文化的命脉，青少年手机亚文化研究将透视出整个时代的问题。

在手机平台上，我国青少年亚文化表现出怎样的特征与形态？这些亚文化是如何生发的？具有怎样的意义？存在怎样的问题？它的未来是什么？我们对青少年手机亚文化应持什么样的态度？如何更好地把握青少年手机亚文化，使之与主流文化和谐共荣，趋利避害，在青少年的成长过程中发挥积极作用？本文力求通过手机平台变迁的梳理，厘清我国当今青少年亚文化的发展脉络。总结并正确认识当今青少年亚文化发展模式，生产方式和社会影响力。对亚文化的核心理念、身份确认、个人愿景、价值认同等进行了深入的研究。在青少年亚文化出现的种种迷失与问题上进行了中肯的评析，问症把脉开出了良方。

无论是广义的文化，还是狭义的文化，都是一种社会现象。"只有当个体的文化心理、文化行为成为社会中的普遍观念和行为模式时，或者说成为一定社会和社会群体的共同意识和共同规范时，它才可能成为文化现象。"[①] 不同的文化现象最终联系在一起，成为文化系统，并且随着社会的

---

① 林纪诚：《语言与文化综论》，上海外语教育出版社。

发展而发展。

关于手机研究首当其冲的最重要的当属美国学者保罗·莱文森，他提出："手机（cell phone）的名字十分美妙。"在英格兰和中国台湾等地区，它被叫作移动电话（mobile phone）。不过叫 cell phone 更为传神。在这本最早研究手机的专著《手机——挡不住的呼唤》中他提出：人类有两种基本的交流方式：说话和走路。可惜，自人类诞生之日起，这两个功能就开始分割，直到手机横空出世。唯独手机把人从机器跟前和禁闭的室内解放出来，送到大自然中去。你可以在高山海滨、森林草原、田野牧场一边走路一边通信和传收信息；你可以斩断把你束缚在室内和电脑前的"脐带"去漫游世界，只需要一个大拇指操作的手机，你就可以"一指定乾坤"。①

手机因其携带和使用的便利，更由于手机的智能化升级，与互联网的无线连接，手机的主人更是随心所欲或为所欲为。人人都是记者，人人都是发言人，人人都是传播者，人人又都是受众者。手机主人可随时随地发表微博、图片、视频和评论，转眼间自己的手机就变成为一个实实在在的媒体，一个自由自在的媒体，所以，人们比较形象地称之为"自媒体"。

由此，手机的媒介传播功能比起单纯的人际传播、传统的媒介传播毫不夸张地强势到无可比拟和无法想象的地步。那么，手机为何有如此巨大的魅力，短短 20 年时间，从"大哥大"的砖头手机到"人性化"的智能手机，从屈指可数的用户到"全民皆机"星火燎原的 10 亿用户的手机大国，其根本推动力何在？

手机最基本、最显著的两大功能即实用功能和文化娱乐功能，这恰恰与人们（大众）的生存状态、生活所需相关联。生存状态和生活所需是一个人最基本的特征，它涵盖了一个人的方方面面，既是物质的，也是精神的。作为一个人，想知欲知未知的东西很多，表达愿望的媒介也很多，如人际交往与传播。表达愿望的手段也很多，如书信来往、固定电话、互联网等。但这些都有明显的缺陷：不如手机那么方便，不能替代移动电话随时随地拨打电话的便利。此外，智能手机拥有无线上网的功能，使用户可

---

① （美）保罗·莱文森：《手机——挡不住的呼唤》，何道宽译，中国人民大学出版社 2004 年版。

以随时随地连接互联网，满足自己的生存状态，满足生活所需所相关联的愿望。因此怀揣一部手机，就如同将世界装在了兜里。

2013北京高考作文题为：爱迪生回到21世纪对手机怎么看？其中涉及一位科学家和一位文学家的对话。题目面向高三学生，选择手机为主题，以科学家和文学家两个不同视野领域的观点碰撞，引发高中生对手机不同角度的思考，高考命题的选题无疑是当今社会、文化动态的风向标。这一次，高考命题组瞄准了青少年与手机，高中生是祖国未来建设的栋梁，关注高中生与手机的关系，意味着关注中国未来主流人群与手机的关系。爱迪生何许人也？世界发明大王，手机这样的一个发明似乎是具有跨时代意义技术革命的产物，因此，当世界发明大王遇见手机，这其间的发挥空间自然大了。高考命题组无疑是看到了手机日益强大的影响力，此命题颇具前瞻性和现实意义，肯定了手机的划时代意义，也体现了对手机与青少年二者关系的人文关怀和深刻考量。

（二）研究对象

在英语中，青少年用"adolescence"来表示，"adolescence"来自拉丁语"adolescere"，意思是进入成熟期。从这个意义上讲，青少年是一个过程，而不是一个时期，是一个获得有效地参与社会所需要的态度、信仰的过程。

青少年的划分有三种方法。按照联合国的划分标准，青春期（adolescents）是指年龄在10—19岁的人，青少年（young people）是指10—24岁的人，年轻人（youth）是指15—24岁的人。青春期是由儿童到成人的过渡时期，它是一个连续的过程。一般而言，它从体格快速增长开始，到骨骼完全融合、躯体停止生长、性发育成熟而结束。也就是说，这个时期的孩子身体变化很明显，心理和行为也会有不小的变化。

美国著名心理学家D. 罗杰斯在20世纪60年代出版的一本关于青少年心理的心理学著作《青少年心理学》中认为对青少年的界定可以用许多方式，如青少年是生理发展的一个阶段，一个年龄发展的区间，或是一种社会学现象。

如果从青少年被界定为生理发展的一个阶段来看，这里指的是青春发育期及其间所发生的生理变化。这个时期的特点就是生理发育迅猛，身体比例发生变化，第一和第二性征成熟。发育期的高水平的时期被称为青春期，明显特征就是性成熟。青少年时期，从生物学意义上指从发育迅猛开始直到生理发育相当成熟的十多岁到二十岁出头。①

如果从青少年被界定为一个年龄阶段来看，按照年龄发展顺序来界定青少年，例如 Hurlock 指定青春期前期为 10 岁到 12 岁；青春期早期是 13 岁至 16 岁；青春期晚期是 17 岁至 21 岁。但由于心理成熟或是生物成熟都不是能立刻达到的，尤其是青春期的结束是一个逐步的过程，因此不能定义为是一个时间上的一个点，不能忽视个体发展模式中的大量变化。②

而如果从青少年被界定为一种社会现象出发，青少年被看作一种社会文化现象，是他生命中的一个时期。这时，社会不再把他们看作是一个孩子，但是还没有赋予他全部的被承认的地位角色和功能。这个时期作为训练期，添补了生物成熟和社会意义上的成人期之间的过渡期。这个意义上的成人期是一种文化的创造，它表明一个人不再处于依赖的地位，但是应该准备好承担社会的全部义务和权利。③

而依据我国公安部门对青少年的年龄界限所定标准，它既包括一部分 18 周岁以下的未成年人（法学界关于青少年犯罪界定于此年龄段），也包括一部分 19—25 周岁的已成年人（统计青少年犯罪率即界定于 13—25 周岁）。

我国手机网民的调查报告显示，初中生群体已成为新生的手机网民，10—19 岁年龄段的网民的比例为 24.1%，20—29 岁年龄段网民的比例最高，为 31.2%。笔者结合以上不同关于青少年的界定，选取以 13—25 岁之间的青少年对研究对象，此标准涵盖初中生、高中生、大学生，及新入职的青年职业群体，对基于手机的青少年亚文化进行了研究。

自 2014 年 6 月 19 日起至 2014 年 7 月 13 日，笔者面向我国东部、中部、南部三大地区的六座城市：上海、西安、青岛、成都、宁波、广州地

---

① 罗杰斯：《青少年心理学》，2013 年 4 月 14 日，http://www.54xinli.org/a/xinlikongjian/xinlizhuanyezhishi/2013/0414/1137.html。

② 罗杰斯：《青少年心理学》，2013 年 4 月 14 日，http://www.54xinli.org/a/xinlikongjian/xinlizhuanyezhishi/2013/0414/1137.html。

③ 罗杰斯：《青少年心理学》，2013 年 4 月 14 日，http://www.54xinli.org/a/xinlikongjian/xinlizhuanyezhishi/2013/0414/1137.html。

区的部分初中、高中和大学，以班级的形式，由他们的班主任组织，收集了《我国青少年手机及 APP 使用偏好及认知问卷调查》调查问卷，收回有效问卷 320 份，其中男性 120 名，女性 200 名。调查问卷从内容上分为：受访者基本信息、手机及 APP 使用情况、手机及 APP 使用偏好和手机及 APP 使用认知四个部分，从不同的侧面，一定程度上掌握了 13 至 25 岁期间，具有代表性的我国青少年的手机使用情况及他们对手机的认知。

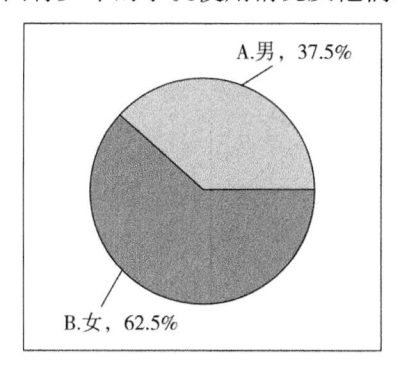

图 8　问卷受访青少年的性别分布

年龄分布 13—15 岁受访者为 16 人，16—18 岁受访者为 101 人，19—21 岁受访者为 83 名，22—25 岁受访者为 120 人。

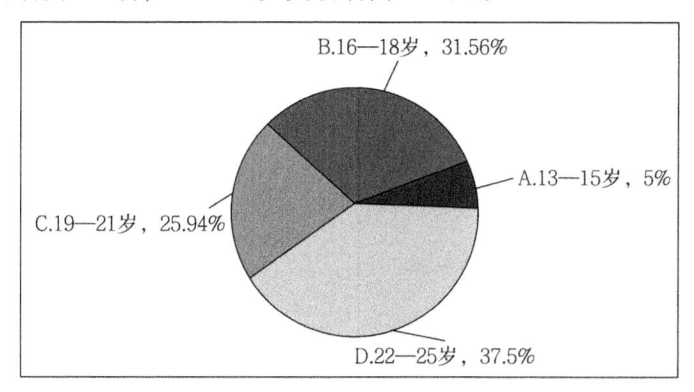

图 9　问卷受访青少年的年龄情况

从受教育程度来看，小学及以下仅 1 人；初中 27 人，占 8.44%；高中、中专、中师等 103 人，占 32.19%；大专 12 人，占 3.75%；本科 126 人，占 39.38%；硕士及以上 51 人，占 15.94%。

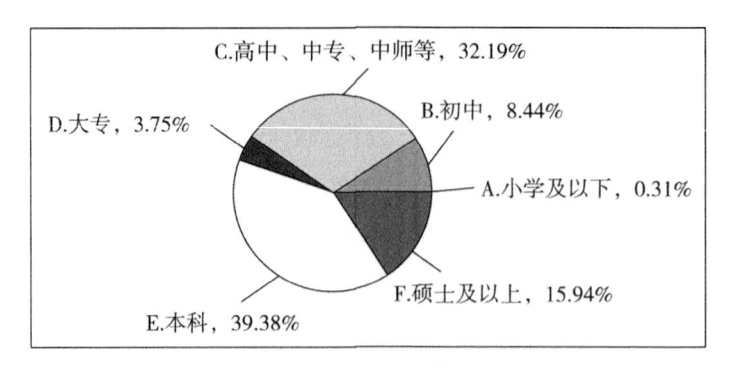

图10 问卷受访青少年的教育程度情况

从受访者目前从事的行业来看，大部分是学生，占到了84.06%。

比对20世纪50年代以来的青少年亚文化研究，如今在新媒体时代，我国的青少年亚文化表现为什么特征？都有什么形态的青少年亚文化？这些亚文化是如何生发、如何形成的？具有什么样的意义？未来是什么？对青少年的手机亚文化应该持什么样的态度？反思如何更好地把握青少年手机亚文化，使之与主流文化和谐共处，在青少年的成长过程中发挥积极作用。

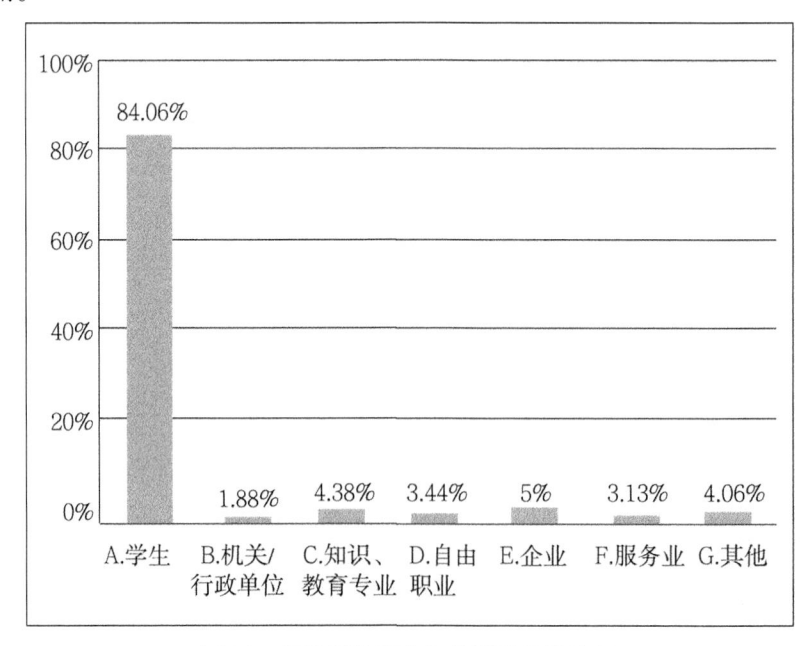

图11 问卷受访青少年从事职业的情况

具体看来，包括手机平台中的青少年亚文化的生产、特征及背后的意义，从文化研究的学统出发深刻剖析青少年手机亚文化的界定与特征，青少年手机亚文化的孕育生发、手机发展的背景现状、青少年手机亚文化的特征、亚文化生产的过程、生产模式及生产意义，尤其是在整个当代社会大众文化和新媒体背景下，对青少年身份认同，文化消费到生产实践等，所具备的强大影响力和深刻意义，及青少年手机亚文化的产业创造力。本研究选取了青少年亚文化、消费主义、泛娱乐化等多重维度，微观上以丰富鲜活的青少年手机使用个案、青少年手机亚文化产品、青少年手机亚文化的文本为例，力求呈现出一个全方位、多维度的青少年手机亚文化立体研究。

（三）目的与意义

新媒体是当今时代发展的主流，青少年代表着祖国的未来，是国家最重要的力量之一。对青少年手机亚文化的关注和重视，意味着对未来主流文化的关注和重视，青少年手机亚文化作为势不可当的一支重要文化力量，作为一种异军突起的大众文化新景观，折射出了当今社会、文化、经济、科技的种种变革与趋势，本书试图通过对这一微观实践的考察，梳理出其间蕴藏的文化景观、创造的能量、文化精神与独特意义。

首先，青少年手机亚文化体现着我国社会文化未来发展的趋势。研究青少年手机亚文化是研究当前社会文化的重中之重。以此，本研究对于如何整合青少年手机亚文化与当代社会文化，对于进一步激化文化的多元化，推动不同民族、社会、国家间的文化对话，实现平民文化与精英文化的融合，实现"跨文化"交流，从而进一步推动文化秩序的再建，更好地服务国家和社会的建设，更好地繁荣我国的文化提供理论指导。尤其对于正处于社会转型时期的中国社会，具有重要的现实意义。对于实现"文化强国"，这一中华民族近代以来最伟大的梦想有着重要的现实价值。

其次，青少年手机亚文化的研究对青少年的思想和文化引导方面发挥着重要的作用，随着青少年群体日益成为手机的主力军，手机文化成为当代青少年标榜自我的流行生活方式，成为青少年群体的身份认同的标签。对青少年手机亚文化的研究，即对该群体行为方式、思想价值观、兴趣喜好、审美品位、内心需求的研究。如何在手机平台中寻求身份的认同，获得身心的愉悦和消费的快感，如何与同类分享心得，这为新媒体时代的青少年成长教育和思想文化引导提供了借鉴。

再次，在深刻剖析青少年手机亚文化的创造能量基础上，从消费主义视域出发，以具体的手机平台文化产品为例，通过对青少年的消费体验、消费心理、消费习惯、消费认同等方面的分析，论证消费主义与青少年手机亚文化之间的互构关系，论证青少年群体通过消费文化抵抗承认文化的大众狂欢潮流。为进一步解放手机文化生产力，释放"拇指经济"，对手机文化产品的生产和服务，为手机平台下的文化产业大发展大繁荣提供理论指导和借鉴。

最后，文化研究是一系列互不相同却又彼此相关的学科或理论的交集，包容性和实践性是其最大的魅力和活力所在，对于青少年手机亚文化的研究也必须基于多学科互涉的考虑。笔者试图从传播学、社会学不同的文化侧面，采取了跨学科研究的方式，借鉴最新最前沿的国内外研究成果，结合当下传媒新实践、青少年手机亚文化新现象，审视由手机所引发的青少年亚文化潮流、症候和发展趋向，以期为当下变化多端的青少年手机亚文化现象提供一种立体多层面的观察角度。

跨学科的视野不仅丰富了新闻传播领域，也补充了新媒体领域的系统知识，填补了对手机文化系统研究的学术空白。同时，在研究方法方面，为手机文化研究提供了实际可操作性的策略：通过思辨与实证相结合，综合运用问卷调查、个案访谈、文本分析等实证田野研究，加上微观的个案分析，深刻鲜活地描述和论证青少年手机亚文化现象及其背后反映的深刻意义，这对文化研究的进步和文化实践领域起到助推作用。

无论是在信息传播、政治生活、文化消费，还是在人际交往、日常生活方面，手机这一新兴的媒体形式所带来的文化变革都蕴藏在人们不断的应用和实践当中。正如蒋原伦先生指出："今天多样化的媒体和多样化的媒介交往手段所构筑的社会文化空间无限宽阔，这一情景既使人惊喜，也令人恐惧，其前景不在耆宿名儒的掌控之中，也不在具有各种名头笔衔的文化大师们三言两语的预测之中,而是在具体的实践之中。"① 因此,对于手机为我们的社会、文化、经济、生活所带来的影响,以实践为基础来阐释这些总是会给我们惊喜或恐惧的文化现象,具有深远意义。

二、研究综述

(一) 文献综述

由于手机的发展仅是不到 20 年的事,虽然手机已成为最主流媒介的新媒体,基于手机的青少年亚文化相关的学术研究仍不像青少年互联网研究那样丰富多变。为了更具体、清晰地掌握多学科领域下对手机文化的研究现状,笔者选取 1980—2012 年以来发表在中国知网"中国学术期刊网络出版总库"中的论文,在上述不同的学科分类下,以"手机文化"为检索词,对相关文献进行全面检索,对掌握论文进行分类梳理。呈现主要研究主题与切入角度分布如下。

1. 关于手机是媒介的辩争

"媒体"和"媒介"这两个词都来源于英文单词中的"Media/Medium",两者并无概念上的本质区别,只是在使用习惯上有细微的差别。一般来说,媒介是整体的抽象名词,媒体则是个体的具象名词;也有的学者认为媒介指的是语言、文字、声音、图像等内容信息,而媒体指的是书籍、报纸、杂志、广播、电视等传播媒介及其机构。②

(1) 媒介的界定——手机是否是媒介?

"媒介"一词,最早见于《旧唐书·张行成传》:"观古今用人,必因媒介。""媒介"是指使双方发生关系的人或事物。③ 英语的"media"指使事物之间发生关系的工具或者介质。对于媒介的定义,还有以下代表性观点:麦克卢汉(M. McLuhan)在他的著作 1964《理解媒介》中认为 The medium is the message,即媒介即万物,万物皆媒介。德弗勒:"媒介可以

---

① 蒋原伦:《媒体文化与消费时代》,中央编译出版社 2004 年版,总序。
② 匡文波:《新媒体概论(第三版)》,中国人民大学出版社 2012 年版,第 2 页。
③ 百度百科:媒介,http://baike.baidu.com/view/296558.htm?fr=aladdin。

是任何一种用来传播人类意识的载体或一组安排有序的载体。"①巴特勒："媒介是一个简单方便的术语，通常用来指所有面向广大传播对象的信息传播形式，包括电影、电视、广播、报刊、通俗文学和音乐。"

媒介指信息传递的载体、渠道、中介物、工具或技术手段……是社会信息系统不可或缺的重要环节和要素。②

从上面几组关于媒介的界定来看，媒介是能够有效发挥传播功能的某种介质，笔者认为手机是媒介。

（2）媒体的界定——手机是否是媒体？

媒体一词来源于拉丁语"Medium"，音译为媒介，它是指信息在传递过程中，从信息源到受信者之间承载并传递信息的载体和工具。也可以把媒体看作为实现信息从信息源传递到受信者的一切技术手段。媒体有两层含义，一是承载信息的物体，二是指储存、呈现、处理、传递信息的实体。媒体除了有媒介的意思之外更重要的是强调它的物质性。

从以上定义来看，手机在某种场合下也可当媒体使用。因此，媒介和媒体，笔者认为不变的是媒，变的是介或体，前者是介质，后者是实体。因此，手机既是媒介，又是媒体，只是依所用场合加以区分。

2. 青少年手机亚文化特征

手机文化传播的特点是手机短信收发的便捷性，短信沟通具有非即时性与去现场性，短信沟通比其他沟通方式更为便宜，单位信息量的传播成本比传统媒体更低、更加人性化。③ 其次，手机文化具有流动性、大众化与个性化相结合、跨媒体性等特性，并表现在交互性、实时性、离散性、随身性、分众性、直接消费性等几个方面。④ 手机文化特征还体现在大众性：给大众生产娱乐与快感；开放性：公共言论的表达空间；贴身性：贴

---

① 《"媒介"的前世今生》，http://blog.sina.com.cn/s/blog_4b8a9f460100aohr.html。
② 郭庆光：《传播学教程》，中国人民大学出版社1999年版，第147页。
③ 陈永福：《手机文化对大学生主流意识形态的影响及对策研究》，《福建师范大学硕士论文》，2010年4月25日。
④ 夏光富、袁满：《手机文化的特性与手机文化的产业化》，《新闻界》，2007年第4期。

身随走的"流动家园"三个方面。①

3. 青少年群体与手机影响研究

正如学者波斯曼在《童年的消逝》一书中所指出的一样,现在的青少年出生在手机泛滥的时代,成为手机的原住民。手机在青少年群体中,包括高校的高度普及使得青少年的手机文化氛围越来越浓,并成为青少年文化建设的重要组成部分。②

(1) 青少年群体创造了独特的手机文化。

手机首先为青少年群体创造了独立的公共空间,我们掌中的手机屏幕成为人类交往的一个新的"界面",③ 社会学家卡斯特尔曾指出,"由于历史演变与技术变迁的汇聚,我们已进入社会互动和社会组织的纯文化模式之中"。④

孙慧英在《多重视域下的第五媒体文化研究》一书中指出,由于手机文化是一种带有浓厚的后现代主义色彩的、大众狂欢的新文化形式,它首先由青少年带动起来,因此它具有了明显的青年文化特点。"拇指部落"的"族人"们不仅用拇指相互传递信息来代替说话,还创造了许多表情符号、表达式以及新鲜的"行话"。⑤

除了语言文字以及交流方式的创造之外,青年们还通过拇指发动集体行动,无论是"快闪"行动,还是"集体散步""政治示威"行动,都使他们成为"聪明的暴民",他们不仅会利用手机进行娱乐,而且还创造出了"手机政治"。⑥ 如奥巴马的胜选很大程度上要归功于他善于利用这种自

---

① 李建秋、吴斯一:《论手机文化的基本特征》,《西南交通大学学报(社会科学版)》,2011年第1期。
② 庄伟:《高校手机文化的形成因素与特点》,《新闻爱好者》,2012年12月。
③ 金元浦:《回到起点:恶魔还是福音——大众文化30年再思考》,《中国中外文艺理论学会年刊》,2010年4月30日。
④ 金元浦:《回到起点:恶魔还是福音——大众文化30年再思考》,《中国中外文艺理论学会年刊》,2010年4月30日。
⑤ 孙慧英:《多重视域下的第五媒体文化研究》,北京邮电大学出版社2010年版。
⑥ 孙慧英:《多重视域下的第五媒体文化研究》,北京邮电大学出版社2010年版。

下而上的手机政治所带来的力量。在未来，手机政治则会显得更加重要，成为政要们重要的舆论阵地。尽管手机的设计和应用都是以娱乐为主，但是在政治鼓动、舆论监督方面所起的作用，或许有可能超越计算机网络媒体。

（2）手机影响青少年意识形态研究。

程文忠在《手机文化对大学生主流意识形态的影响和对策》一文中认为，手机文化时代的到来，对大学生主流意识形态带来巨大挑战。[①] 山东师范大学田丽硕士论文《手机文化对初中生的影响及教育对策》对手机文化与校园文化的关系做了论述。通过对济南第十二中学学生使用手机情况的调查，对手机文化对当今初中生的价值观、行为方式、学习生活等方面的积极影响和消极影响，如享乐主义、颓废主义、拜金主义、炫耀性消费等做了分析并提出教育对策。

（3）手机变革青少年人际交往研究。

21世纪随着电脑、网络、手机通信技术的发展，以Facebook、Titter为代表的社交网络、微博等继门户网站、搜索引擎、博客之后，已经成为人们新的信息获取方式和人际交往方式。

孙慧英在《多重视域下的第五媒体文化研究》中指出，很多人现在习惯了网络交友，习惯了虚拟空间中的角色，习惯了生活在网络中，而成为了"御宅一族"。但是手机的多媒体化将这些年轻人从房间拉到了大自然当中，他们只要拥有一部上网手机，就可以在地球村里自由漫游、工作、生活、交友、学习、消费。处于公共空间与私人空间重叠情境之中的人们，将公私分得不再那么泾渭分明，人们可以与远方的也可能是陌生的手机在线互动者进行不在场的亲密交流，而对身边的人视而不见；人们通过手机进行的交流可以不顾及前台、后台的情境；人们还可以选择将"私房话"放在一个公共空间当中；手机在一定程度上带来了情感的贬值，人们生活在手机中，主动地去享受着它带来的便捷，不断地品尝着它献上的每一道新款菜式，也心甘情愿地被它的文化所浸染。

---

① 程文忠：《手机文化对大学生主流意识形态的影响和对策》，《福州大学学报（哲学社会科学版）》，2011年第2期。

此外，蒋晓丽教授《从"第五媒体"到后现代文化——中国学者研究视域中的"手机短信"综述》一文围绕着手机短信本体论，及其给社会生活的影响，对中国手机短信研究进行扫描。关注了手机短信在人际传播、心理乃至文化上给人们生活带来的变化。①

4. 泛娱乐化视野下的青少年手机亚文化研究

泛娱乐化现象是大众文化发展的一种典型表现。尼尔波兹曼曾指出："我们的政治、宗教、新闻、体育和商业都心甘情愿地成为娱乐的附庸，毫无怨言，甚至无声无息，其结果是我们成了一个娱乐至死的物种。"②

手机文化的泛娱乐化在一定程度上弱化了大众的审美能力，从某种意义上说让媒体失去了受众的信任和信赖。我们的一些优秀的传统文化经受着手机泛娱乐化的冲击，手机文化的娱乐化表达。"泛娱乐化"的手机文化审美，包括情感体验娱乐化、自我表达个性化、精神消费快餐化、文化风格时尚化，这些都促使我们从文化的更深层次进行思考。

5. 经济学视域下的青少年手机亚文化研究

手机短信、手机彩铃、手机视频、手机报、手机小说、微博、电子商务、手机游戏等手机文化产品的不断丰富，生产着消费欲望，书写着拜物情结，刺激着人们的日常消费。

（1）青少年"拇指文化"催生"拇指经济"，创造文化生产力。

手机不仅改变着文化，而且制造着文化——拇指文化，并进一步催生了拇指经济。拇指文化是一种带有浓厚的后现代主义色彩的、大众狂欢的新文化形式，它首先由青少年带动起来，因此它具有明显的青年文化特点。③

手机上所附属的各种功能也使其衍生产业蓬勃发展，手机在很大程度上解放和发展了文化生产力。

---

① 蒋晓丽：《从"第五媒体"到后现代文化——中国学者研究视域中的"手机短信"综述》，《西南民族大学学报（人文社科版）》，2007年第1期。

② 李瑞、高菲：《手机媒介文化综述》，《山西广播电视大学学报》，2008年7月。

③ 孙慧英：《多重视域下的第五媒体文化研究》，北京邮电大学出版社2010年版。

如传统文化《城外》，"试水"手机成功打响了头一炮，4200字的手机小说卖出了18万元的天价，这在文化处于低迷状态的当今社会，无疑是一种实现"一字千金"的新途径。尝试着"一鱼八吃"的作者千夫长也因此成为最具商业头脑、紧跟时尚风潮的专业作家。手机对文学艺术的影响何至于手机小说，由短信文学卷起的一股手机文化热浪，不仅带来了文学书写和阅读方式的变革，而且还集结了大量的民间文学样式、民间语言表达和民间的文学创作灵感与智慧，并对文学艺术的复兴起了相当大的作用。对于文学艺术来说，手机无疑是一艘通往藏着富矿的未开发小岛的轮船。[①]

朱海松在《第一媒体：手机化的商业革命》中提出，"人性的弱点"是手机的优点，即手机方程：手机＝无聊经济＋促销经济。手机平台文化产品之所以如此吸金，因为手机本身就是互动传播、整合营销的最佳平台。

（2）手机文化产品刺激青少年消费。

由于手机平台下的相关产品形态丰富，此部分论文数量也比较多。青海师范大学柯丽萍的硕士论文《都市手机短信文化研究》（2009年），也指出手机短信不仅能真实地表达民间社会生活的面貌和民众的情感世界，而且在传播方式上也主要表现为集体创作、集体流传，传播方式自在性等特点。毛力群《"拇指文化"演绎语言新时尚——手机短信的语体分析》一文指出：拇指文化演绎了语言的新时尚。[②] 该文就短信语体的特征、类型、成因及手机短信发展趋势等问题进行探讨。

上海师范大学马晓莺的硕士论文《手机文化的深度解析》，该文分上下两篇，在上篇中作者将手机技术形态作为文本，依托技术文化、传播文化、流行文化的理论背景，对之进行剖析。在下篇中，收集了150个手机广告样本并作为文本，找出形式各异的手机广告中表现出来的享乐主义、

---

① 孙慧英：《多重视域下的第五媒体文化研究》，北京邮电大学出版社2010年版。

② 毛力群：《"拇指文化"演绎语言新时尚——手机短信的语体分析》，《浙江师范大学学报》，2004年5月。

炫耀性消费、个性与差异、消费偶像观等意识形态，并借助消费社会的相关理论，剖析其存在的意义与价值。①

（二）研究总体特征

从研究的趋势和数量上看，青少年手机亚文化研究的总体数量不多，主要停留在宏观的理论研究方面，将手机与青少年群体同时纳入研究视线的研究很少。部分研究只是谈到手机的一点或者两点，研究内容较为单一，而且大都浅尝辄止，或为介绍技术或罗列现象，没有深层次的剖析，在两者的融合层面上更显不足。

此外，跨学科研究趋势明显。文化体现为各种各样的符号，手机作为一个新兴的、快速发展变化的文化符号、文化文本、文化新生力量，无论是对它的表层文化研究，还是对它所带来的种种现象进行的文化解读，都是一种"进行时态"。我们无法单纯从文学理论的角度来分析手机文化的意义，也无法只是从理论层面研究手机带来的社会变化。②

对于青少年手机亚文化的研究也必须基于多学科互涉的考虑，将之与相关的文艺学、新闻传播学、社会学、人类学、心理学、美学、经济学等学科融入对各种文化现象的分析之中，才能有一个全方位、多角度的立体认识。

在搜集文献时不难发现，除了传统意义上的新闻与传媒研究领域，一些其他学科也对手机文化做了相关研究，主要散见于经济与管理科学、社会学及统计学、哲学与人文学科的一些论述之中。笔者认为对于手机文化的研究应该是一门跨学科的学问，这也体现在越来越多的学科开始对手机文化进行研究。

如《手机文化与社会区隔的双重塑造》《手机的现代性影响》《手机对90后大学生人际关系建立与维持的效用分析》《应运技术革新的转变——谈手机中的影像传播》《手机信息文化的社会功能》《思想政治教育视角下的高校手机文化建设》《"读屏时代"大学生手机阅读研究》。山东师范大学史德安的硕士论文《手机文化的审美阐释》就是从审美文化学、

---

① 马晓莺：《手机文化的深度解析》，上海师范大学硕士论文，2009年。
② 蒋原伦：《媒体文化与消费时代》，中央编译出版社2004年版，总序。

社会学等角度,对手机文化进行整体的综合审视,重点研究手机自身美学价值、手机符号价值、手机文艺美学价值等几个方面。浙江大学应用心理学博士沈勇的博士论文《手机使用行为及其影响因素》一文采用因素分析、线性回归、社会网络分析和结构方程建模等研究技术,以北京、上海、杭州和宁波四个城市的741名大学生为对象,通过六项子研究系统探讨了使用行为模式、用户需求与使用行为、用户体验与使用行为、行为控制与使用行为和社会网络与使用行为的关系以及人口属性对各因素的可能影响,对用户使用手机的行为模式及其影响因素进行了深入探讨。

三、研究路径和研究方法

在亚文化研究的进程中,芝加哥学派开创了越轨社会学(the sociology of deviance)的路径,他们提倡通过"民族志"(ethnography,也译为"人种志"或"文化研究")和"参与考察"(participantobservation)的方法来研究亚文化。"民族志"是一种人类学的田野调查研究方法,注重基于生活的个案研究和原汁原味的如实描述。是一种探索城市居民生活和社会风格生活方式的最有效方式。

英国文化研究学派第三代领军人物理查德·约翰逊(Richard Johnson)曾经把文化研究概况为三种主要模式:一种是基于生产的研究,一种是基于文本的研究,一种是对活生生的文化的研究。[①] 这三种研究模式互相渗透、互相影响,构成不可分割的整体。

本文借鉴以上三种模式,从青少年手机亚文化的生产着手,分析了青少年手机亚文化的文本,对活生生的文化进行研究。按照以上文化生产线路图,文化还是基于生产、文本、阅读、生活的文化以及制约文化生产和阅读的社会关系四大元素的动态过程,形成完整的互动循环流程。如果只是选取四个模式中的一个模式研究,无法展现整个文化生产的动态过程,因此应将生产(者)、受众、"文本"和文化情境四个方面都融合到一起进行研究。

---

① (英)理查德·约翰逊:《究竟什么是文化研究》,载刘象愚主编《文化研究读本》,中国社会科学出版社2000年版,第47页。

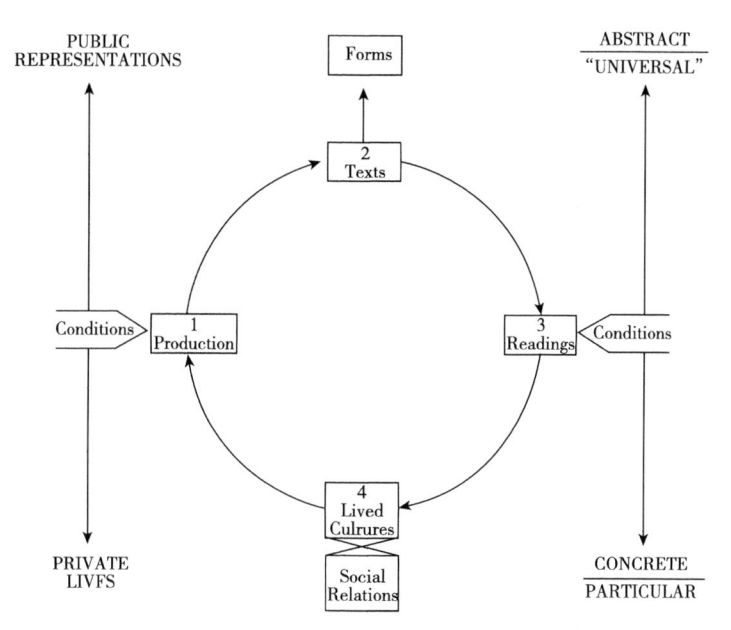

图 12　理查德·约翰逊：文化生产线路图①

本研究是对手机青少年亚文化的研究，沿用传播学的相关理论框架，思辨与实证相结合，涉及的研究方法有以下几种。

（一）文献分析（Textual Analysis）

青少年手机亚文化研究是多学科交叉的跨学科的研究，不同学科领域前辈对此的研究显得尤其重要。除了新闻学、传播学外，还需要接受其他相关学科理论的支撑，从手机最新发展动向出发，增强本文的理性深度。本研究通过对相关信息的抽取，收集本研究所需的与青少年手机使用相关的各类信息、文献，其中也包括笔者的个人感性体验。在了解相关研究的基本情况、掌握传播学相关理论、积累了一定的感性经验的前提下，借用社会学、人类学中有关人际传播，以及亚文化研究中的相关理论和概念，加以借鉴和移植，用于描述青少年群体的手机使用的现象，形成青少年手机亚文化现象的研究内容，同时也对亚文化研究进行了思考和相关补充。

---

① Richard Johnson：What Is Cultural Studies Anyway? *Social Text*, No. 16. (Winter, 1986—1987), pp. 38—80.

（二）问卷调查、文本分析和田野（深度）访谈（In-depth Interview）

文献资料虽然反映了相关的信息，但是针对性不足，代表性也不够。为了更好地掌握青少年群体在人际交往互动中的手机个体使用情况，对他们手机使用行为与习惯、手机使用的个性化色彩、使用话语、使用心理、手机对人际交往、生活方式的影响等一系列问题出发，使用问卷调查、文本分析及田野（深度）访谈（In-depth Interview）三种方式，进行资料搜集和现象描述的求证。

笔者从社会人类学的维度，通过对个案田野深度访谈的方式，从2013年8月开始陆续对20多位研究对象进行深度的访谈，考察青少年个体相关的手机亚文化现象，与他们内心对手机及使用的认知。受访者主要涵盖12至25岁之间的青少年，包括初中生、高中生、大学生，以及新入职的青年职业群体，属于手机使用的主流人群，符合本研究界定的研究对象的标准。笔者在选取受访对象的同时，考虑涵盖了不同年龄、性别、学历、身份、职业的因素，通过对他们多次的访谈，搜集出大量个案，从中提取了具有代表性的信息进行分析和展现。这些个案的剖析，不仅展现出了一幅幅青少年手机亚文化的独特景观，也对本研究带来持续的启发，注入新鲜的活力，提供了更多元的思维角度，展现出了一幅立体多维的青少年手机亚文化画卷，该研究方法对本研究发挥了重要作用和意义。

（三）案例分析

考虑到手机研究的前沿性和即时性，本文结合现实，特选取了最新潮和经典的近几年来基于手机平台的手机文化产品：微信（及微信公众号）、直播、微博、二维码、彩铃、手机视频、手机购物、手机游戏、脸萌、魔漫相机、疯狂猜图等APP为典型案例，探讨了青少年群体在使用以上文化产品时的亚文化现象。在本研究的最后部分，笔者试分析了青少年手机亚文化与消费及生产实践之间的关系，就如何在青少年手机亚文化生产的过程中实现生产者与受众二者角色的互换，手机文化与消费文化如何互构，尤其是青少年手机亚文化如何引导消费，如何生产消费欲望等问题。在研究的最后一章里，笔者就青少年亚文化的文化创造力和产业创造力进行了探索性的思考，为青少年手机亚文化未来的发展提供了借鉴。

1. 研究视角的创新

笔者试图从传播学、社会学、心理学等不同的文化研究的侧面，采取了跨学科研究的方式，借鉴最新最前沿的国内外研究成果，结合当下传媒新实践、文化新现象，审视由手机所引发的当今青少年亚文化潮流、症候和发展趋向，为当下变化多端的青少年手机亚文化现象提供了一种立体多层面的观察角度和学术前瞻。

2. 研究方法上的创新

思辨与实证相结合。运用社会学的田野调查方式，结合大众传播学的实证研究、调查访问、文本分析、个案研究对手机文化影响进行论证，探讨手机文化现象背后的对经济社会及人们生存方式等的深刻意义，对文化研究和实践起到助推的价值影响力。

四、研究框架

绪言部分介绍了研究的背景、对象、目的与意义，研究现状及综述，研究路径和研究方法，最后是研究的基础和框架，主体部分分为六章，具体内容如下。

第一章从宏观背景出发追根溯源，以我国青少年手机亚文化发展的脉络梳理作为研究的起点，以移动智能终端时代为大背景，厘清了我国青少年手机亚文化生发的基础。从移动智能终端发展的脉络，我国手机终端发展的政策指导，我国青少年手机使用现状三个方面进行了梳理；从对青少年手机亚文化生发的三大动因：信息化社会和个性化时代背景、手机传播特征的优越性及媒介技术孕育并催生青少年手机亚文化进行了论证，最后对青少年手机亚文化的概念进行了探析，在借鉴国内外学者相关研究的基础上，对青少年手机亚文化进行了界定。

第二章探讨了青少年手机亚文化及主体的特征，从青少年手机亚文化的五大特征：对精英文化的解构性、对主导文化的抵抗性、后现代的仿真性、逆主流的风格化和集体非理性进行了剖析；对青少年亚文化的主体，青少年手机族群的特质展开了研究，认为"拇指部落"的"族人"具有颠覆反叛性、主体的自我性和主体的个性化三大特质；进而展开对青少年手机使用主体内因驱动的需求研究，认为手机极大满足了印象管理的"自我呈现"、群体效应的认同需求、屏蔽心理和偶像效应四方面的需求。同时，对青少年手机在心绪转换效用、人际关系效用、环境监测效用、自我确认效用四方面的"使用与满足"进行了分析。

第三章对青少年手机亚文化的风格进行了微观研究，重点探讨移动智能终端时代青少年手机亚文化究竟生产了什么。从"微"文化——青少年朋友圈的社交文化解读、"酷"文化——青春期亚文化风格、"潮"文化——"自媒体"我行我素的生产方式、"宅"文化——青少年指上的流动家园和"迷"文化——生存体验中的狂欢与沉沦等五个方面进行了层层解读。以微信社交、手机直播、"作业帮""脸萌"、手机游戏、手机视频、Cat Wang "一秒变猫人""魔漫""疯狂猜图"等广受青少年青睐的手机应用软件APP等，及以青少年手机族群聚集地为案例和文本，结合深度的个案访谈，分析了青少年手机使用的心理及感情色彩，如寻求身份的差异化、自恋式的沉醉、草根式的无厘头、从"凝视"到"看"、生存体验中的狂欢与沉沦、"理想自我"的呈现、沉迷的精神家园等。

第四章从文化消费到文化生产力，着眼于青少年手机亚文化的生产过程研究，论证了青少年手机亚文化是如何生产的。从鲍德里亚消费主义角度出发，展现了当今手机平台上文化消费到生产实践的过程，指出了青少年手机消费文化的三大特质：炫耀消费、符号化消费、快速消费。进一步分析了手机与青少年消费文化的互构：手机如何推动青少年消费文化的发展，消费主义如何催生青少年手机亚文化，青少年群体主体如何促进手机消费文化。最后对手机平台下的青少年手机亚文化生产力进行了论证，从青少年手机亚文化生产力的界定、青少年手机亚文化生产力的特征出发，对青少年手机亚文化的动态过程进行了探讨。

第五章对乱花渐欲迷人眼的青少年手机亚文化进行了问题发现及思考，认为青少年手机亚文化首先是一种独特的青少年亚文化景观。但也存在一系列问题，宏观层面包括以下五个方面：手机依赖症的越发普遍、手机传播内容的缺失、手机平台上的"泛娱乐化"现象、手机阅读对青少年的影响，及关于手机原住民"童年的消逝"的反思。在微观层面也展开了进一步探讨，如对青少年手机使用伴随的一系列隐患，如对思维停滞、情感空虚、时间失控、影响健康等进行了反思；对手机社交方式对青少年社交能力的影响；手机传播的安全隐患与手机文化生态建设的不足；手机的传播主体、应用形态、传播内容的娱乐化；手机阅读对青少年的影响几方面进行了反思。最后对"手机成为儿童的新玩具"，手机传播对"成人阴谋"的瓦解现象两个命题进行了思考，提出了对待青少年手机亚文化要顺规律而为的建议和要求。

第六章立足于文化再生产的意义，分析了青少年手机亚文化的后现代创造力，意义及其未来。认为"手机"与"青少年"是青少年手机亚文化后现代创造力的两个驱动因素，青少年手机亚文化在作为产业生产力和文化创造力两方面体现出积极意义。手机催生了千姿百态的青少年亚文化景观，并带动了从视觉文化时代的"图像转向"到"可穿戴式设备"移动智能终端时代的发展。

第一章 溯源与界定：青少年手机亚文化发展脉络和概念探析

每一次信息技术革命都会催生一种新的媒体形态。手机被誉为继报刊、广播、电视、互联网之后的"第五媒体"。它的出现使得人类信息传播史上追求的"任何人"在"任何地点"和"任何时候"获得"任何想要的东西"这一终极目标向前迈进了一大步。

第一节 青少年手机亚文化生发基础

国际电讯联盟在 2009 年年底发布的报告中指出，手机是人类历史上被接受最快的技术产品。据国际电讯联盟（ITU）2011 年终报告，全球手机用户已达 59 亿，全球整体渗透率约 87%，在发展中国家的普及率已经达到 79%。

据 2016 年 8 月，中国互联网络信息中心（CNNIC）《2015 年中国青少年上网行为研究报告》显示，截至 2015 年 12 月，中国青少年网民规模达到 2.87 亿，较去年增长 1028 万，增长率为 3.7%。青少年互联网普及率为 85.3%，相比同期全国整体互联网普及率的 50.3% 高出 35 个百分点。从青少年互联网普及率方面分析，自 2013 年起，国内青少年互联网普及率一直保持了较高增速，这在很大程度上受益于以智能手机为代表的移动上网设备迅速普及，但随着该群体规模的扩大，未来该增速将进一步放缓。

第一章 溯源与界定：青少年手机亚文化发展脉络和概念探析

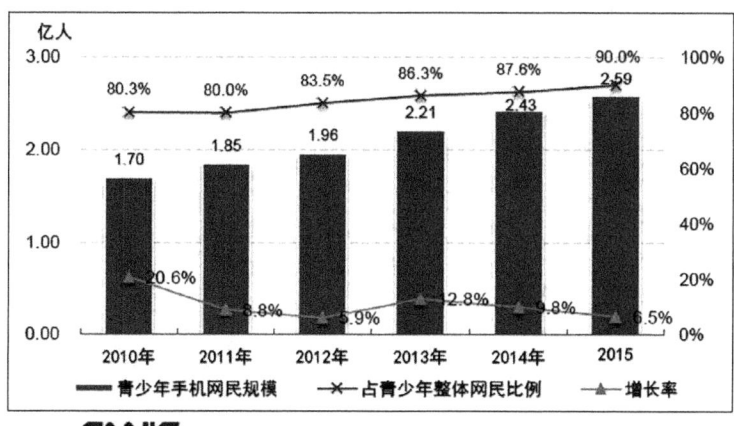

图1-1 青少年手机网民规模及手机上网比例

青少年网民使用台式电脑和笔记本电脑上网的比例相比2014年均有所下降，其中使用笔记本电脑上网的比例下滑最多，下降幅度达4.5个百分点，而青少年网民使用手机上网的比例增加了2.4个百分点。[①] 造成这一情况的原因在于，智能手机和笔记本电脑同为便携式上网终端，但智能手机更加轻便且适宜碎片化的使用场景，因而更加受到青少年网民的青睐。

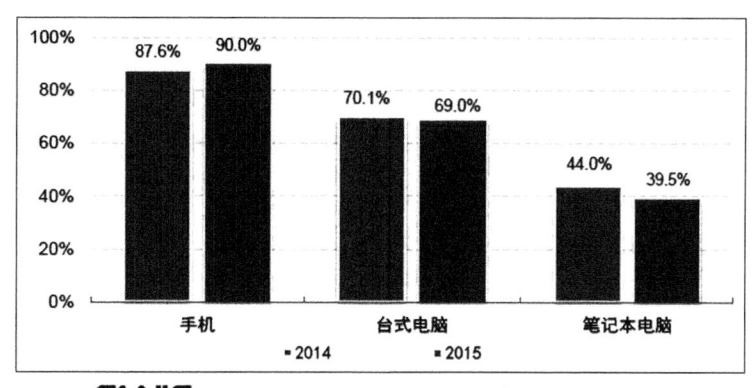

图1-2 青少年网民上网设备

随着手机终端的大屏化和手机应用体验的不断提升，手机作为网民主

---

① 中国互联网信息中心：《2015年中国青少年上网行为研究报告》，2016年8月。

要上网终端的趋势进一步明显。手机超越台式电脑成为第一大上网终端。"地球村"的概念随着手机的诞生变得更名副其实。随着网民规模的增长进入平台期，互联网对个人生活方式的影响进一步深化，从基于信息获取和沟通娱乐需求的个性化应用，发展到与医疗、教育、交通等公用服务深度融合的民生服务。与此同时，随着"互联网+"行动计划的出台，互联网将带动传统产业的变革和创新。①

一、移动智能终端时代进入的发展脉络

1973年4月3日，美国摩托罗拉公司工程师、科幻小说迷，马丁·库伯首次实现了小型移动电话呼叫。世界上的第一台手机DynaTAC 8000X诞生于1983年10月13日，由摩托罗拉生产，重2磅，通话时间半小时，销售价格为3995美元，是名副其实的最贵重的砖头，也是我们说的"大哥大"的雏形。第一台手机进入中国市场是在1987年，为摩托罗拉3200。从1987年，第一部手机摩托罗拉3200进入中国市场，短短20多年时间，从"大哥大"的砖头手机到"人性化"的智能手机，我国从屈指可数的手机用户到"全民皆机"星火燎原的10亿用户的手机大国。

我国手机的发展路径大致可从三个层面来解读，首先是从1G到4G的手机通信技术的发展，其次是从通话工具到个人信息与服务终端的手机业务的扩张，最后是从二分天下到三足鼎立再到更加多元复杂的运营格局的变化。

（一）1G到4G：我国手机终端发展的技术路径

我国第一代移动通信技术经历了从1987到2001年14年的发展。1992年，购买一台带号码的第一代模拟制式的"大哥大"的价格是15000元，入网费6000元，安装费460元，月租150元，通话费5毛一分钟，且只能进行语音通话。2001开始进入了第二代GSM数字制式手机。2009年1月7日，工业和信息化部为中国移动、中国电信、中国联通发放3张第三代移动通信（3G）牌照，标志着我国正式进入3G时代。2013年12月4日，

---

① 中国互联网信息中心：《中国互联网络发展状况统计报告》，2015年7月。

随着 4G 牌照的发放，拉开了我国 4G 时代发展的序幕，随着 4G 网络覆盖范围的扩展与资费下调，将进一步促进更多用户在非 Wi-Fi 环境下在线收看视频。

（二）语音到微信：我国手机终端文化产品的扩张

在手机出现之前，可移动的传播媒介一直遵循着两条发展轨迹：一是能够在移动中获取信息的媒介，如视觉媒介书籍、报刊和听觉媒介收音机、车载和机载电视；另一条是能够在行动中表达信息的媒介，包括便携式照相机、DV、书写笔等。这两条轨迹在手机那里合在了一起。[1] 手机从最早的通话工具，到大力发展短信业务，进而开始逐渐承担起公共信息传播的任务。

如：2003 年 2 月 1 日 22 时 32 分在美国"哥伦比亚"号坠毁后，新浪网在最短的 16 分钟后以手机短信的方式把这则新闻发送给千家万户，在我国开创了手机传播新闻的先河，而直到 23 时 50 分，央视一套才插播此新闻，比短信晚了一个多小时。

此后，在重大突发事件发生时，许多网站都通过手机发送新闻，手机新闻开始流行，这为手机真正步入大众传媒行业提供了基础。如：在 2005 年"厦门 PX 事件""2008 年抵制家乐福事件"等特殊场合，手机短信与互联网共同传播。手机短信与传统媒体，手机短信结合电视台和电台的业务，为传统媒体带来了重要的盈利模式，加强了媒体与受众的互动。如《超级女声》等选秀节目，正是因为有了受众通过手机短信的参与，才形成了独特的文化景观。尤其是随着手机报的发展，标志着中国传统媒体走向手机平台的开端。手机广播电视的发展也昭示着广播电视媒体在手机平台上寻找发展空间。

微信的出现，让即时通信进入了一个全新的时代，自 2011 年 1 月 21 日正式推出以来，以迅雷不及掩耳之势占领了市场，并在很大程度上对传统的短信和语音电话业务造成了挑战与威胁。微信可以随时随地发送语音、短信、即时视频、群聊，可以共享位置，在朋友圈发表动态，设置头

---

[1] （美）保罗·莱文森：《手机——挡不住的呼唤》，何道宽译，中国人民大学出版社 2004 年版，译者序第 25 页。

像及个性签名。借助手机随身移动性的特征,微信以其更为便捷的操作,更加丰富的传播内容,更加廉价的成本,"便捷""语音短信""移动""免费"等特点迅速受到年轻消费者的喜爱,并成为时下最火的、发展速度最快的手机应用。

(三) 三足鼎立到多元混合运营:移动运营格局的新变化

中国最早的移动通信运营由邮电部承担,经过几次分化、重组,到1999年5月形成中国移动和联通二分天下"双寡头"局面。2008年6月,电信收购联通CDMA网络资产和业务,形成我们现在看到的三足鼎立局面。① 而随着通信技术的不断发展,市场细分的加剧,产业链条的不断延伸与分化,三足鼎立的移动运营格局在不断受到挑战与冲击,我国移动运营格局更多是体现为复杂多元的局面。如,随着4G牌照的发放,中国移动的虚拟运营商伙伴也开始向工信部申请虚拟运营商牌照。这17家企业分别为迪信通、爱施德、国美、苏宁互联、万网、分享在线、北纬通信、三五互联、巴士在线、华翔联信、天音通信、朗玛信息、鹏博士、世纪互联、中邮普泰、银盛、中兴视通。此外,朗玛信息、鹏博士、世纪互联、中邮普泰、银盛、中兴视通6家企业也步入了与中移动合作的行列。

(四) 互联互动:移动互联网智能终端时代的特点

2013年是可穿戴设备爆发的元年,可穿戴式设备在2013年一年里发展迅猛,远超过智能机过去三年的进步。随着Google Glass的推出,英特尔等行业巨头的进入,可反复弯曲使用的新材料,使用传感器应用的制造工艺等,无论是在技术还是资本上,可穿戴式设备都呈现着迅猛发展的势头。

移动互联网智能终端对人类生活产生了巨大影响,使得手机越发地只是一个移动终端。未来随着智能机、大屏手机、可弯曲手机、低功耗手机及互动性极强手机的出现,手机的功能将会远远超出人们的设想。结合大数据技术和通信技术的发展,这个时候,手机作为移动互联网的终端,将成为一个物联中心;在任何地方,都可以用手机来代替目前使用的卡和钥匙,手机成为遥控电子设备的总遥控器。手机将作为移动智能终端应用于

---

① 吴廷俊:《中国新闻传播史1978—2008》,中国人民大学出版社2012年版。

二、我国手机发展的政策指导

随着政策支持力度的加大，网络应用环境的持续改善，互联网对传统行业的影响更为深入。

首先，政府继续加快互联网基础设施建设，2014年1月工信部颁布《关于设立新增国家级互联网骨干直联点的指导意见》，有利于改善我国互联网络性能，推动互联网产业地理布局。

其二，2013年12月起，4G业务正式进入商用，移动运营商加大4G网络建设，4G的到来使高清视频会议、移动网游、3D导航等适用于大宽带移动网络下的应用逐步得以使用，并带动互联网企业创新热潮。其三，互联网基因向传统行业的注入更为深入，业务模式和商业模式的创新对传统行业的改造、颠覆作用更为明显。①

而早在2007年7月，工信部（原信息产业部）就出台了"十一五"规划，强调了将在未来5年积极推动3G的发展。在《规划》关于"十一五"的"重大工程"部分，明确指出要"继续推动 TD-SCDMA 等3G②及其增强型技术的产业化及应用，积极发展基带芯片、射频器件、高效能电池、核心软件等关键配套件，开发掌握新一代移动通信系统和终端的关键技术，提高宽带无线接入技术和产品研制能力，推进相关标准的制定应用，确立我国在新一代移动通信领域的竞争优势"③。

中共十七届六中全会也通过了《中共中央关于深化文化体制改革、推动社会主义文化大发展大繁荣若干重大问题的决定》的决议，凸显了文化产业的战略地位。决议提出要加快发展文化产业，推动文化产业成为国民经济支柱性产业，努力建设社会主义文化强国。④ 2013年3月，国务院成立"新版广电总局"，使"大文化部"向前迈进一大步。

---

① 中国互联网信息中心：《中国互联网络发展状况统计报告》，2014年7月。
② 3G 是第三代通信的简称，TD 是 TD-SCDMA 的简称，TD 与 WCDMA, CDMA2000 和 WiMAX 都是 3G 的通信标准。
③ CNNIC：《中国手机媒体研究报告》，2008年。
④ 《以改革创新释放文化生产力》，《广州日报》，2011年10月27日。

2013年8月1日,国务院《"宽带中国"战略及实施方案》政策的公布,进一步明确了宽带在各行业、各领域的集成应用,及在推动信息消费,培育新服务、新市场、新业态方面的战略意义。

2013年9月,《关于促进信息消费扩大内需的若干意见》政策及实施方案出台,《意见》聚集于新型信息消费"4+3"体系,即包括智能手机在内的4类新型产品和移动互联网接入等3类新型服务。

2013年11月,《中共中央关于全面深化改革若干重大问题的决定》关于"文化体制改革"的要求,进一步将"三网融合"发展提上日程。①

面临着视频网站影响力的不断增强,国家相关主管部门对网络视频行业的监管也日益严格。《互联网直播服务管理规定》等相关政策的陆续出台,对提升网络视频行业的竞争力、规范行业的发展起到了积极的促进作用,为行业进一步健康发展奠定了政策基础。②

2016年9月9日,国家新闻出版广电总局下发《关于加强网络视听节目直播服务管理有关问题的通知》,其中规定,直播平台必须持证上岗;未持有《信息网络传播视听节目许可证》的机构和个人既不能开展个人秀场直播,也不能办新闻、综艺、体育、访谈、评论等各类视听节目,不得开办视听节目直播频道;直播活动须提前报省级及以上广电部门备案;未经批准,任何机构和个人不得在互联网上使用"电视台""广播电台""电台""TV"等广播电视专有名称开展业务。③

三、我国青少年手机使用现状

有调查结果表明,普通人平均每天会看手机150次,这相当于每个人在醒着的时间里,每6.5分钟就会看一次手机。随着3G高速网络的不断普及,Wi-Fi的密集覆盖,4G技术的研发和试用,我国互联网基础资源在不断完善。这一方面为互联网企业开创了更为广阔的业务发展空间,另

---

① 江凌:《2013年我国手机视频产业发展报告》,载《新媒体发展报告蓝皮书(2014)》,社会科学文献出版社2014年版。
② CNNIC:《第39次中国互联网络发展状况统计报告》,2017年1月22日。
③ 新闻出版广电总局:《关于加强网络视听节目直播服务管理有关问题的通知》,2016年9月。

第一章 溯源与界定：青少年手机亚文化发展脉络和概念探析

一方面，手机成为互联网延伸终端的趋势越发明显。互联网环境变化导致了用户需求的改变——用户已不会将时间停留在某一项手机应用上，取而代之的是使用能够同时满足他们不同需求的多种业务：微博用户持续增长，用户逐渐移动化；网络购物和团购保持较高增长率；手机端电子商务类应用使用率整体大幅上涨。①

（一）我国青少年手机使用概况

据笔者《我国青少年手机及 APP 使用偏好及认知问卷调查》调查问卷显示：

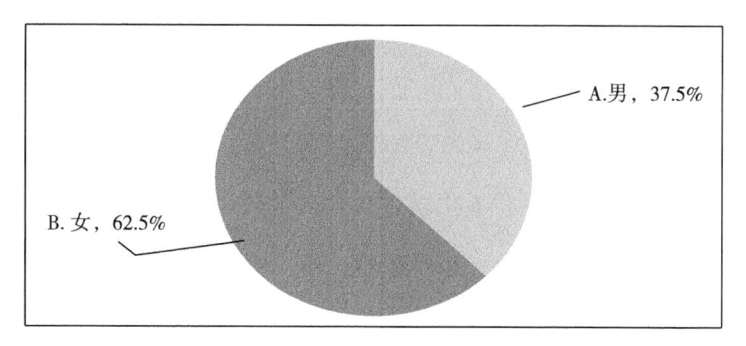

图 1-3　问卷受访青少年的性别分布

年龄分布 13—15 岁受访者为 16 人，16—18 岁受访者为 101 人，19—21 岁受访者为 83 名，22—25 岁受访者为 120 人。

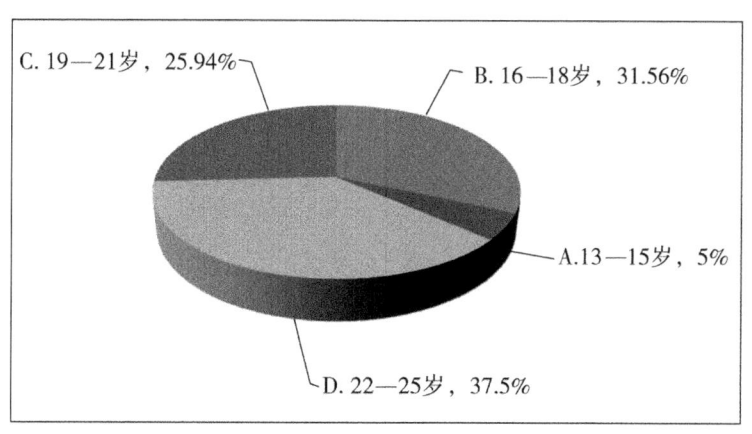

图 1-4　问卷受访青少年的年龄情况

---

① 中国互联网信息中心：《中国互联网络状况统计报告》，2013 年 1 月 15 日。

从受教育程度来看，小学及以下仅1人；初中27人，占8.44%；高中、中专、中师等103人，占32.19%；大专12人，占3.75%；本科126人，占39.38%；硕士及以上51人，占15.94%。

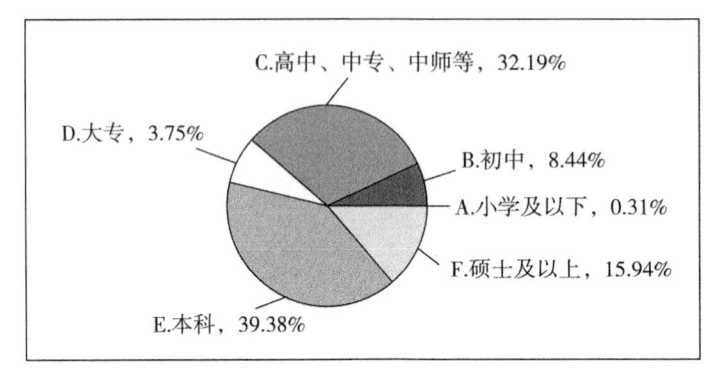

图1-5 问卷受访青少年的教育程度情况

从受访者目前从事的行业来看，大部分是学生，占到了84.06%。

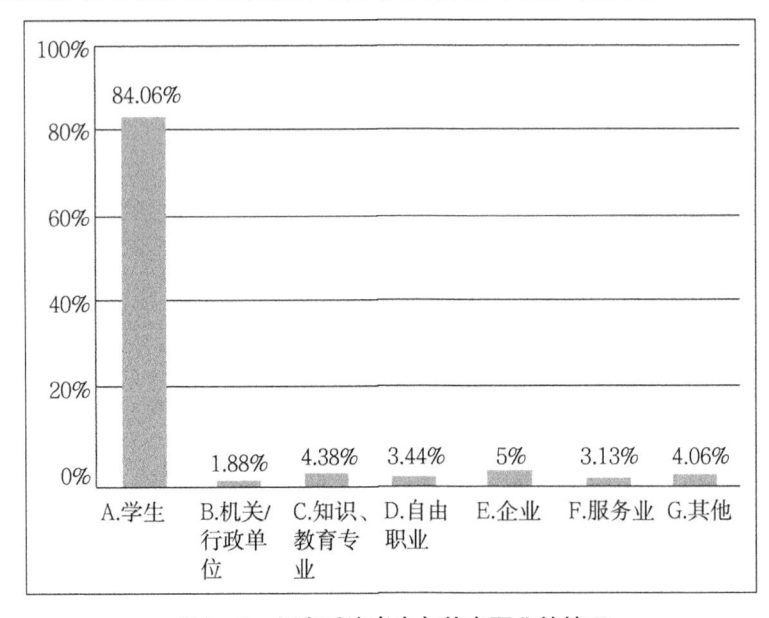

图1-6 问卷受访青少年从事职业的情况

调查问卷显示，在使用手机的历史和使用时间方面，79.06%的受访者表示固定使用一个手机，11.56%的受访者同时使用两个手机，且有8.44%的受访者同时使用了两个以上手机。

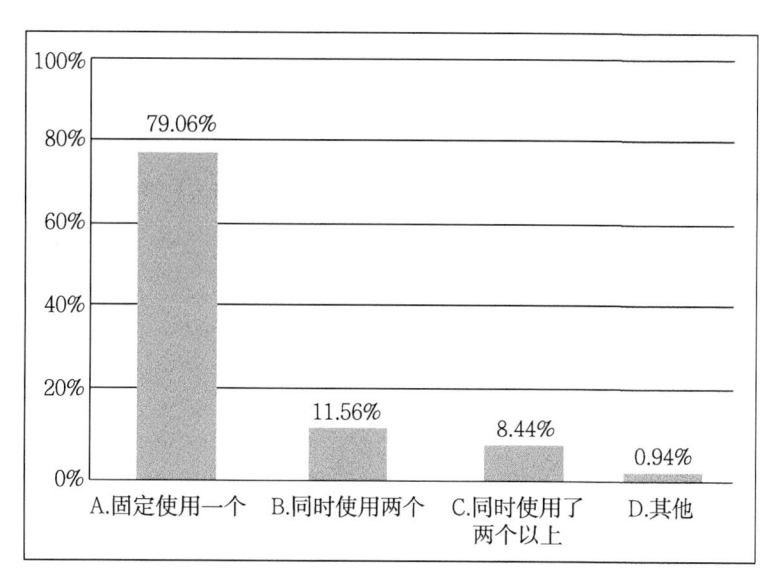

第一章 溯源与界定：青少年手机亚文化发展脉络和概念探析

图 1-7 问卷受访青少年手机使用的数量

其中，30%的受访者已使用手机 1 至 3 年；25.94%的受访者使用手机 3 至 5 年；19.69%的受访者使用手机 5 至 7 年；23.44%的受访者使用手机七年以上。可见手机在青少年中的普及率较高，且部分青少年已长期使用手机。

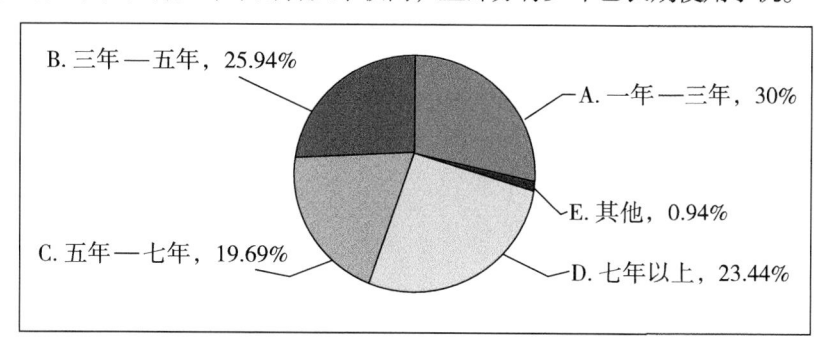

图 1-8 问卷受访青少年使用手机的年限

当被问及在睡前和早上醒来时，通过手机进行阅读、娱乐或社交，两者加起来大约多长时间这一问题时，40%的受访者表示两者加起来为 1 小时以内，31.25%的青少年会使用 1—2 小时，14.06%的青少年为 2-3 小时，5.63%的青少年为 3—4 小时，还有 9.06%的青少年会使用四小时以上的时间进行睡前和早上醒来的手机阅读、娱乐或社交。从以上数据可以看出，超过一半的青少年在睡前和早上醒来时，通过手机进行阅读、娱乐或社交，两者加起来的时间超过了 1 小时以上。

有 81.56% 的受访者表示会从 App Store（苹果应用商店）或 Android Market（安卓应用商店）下载并使用 APP 手机软件，其中 57.5% 的受访者一个月的手机付费项目花费占其总体生活开支的百分比为 5% 以内，29.06% 的受访者一个月的手机付费项目花费占总体生活开支的 5%—10%。

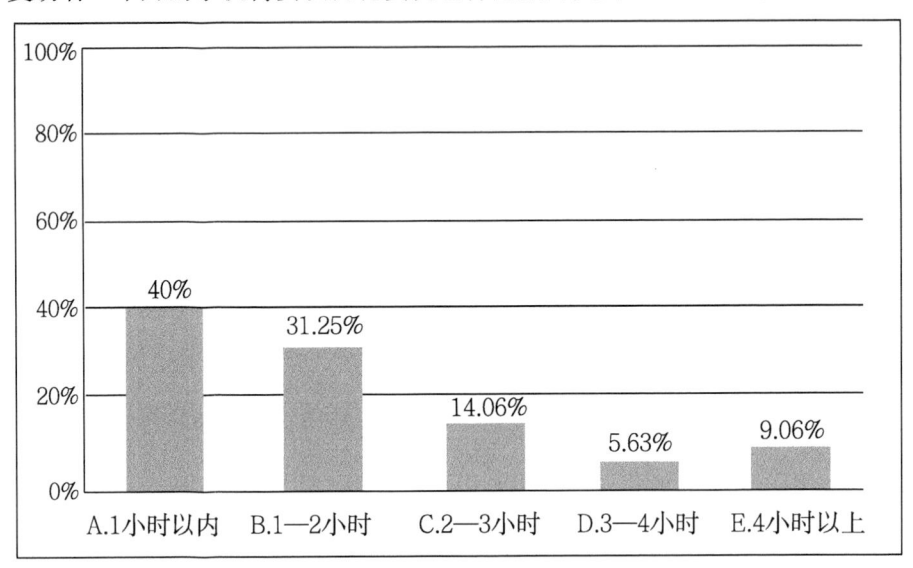

图 1-9　问卷受访青少年睡前和早上醒来使用手机阅读或娱乐的时间

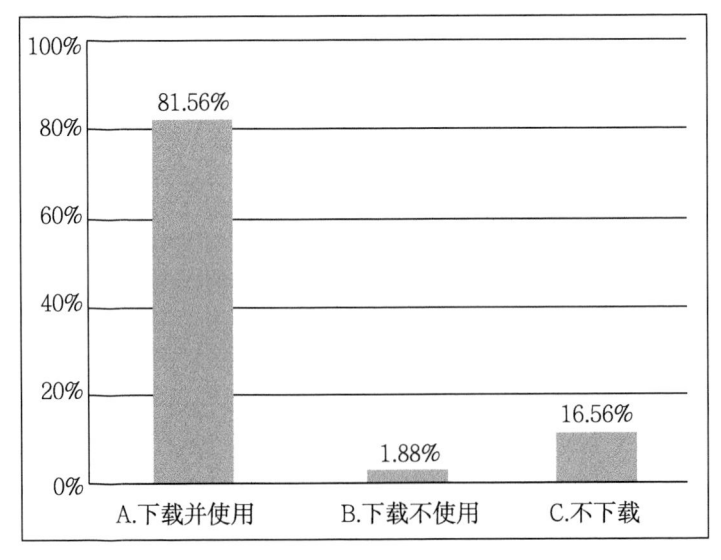

图 1-10　问卷受访青少年下载并使用 APP 手机软件的情况

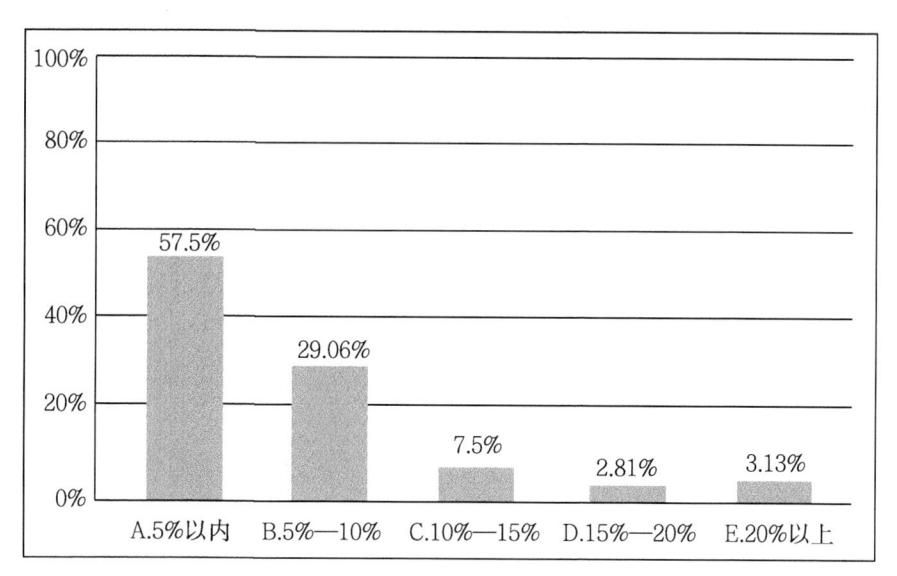

图1-11 问卷受访青少年每月手机付费项目花费占总体生活开支的百分比

（二）我国青少年手机使用偏好及认知

据《2015年中国青少年上网行为研究报告（2016年8月）》显示，整体青少年网络应用情况可以概括为以下四个特点。

首先，信息获取类应用的服务使用多于内容获取，截至2015年12月，青少年网民搜索引擎使用率达到86.6%，高出网民总体水平4.3个百分点，但小学生群体的使用率最低，仅为77.5%。作为服务类的搜索引擎和内容类的网络新闻虽然同属信息获取类应用，但青少年网民使用情况存在较大差异。青少年网民搜索引擎的使用率高于网民总体水平4.3个百分点；而网络新闻的使用率仅为74.5%，低于网民总体水平7.5个百分点。

其次，交流沟通类应用在青少年网民群体中的使用情况良好，且伴随着用户学历和年龄的增长，其交流沟通类应用使用率逐渐提高。除青少年日常生活中应用场景较少的电子邮件外，包括即时通信、微博、论坛等交流沟通类应用在青少年群体中的使用率分别为92.4%、37.6%和18%，均高于整体网民水平。

再次，青少年网民对网络娱乐类应用存在明显偏好，促使青少年群体各类网络娱乐类应用使用率均高于网民总体水平，其中网络游戏和网络音乐的青少年网民使用率分别高于网民总体水平9.6和7.4个百分点。

最后，青少年网民商务交易类应用的使用率与网民总体水平差异不大，其中网络购物、团购和网上支付的使用率略高于网民总体水平，但差值均在两个百分点以内。而网上银行的使用率低于网民总体水平最多，也仅相差3.3个百分点。但高龄群体与低龄群体的商务交易类应用使用率存在很大差异，研究发现，大学生和非学生群体各商务交易类应用的使用率均高于青少年总体以及网民总体水平，而中小学生偏低。大学生使用网络购物与网上支付的比例最高，分别为89.1%和89.7%，较网民总体水平分别高出29.1%和29.2%。①

表1-1 各互联网应用在青少年网民中的普及率

类比	应用	小学生	中学生	大学生	非学生	青少年总体	网民总体	差距
信息获取	搜索引擎	77.5%	87.8%	93.1%	87.3%	86.6%	82.3%	4.3%
	网络新闻	46.5%	72.5%	89.1%	82.7%	74.5%	82%	-7.5%
交流沟通	即时通信	73.9%	93.6%	98.3%	96.5%	92.4%	90.7%	1.7%
	微博	22.2%	35.8%	61.9%	39.1%	37.6%	33.5%	4.1%
	电子邮件	22.8%	24.8%	67.1%	39.6%	34.5%	37.6%	-3.1%
	论坛/BBS	9.7%	13.8%	30.5%	21.9%	18%	17.3%	0.7%
网络娱乐	网络音乐	65.1%	82.6%	88.9%	81.6%	80.2%	72.8%	7.4%
	网络游戏	66.3%	70%	66.1%	63.7%	66.5%	56.9%	9.6%
	网络视频	60%	72.3%	89.4%	78.2%	75.4%	73.2%	2.2%
	网络文学	29.4%	45.5%	55.8%	46.6%	44.6%	43.1%	1.5%

---

① 中国互联网信息中心：《2015年中国青少年上网行为研究报告》，2016年8月。

续表

类比	应用	小学生	中学生	大学生	非学生	青少年总体	网民总体	差距
商务交易	网络购物	26.6%	53.7%	89.1%	73.8%	61.3%	60%	1.3%
	团购	10%	18.3%	51.7%	35.5%	27.2%	26.2%	1%
	旅行预订	23.5%	26.4%	69.6%	43.3%	36.9%	37.7%	−0.8%
	网上支付	23.6%	53%	89.7%	76.9%	62%	60.5%	1.5%
	网上银行	14.4%	32.7%	71.5%	61.9%	45.6%	48.9%	−3.3%
	互联网理财	3.3%	7.6%	22.8%	15.7%	11.7%	13.1%	−1.4%

在手机业务使用偏好方面，问卷调查显示最受青少年欢迎的手机业务类型是微信等社交软件类业务，占到全部手机业务的85.31%。其次是影音娱乐类业务，如YouTube、优酷、腾讯视频、搜狐视频、乐视网等，74.69%的青少年都偏爱使用此类业务；再次是工具学习类业务，如有道词典、google地图、百词斩、懒人听讲座等，占到56.88%；接下来是手机购物与支付等电子商务类业务，如滴滴打车、淘宝、京东、大麦网、余额宝等，占到53.75%；最后是资讯新闻类业务，如Zaker、凤凰新闻、腾讯新闻等，占比38.44%；休闲游戏类业务，如"捕鱼达人""天天酷跑""放开那三国"等游戏，占比36.88%。

若从传统的手机业务来看，以下几类应用依旧是青少年手机应用的主流业务。

1. 即时通信

截至2015年12月，青少年网民中即时通信用户的规模最大，其中小学生占比73.9%，中学生为93.6%，大学生为98.3%，青少年总体使用即时通信比例高达90.7%。[①] 即时通信作为网民最基础的网络需求，不仅

---

① 中国互联网信息中心：《2015年中国青少年上网行为研究报告》，2016年8月。

稳居网民使用率第一位，还呈现出使用率稳步增长的态势。究其原因，主要是由于手机即时通信用户的快速增长。①

选项	小计（人）	比例
A. 我使用影音娱乐类业务，如YouTube、优酷、腾讯视频、搜狐视频、乐视网等	239	74.69%
B. 我使用休闲游戏类业务，如"捕鱼达人""天天酷跑""放开那三国"等游戏	118	36.88%
C. 我使用工具学习类业务，如有道词典、google地图、百词斩、懒人听讲座等	182	56.88%
D. 我使用资讯新闻类业务，如Zaker、凤凰新闻、腾讯新闻等	123	38.44%
E. 我使用社交软件类业务，如微信、微博、腾讯QQ、飞信、Facebook等	273	85.31%
F. 我使用手机购物与支付等电子商务类业务，如滴滴打车、淘宝、京东、大麦网、余额宝等	172	53.75%
本题有效填写人次	320	

图1-12 问卷受访青少年使用手机业务类型偏好

---

① 中国互联网信息中心：《2015年中国青少年上网行为研究报告》，2016年8月。

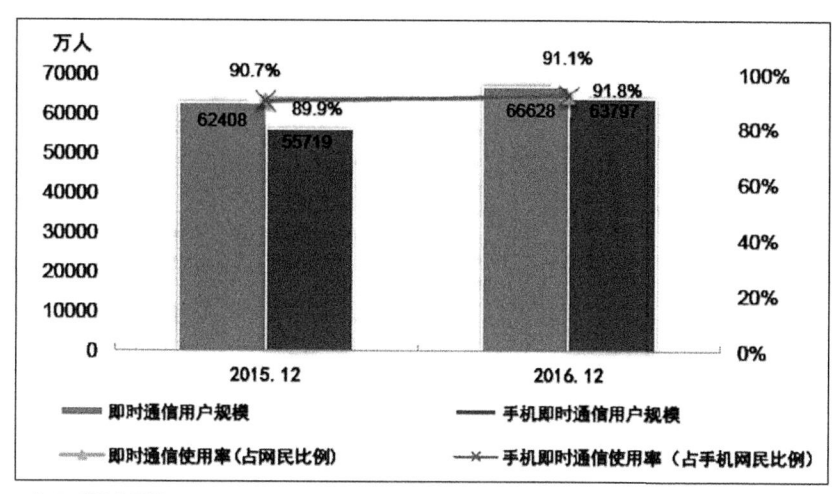

图 1-13　2015.12—2016.12 即时通信/手机即时通信用户规模及使用率

通过笔者的调查问卷显示，微信、微博是青少年最喜爱的社交软件，在青少年群体中的普及率非常高。据笔者问卷调查显示，在"您目前使用的是哪（几）款社交软件"一题中，77.81% 的受访者选择了微信，63.75% 的受访者选择了微博，仅次于垄断一代青少年社交最传统的 QQ 软件（86.88%）。"我经常在微信里跟朋友们聊天"占比为 58.13%；"我经常在微信朋友圈里浏览朋友们发的动态"占比为 74.16%；"我经常对朋友们发的动态作出点赞、回复、转发或收藏等反应"占比为 65.63%；"我经常在微信朋友圈发原创动态"占比为 30%；"我经常使用微信里的理财、消费或支付等功能"占比为 5.63%；"我经常看附近的人和使用'摇一摇'功能"为 12.19%。

用户在微博上的交流是一种"背对脸"的信息交互方式，就好比你在电脑前打游戏，路过的人从你背后看着你怎么玩，而你并不需要主动和背后的人交流。这种"背对脸"的信息交互方式可以是"一点对多点"，也可以"点对点"。当用户关注或跟随（follow）一个自己感兴趣的微博时，两三天就会上瘾。①

---

① 彭兰：《传播者、受众、渠道：博客传播的深层机制》，《上海师范大学学报》，2007 年第 11 期。

选项	小计	比例
A. 我经常在微信里跟朋友们聊天	186	58.13%
B. 我经常在微信朋友圈里浏览朋友们发的动态	237	74.16%
C. 我经常对朋友们发的动态作出点赞、回复、转发或收藏等反应	210	65.63%
D. 我经常在微信朋友圈发原创动态	96	30%
E. 我经常使用微信里的理财、消费或支付等功能	18	5.63%
F. 我经常看附近的人和使用"摇一摇"功能	39	12.19%
本题有效填写人次	320	

图 1-14　问卷受访青少年使用微信功能的情况

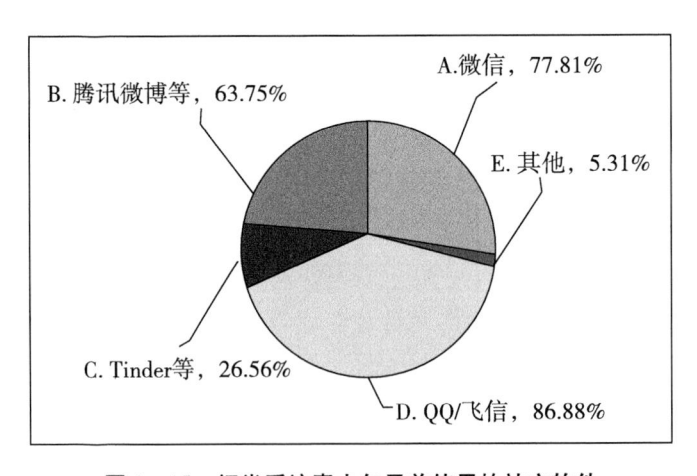

A. 微信，77.81%
B. 腾讯微博等，63.75%
C. Tinder 等，26.56%
D. QQ/飞信，86.88%
E. 其他，5.31%

图 1-15　问卷受访青少年目前使用的社交软件

而对于微信、手机 QQ 以外的即时通信工具，则主要通过以寻找差异化的用户需求、为垂直用户群体提供更加专业的服务为突破口，不断提升自己的市场份额。差异化主要表现在内容、用户关系、场景三方面。比如在用户关系方面主打陌生人社交和兴趣圈子的陌陌，内容方面主打匿名社交的无秘，以及用于不同生活场景的阿里旺旺和钉钉，都由于满足了用户的垂直需求而在各自的细分领域获得了相当规模用户的青睐。可见在目前国内即时通信领域，明确自己产品的竞争优势与用户定位，通过寻求差异化与创新来更好地服务于目标用户群才是未来发展的核心方向。

2. 搜索引擎

截至2016年12月，我国搜索引擎用户规模达6.02亿，使用率为82.4%，用户规模较2015年年底增加3615万，增长率为6.4%，手机搜索用户数达5.75亿，使用率为82.7%，用户规模较2015年年底增加9727万，增长率为20.4%。而在我国青少年网民中，搜索引擎的普及率在小学生中占比为77.5%，中学生中占比为87.8%，大学生中占比为93.1%，在青少年总体中占比为86.6%。[1]

在技术创新方面，搜索产品与多种前沿技术协同发展、深入融合的趋势日益突出。用户对本地化、个性化搜索的需求日益旺盛，推动搜索引擎企业不断加大在前沿技术领域的投入。服务商通过将语音和图像识别、基于大数据的信息推荐、人机交互等技术与搜索产品深度融合，向用户提供更加个性化、场景化的精准信息搜索服务，使搜索产品功能持续丰富、信息覆盖范围得到拓展。而在服务延伸方面，以搜索产品为流量入口、多种互联网服务互联互通的生态体系已经形成，搜索应用与信息类、娱乐类、商务消费类互联网应用不断融合，正在成为搜索引擎市场的创新价值挖掘点。[2]

---

[1] 中国互联网信息中心：《2015年中国青少年上网行为研究报告》，2016年8月。

[2] 中国互联网信息中心：《第39次中国互联网络发展状况统计报告》，2017年1月。

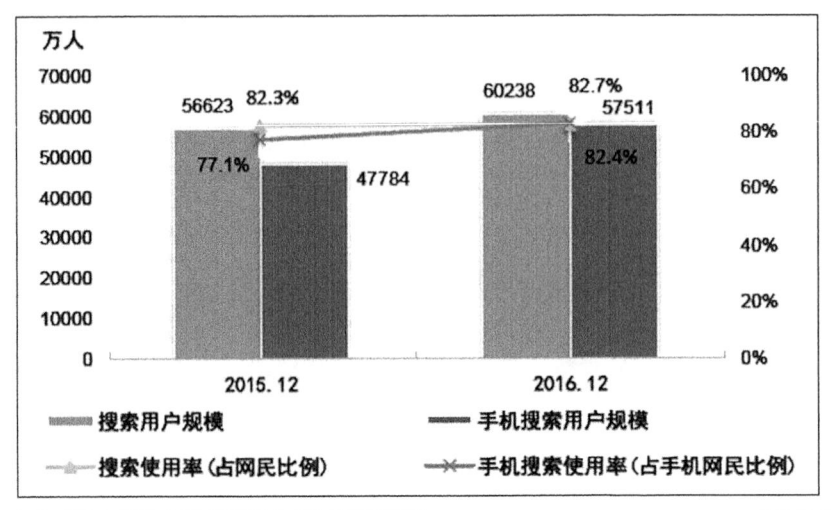

图 1-16　2015.12—2016.12 搜索/手机搜索用户规模及使用率

3. 手机视频

麦克卢汉早在 20 世纪 60 年代就曾预言："下一种媒介——无论它是什么媒介，有可能是意识的延伸——将会把电视纳入它的内容，而不是它的环境。"① 手机和电视的强强结合，催生出了新的媒介样态——手机电视。

手机视频指在手机移动终端收看或下载的视频和电视节目，主要包括手机视频短片、视频网站手机移动客户端、移动视频应用 APP 等形式。截至 2016 年 12 月，我国手机视频用户规模接近 5 亿，与 2015 年年底相比增长了 9479 万人，增长率为 23.4%，手机网络视频使用率为 71.9%，相比 2015 年年底增长 6.5 个百分点。②网络视频在青少年网民中的普及率总体达到 73.2%，其中小学生为 66%，中学生为 72.3%，大学生为 89.4%。

国内的手机电视业务始于 2003 年 11 月的博鳌亚洲论坛，从 2004 年 5 月"银色干线"移动数据业务品牌的推出，到 2011 年 7 月，中央电视台和中国移动联合打造"中国手机电视台"，十年来，从"小荷才露尖尖角"到"春风得意马蹄疾"，手机电视的发展可谓一路高歌猛进。目前，随着

---

① （加）埃里克·麦克卢汉：《麦克卢汉精粹》，何道宽译，南京大学出版社 2000 年版，第 221 页。

② 中国互联网信息中心：《中国互联网发展状况统计报告》，2017 年 1 月。

第一章　溯源与界定：青少年手机亚文化发展脉络和概念探析

网络带宽、终端设备的发展，网络视频用户也快速增长，目前已经是仅次于网络音乐的第二大休闲娱乐类应用。同时，从娱乐特性分析，网络视频作为一种低成本、高需求的娱乐活动，具有高频、长时的用户使用特点。

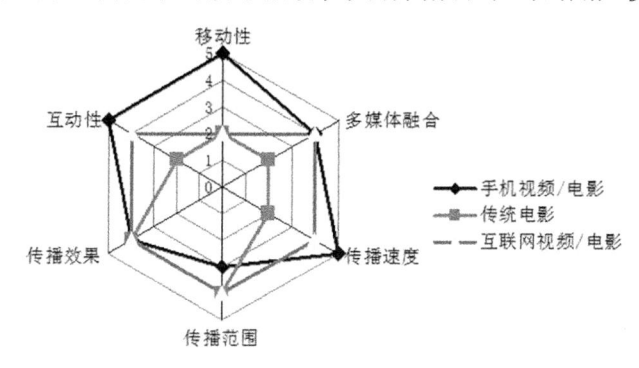

图 1-18　三种不同形式视频的特点比较

对于视频节目和电影短片等，手机的优势依然体现在移动性和互动性上，传播速度相对于其他两种载体而言，也是最快的；互联网视频的最大优势，是其传播的范围，网络视频已经成为互联网发展中不可或缺的应用；而传统的电视，无论是影院还是家庭电影，除传播效果和范围之外，并无其他优势可言。①

手机视频近年来的迅猛发展，主要得益于以下原因。

首先，整体网民互联网使用行为正在向手机端转换，庞大的移动网民规模为手机视频的使用奠定了用户基础；其次，Wi-Fi 覆盖逐渐全面，电信运营商网络资费下调及 4G 网络的逐渐落地为手机视频提供了更好的使用条件；再次，手机视频内容更为丰富，各家视频网站加强线上线下的整合，与门户网站、社交网站、微博等的互动分享及应用合作极大推动了手机视频的发展。原创自制剧及综艺节目，也吸引了更多受众；最后，智能手机终端的快速普及，视频企业在移动客户端的不断开发与大力推广，提升了网民对于手机视频的认知。②

---

① 中国互联网络信息中心：《中国手机媒体研究报告》，2008 年。
② 江凌：《2013 年我国手机视频产业发展报告》，《新媒体发展报告蓝皮书（2014）》，社会科学文献出版社 2014 年版。

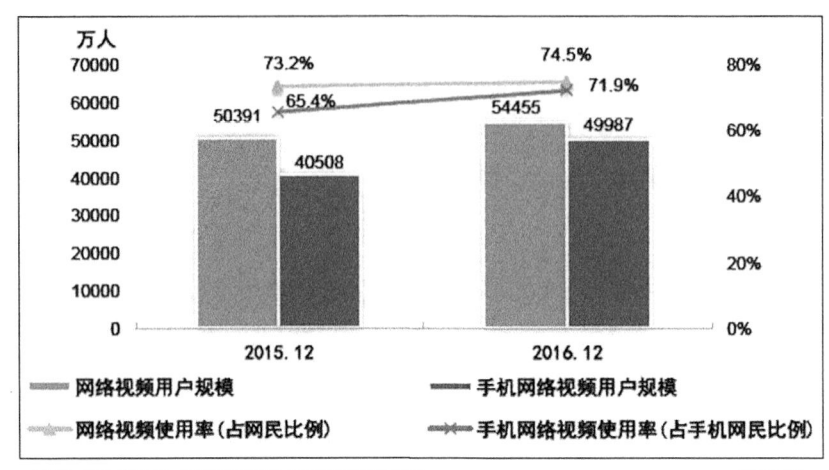

图 1-19　2015.12—2016.12 网络视频、手机网络视频用户规模及使用

中国互联网信息中心的调查显示，手机视频不知不觉已成为人们闲暇时间的娱乐首选。由于网民组成中 10—19 岁年龄段的网民的比例为 24.1%，20—29 岁年龄段网民的比例为 31.2%，因此，可看出在整体网民占比中，20—29 岁年龄段的网民成为网民的主流，青少年群体已成为手机视频的受众主流。

第二节　青少年手机亚文化的生发动因

一、信息化社会和个性化时代的大背景

青少年手机亚文化在我国的诞生是基于第三媒介时代下的整个信息化社会和个性化时代的背景，尤其是随着手机短信的使用，大大普及了手机在青少年群体中的使用。

手机文化的产生和发展与整个大的社会和时代背景分不开。随着人们生活节奏的不断增快，日常生活的内容也在不断丰富，大量新鲜事物的涌现使得生活节奏不断变幻。人们对信息获取的要求今非昔比，对于生活质量的要求不断提高，对于随时沟通，随时娱乐，随时获取信息的要求不断增多，这些都成为信息化社会发展的大背景。

第一章 溯源与界定：青少年手机亚文化发展脉络和概念探析

全民参与也造就了手机的社会影响力。手机的社会影响力，主要表现在它的社会动员力和舆论传播力。但是，在手机平台上，信息和舆论的传播都不是由某一个专业机构来控制的，而是由手机用户的自发行动导致的。手机不仅为个体的自由表达和社会参与提供了可能，也以其独特的传播方式，集聚个体的力量，使之成为强大的社会力量。青少年群体本身的开放性、个性化及群体的身份认同也使得这个群体在一开始就成为手机的潜在受众。

二、手机传播特征的优越性

任何信息技术所产生的影响都是复杂的意料之外的结果[1]，信息技术决定了我们发展的未来，我们即将去到怎样的一个世界。根据保罗·莱文森的"补偿性媒介"（remedial medium）的理论，任何一种后继的媒介，都是一种补救措施，都是对过去的某一种媒介或某一种先天不足的功能的补救和补偿。[2]

进一步而言，随着技术的日趋完美，后一种媒体不仅补足了前者的缺点，势必也传承了前者的优点，兼备了前一种媒体的业务。电视超越了报纸的有画无声和广播的有声无画，实现了声画结合的传播信息。网络的出现则几乎承载了现阶段人类所有的信息传播手段和业务，并演绎和组合出了具有网络属性的传播业务：博客、QQ聊天、网络视频、电子邮件……然而，在这些业务中，人们不难发现，其传播的信息本身并未发生实质上的改变，就像博客可以类似于报刊的个人专栏；QQ聊天可能是文字版的电话，只是当这些信息乘上了互联网的"翅膀"，在给人们带来全新感受和实惠的同时，也给传播带来了翻天覆地的变化。可见，媒介更迭的过程中，原有业务也在实现着传承和交换。

手机的功能从最初的语音通信发展开来，手机技术也从最初的1G发

---

[1] （美）保罗·莱文森：《软边缘——信息革命的历史与未来》，熊澄宇等译，清华大学出版社2002年版，第10页。

[2] （美）保罗·莱文森：《手机——挡不住的呼唤》，何道宽译，中国人民大学出版社2004年版，第225页。

展到 4G，发展趋向成熟。随着移动互联网技术的进一步普及，手机的大众传播功能得到进一步拓展，表现出巨大的发展潜力。伴随计算机网络、移动通信网络和终端技术等的发展，大大扩展了原有的内涵，逐渐把文字、图片、音频、视频等信息形式纳入其传播范围之内，逐步实现了短信、彩信、广播、电视等多媒体功能。

相比与其他大众媒介上获得信息，手机获得的信息能够引起更大关注，因为相对于其他媒介来说，手机更可以称得上是"我的媒体"。手机上发送的每一条信息都是针对机主的，手机上的信息直接跳过了选择性接触的环节，大大提高了传播的有效性。①

（一）移动性

手机的最大特征是贴身移动性。

保罗·莱文森在《手机——挡不住的呼唤》一书中提到，人类有两种最基本的交流方式：说话和走路。可惜，自人类诞生之日起，这两个功能就开始分割，直到手机横空出世。② 人类第一次被手机从禁闭的室内和机器前解放出来，你可以在高山海滨、森林草原、田野牧场一边走路一边通信和传收信息；你可以斩断把你束缚在室内和电脑前的"脐带"去漫游世界，只需要一个大拇指操作的手机，你就可以"一指定乾坤"。手机登上媒介的历史舞台，也开启了个人通信史上无线领域的新篇章，正是手机的移动属性使其成为这个世纪最受瞩目的媒介终端。

随身携带的手机成为媒体平台，最大化地利用了人们的零碎时间，并且极为快捷地传播信息，人们付出很低的时间成本就可以获取信息。日本传播学者藤田久明形容手机是"30CM"的贴身距离，24小时的伴随媒体。现代都市生活的典型特征是快节奏的生活速度和碎片化的生活形态，整块的日常生活和工作空间被分割成零散的碎片时空，手机贴身移动的先天优势，为其发展带来巨大空间。

---

① 匡文波：《新媒体概论（第三版）》，中国人民大学出版社 2012 年版，第 175 页。

② （美）保罗·莱文森《手机——挡不住的呼唤》，何道宽译，中国人民大学出版社 2004 年版，第 125 页。

第一章 溯源与界定：青少年手机亚文化发展脉络和概念探析

保罗·莱文森说："手机就是一个流动的家园，它满足人类边移动边交流的双重需求，使人对它的依赖性越来越大。"超强的信息处理功能、存储、共享、检索是网络最本质的特征，手机与互联网的融合下的手机融合了以上特点，并具备给用户提供有效新闻信息的相应媒体特性。

（二）广泛性

手机将是覆盖人群最广，受众最多的一种媒体形式。英国传播学者丹尼斯·麦奎尔（Denis McQuail）按照时间先后顺序把受众划分为古代受众和现代受众。麦奎尔指出，古代受众指的是聚集在某个场所现场观看表演、比赛或宗教仪式的城邦观众；而现代意义上的受众指的是随着印刷品的出现、电影的发明和广播电视的发展而出现的"大众受众"。

尽管现代社会还存在大家聚在一起观看表演或比赛的情形，如在剧场观看现场演出、在体育馆观看现场比赛，但是报纸、电影、广播、电视等媒体的出现大大改变了"受众"这一概念的内涵和外延，现在所说的受众通常指的是大众传媒的受众。与古代"受众"概念相比，现代"受众"具有人数众多、规模较大的特点，在空间分布上也呈现出非集中化的特征。①

（三）个众化

以工作为中心的人，电脑也许最可能成为他们的信息终端；以家庭为中心的，电视也许最可能成为其信息终端；而手机对应的是以个人为中心的生活方式。②"人的个性特征在形成过程中发生变化的关键就是，伴随着消费文化的发展，人们已从宣扬自己的美德转变为宣扬自己的个性人格。"③

1. 传播方式的"个众化"

尼葛洛庞帝在《数字化生存》一书中指出：进入后信息时代，越发数

---

① （英）丹尼斯·麦奎尔：《受众分析》，刘燕南、李颖等译，中国人民大学出版社2007年版，第3—7页。

② 王萍：《传播与生活：中国当代社会手机文化研究》，华夏出版社2008年版，第136页。

③ （英）迈克·费瑟斯通：《消费文化与后现代主义》，刘精明译，译林出版社2000年版，第166—167页。

字化的生存环境使得信息的传播越发个人化，体现为窄播的传播，受众也发生了变化，从最初的大众的群体受众，缩小为了小群体的受众，甚至是个众。基于硬件终端同用户一对一的绑定关系的特征，一部手机背后对应了一个具体的个体，信息传播越发的个人化，这为信息订制的小众传播提供了无限空间。①

以手机短信来说，它已经不仅仅是分众了，甚至可以说是个众，针对每个用户的需求，提供个性化服务，个性化特征成为短信传播的核心。可以说从短信开始承担起传播功能的那一天起，就是以一种分众化的模式进行的。对于任何一个受众而言，每一条所接收的信息都是以自身的个性化需求，有针对性地进行的信息传播。②

点对点的手机信息传播服务，实现了针对个体的电脑 IP 地址、私人手机号码、个人电子邮箱、QQ 号码、个人微信或微博账户的定向传播。在实现定向传播，点对点传播的同时，用户也可以通过搜索、屏蔽、收藏、转发、点赞等方式获取个人想要的特殊信息，实现发布和接受完全个性化的信息，手机传播实现了大众传播向"小众传播"的转化。③

2. 传播内容的个性化

手机发展至今，其向新媒体的发展过程实际上是一个"再媒体化"的过程，是一个由人际传播媒介向大众传播媒介演化的过程。在这一过程的不同发展阶段，分别形成了不同的手机形态。目前看来，发展较为成熟的媒体形态有手机短信、手机直播、手机出版、手机广播、手机视频、手机游戏等④。

从选择什么功能的手机，怎样包装手机，到使用手机平台上不同服务内容的 APP，从外到内都彰显了手机的超强个性化特征。受众决定了消费

---

① 匡文波：《新媒体概论（第三版）》，中国人民大学出版社 2012 年版，第 175 页。
② 匡文波：《新媒体概论（第三版）》，中国人民大学出版社 2012 年版，第 175 页。
③ 匡文波：《新媒体概论（第三版）》，中国人民大学出版社 2012 年版，第 5 页。
④ 匡文波：《新媒体概论（第三版）》，中国人民大学出版社 2012 年版，第 169 页。

怎样的手机内容，可以选择看，可以选择不看，可以选择只看文字，不看图片和影像，也可以选择全部内容都看，对内容的选择完全根据受众自己的个性化需求而定。同时基于手机内容的互动性，受众能够很方便地发表自己的看法、发表话题，加入讨论、参与投票和调查，转发亲友，线上线下活动等。

（四）多元互动

手机的内容是以多媒体的形式存在的，音频、图片、文字、视频等各种媒体形式的内容都能从手机上获得。手机的传播方式也融合了大众传播和人际传播、单向传播和双向传播、一对一和一对多、多对多等多种形式，形成一张相对复杂的传播网。与此同时，手机还可以配合传统媒体和其他新媒体进行互动，实现真正意义上的"全媒体"传播。

手机的互动性为手机作为一个媒体的发展带来巨大的空间，网络社会学家曼纽尔卡斯特在"媒介即讯息"理念的基础上，认为"用户是所有媒体的内容"。在网络文化中，用户概念已经取代了传统媒体的"观众""听众""受众"概念，网络文化中更加强调了用户的参与。[1] 二维码扫一扫、微信摇一摇这些最新的互动功能，充分利用了先进的技术，最大化地调动了受众的使用热情。为了充分发挥手机本身的优势，结合受众和市场需求开发软件或产品，不少手机运营厂商开始基于多元互动功能，开发更多互动功能。

如手机本身就可创新发挥小巧移动的终端功能，化身为"遥控器"，发挥手机在双屏战略时代的新功能。由湖南中广联合中国移动电子商务基地、中广传播集团和湖南特色电视购物频道联合打造的互动电视购物平台的互动业务。就是在手机电视/移动多媒体广播业务中，利用广电运营商的广播网络提供多媒体和数据内容的传输，利用移动网络的双向通道，实现与手机电视/移动多媒体广播业务有关的交互式增值功能，实现了消费者在看电视的同时进行互动电视购物。包括互动投票竞猜、音乐视频下载、彩铃下载等业务。互动电视购物不但带给消费者一种全新的购物体

---

[1] 邓瑜：《手机媒体：移动媒体的终极形态》，《中国记者》，2006年第4期。

验，还会培养出消费者一种全新的生活方式。①

（五）人性化

北京大学张颐武教授曾说："手机是人的新器官。"人的自然器官可以由技术而延伸和延长，人性化是最基本的。技术时代的问题"归根到底涉及人在与人和非人的周围世界的相处中能否自由地自我决定的问题，涉及人能否自由地在他的众多可能性中理性地塑造自己和他的周围世界的问题"。② 1979 年，莱文森在其博士论文《人类历程回顾：媒介进化理论》中首次提出"人性化趋势"（anthropotropic）理论，他认为越来越人性化是技术发展的最大趋势，技术可以实现对人体某些功能的复制和模仿③，如：触屏手机、声控软件、大屏手机等。

触摸屏手机的出现无疑拉近了冷冰冰的手机终端和人们之间的距离，当您的指尖与手机屏幕轻轻相触，指尖瞬间开启丰富的大千世界，仿佛手机就是你的器官，通过指尖就能体会你的意图。随着 iPhone7 的推出，指纹识别也开始盛行，加强了手机与人指尖的亲密度。声控软件能根据机主的声音命令，自动上网寻找相关信息，或在手机通讯录里去查询机主需要的手机号码。大屏手机的密集上市，价格的进一步平民化，不断渗透中低收入群体，大屏手机犹如让受众睁大了双眼，带来更好的视觉盛宴。如三星 Galaxy Note、中兴 5 英寸显示屏，像素分辨率 1920×1080 的 GrandS，华为 6.1 英寸显示屏的 Ascend Mate 等。④

（六）虚拟性

信息本身在新媒体平台上的虚拟性也成了其特征，传播关系的虚拟性更加引发了人们的思考。在传统的媒体环境下，传播者和受众的角色是固

---

① 《互动电视购物，开创手机电视新时代》，人民网－传媒频道，2011 年 01 月 10 日。
② （德）埃德蒙德·胡塞尔：《欧洲科学危机和超验现象学》，张庆熊译，上海译文出版社 1988 年版，第 6 页。
③ （美）保罗·莱文森：《手机——挡不住的呼唤》，何道宽译，中国人民大学出版社 2004 年版，译者序第 7 页。
④ 江凌：《2013 年我国手机视频产业发展报告》，《新媒体发展报告蓝皮书（2014）》，社会科学文献出版社 2014 年版。

定的,固定的传播者向受众传播信息,受众知道信息的来源。然而在新媒体环境下,二者的角色大部分是虚拟的,双方之间进行沟通和交流的信息是不可知的。从这个意义上说,基于新媒体平台上的信息传播的人际关系也具有一定的虚拟性,这种虚拟的人际关系将极大地改变传统社会的人际关系模型。①

总而言之,手机平台的复合性与开放性为手机发展提供了多元动力。传统媒体的功能是相对简单的,手机平台像互联网一样,具有极大的复合性与开放性。功能的不断拓展使手机平台充满了新的可能性,这成为手机产业发展的重要特点。虽然手机起源于人际交流的需要,但是它并没有止步于人际交流功能,手机终端功能不断发展,使手机日益变成一个综合性平台。这不仅使用户对手机的依赖性越来越强,也使越来越多的产业都在手机平台中找到自己的空间。

从人际沟通拓展到信息传播、娱乐、生活、工作等各方面,多元化的手机平台培养出人们新的生活方式,促进了手机文化的形成,促进了人们对手机需求的增长。在传统媒体时代,媒体发达到一定程度才孕育出相应的媒体文化。而手机的发展轨迹则是:手机终端先培养了相应的生活方式与文化,进而促进了媒体对这一平台认识的不断深化,媒体对这一平台的利用也才不断深入。

三、媒介技术是手机亚文化的孵化器

媒介技术是手机亚文化的孵化器,手机亚文化也来源于技术文化。1964年麦克卢汉在《理解媒介》一书中提出"媒介即讯息"理论,"真正有意义、有价值的讯息,不是各个时代的传播内容,而是这个时代所使用的传播工具的性质,它开创的可能性以及带来的社会变革"。"媒介即讯息只不过是说:任何媒介(即人的任何延伸)对个人和社会产生的影响,都是由新尺度引起的,这种新尺度是被我们的每一次延伸或每一种新技术引

---

① 匡文波:《新媒体概论(第三版)》,中国人民大学出版社2012年版,第6页。

到我们的事物中的。"① 新媒介的产生并不仅仅意味着一种新工具或者是一种新的技术，而意味着一种新的尺度的创造，这种新尺度势必会意味着新的社会内容。②

媒介技术形态的变化还带来了传播方式的改变，传播方式的改变逐渐渗透到人们的日常生活中，从而形成媒介文化。纵观人类媒介的变迁，从口语媒介到文字和印刷媒介，再到电子媒介，如今进入由手机所开创的"第三媒介时代"。媒介从最初的大众到分众，到现在的"个众"，信息技术的发展使创新不断融入媒体中，数字化的媒体方式越来越深入地主宰着当今人类的文化生活。保罗·莱文森"补偿性媒介"（Remedial Medium）理论也认为，任何一种后继的媒介，都是对过去某一种媒介或某一种先天不足的功能的补救和补偿。

手机不仅延续了"第四媒体"互联网互动传播的特性，而且让这种互动可以弥漫在共时的每一个空间当中。其随身性使它成为一种生活必需品，成了"带着体温的媒体"，手机充分演绎了"人就是媒体"这一理论。北京大学张颐武教授也提出"手机已经成了我们的新器官"。所谓"媒介进化"是指在人类文化发展和科技进步的趋势下，新旧媒介的依次涌现。比如，在人类新闻传播史上，按时间先后依次出现的媒介有：人身媒介，报纸书籍（印刷媒介），广播电视（电子媒介），网络（数字媒介）。

借鉴1999年《数字麦克卢汉》一书中的"玩具、镜子和艺术"媒介进化三段论及保罗·莱文森"补偿性媒介"和"人性化趋势"演变理论，手机上的创新已经远远超过了以往任何一种媒体，在诸多方面都逐渐成为当代社会与人们的日常生活相关度最高的一种媒体。使数字化生存进入了一个崭新阶段，以全媒体和自媒体两种方式，以去中心化多向性、随时随地交流的信息移动传播时代，具有明显的后现代色彩。

手机之所以为新，可以从两个维度来看，首先是时间性的概念，在媒介形态方面，相对于"旧"媒体而言是新的，随着技术的不断演变，从最

---

① M. McLuhan. *Understanding Media*: *The Extension of Man*, New York: New American Library, 1964, p23.

② 倪桓:《手机短信传播心理探析》，中国传媒大学出版社2009年版。

第一章 溯源与界定：青少年手机亚文化发展脉络和概念探析

古老的口口相传、结绳记事，到文字的诞生，印刷术的发明，再到此后书籍、报业、电视、数字网络，直到现在的手机新媒体。其次，是技术性的概念，新媒体是依托数字技术、互联网技术、移动通信技术等新兴科技而产生的向受众提供信息服务的一系列新工具或手段。①

"媒介即人的延伸"，以人的身体器官的延伸来看待传播技术的运用，表达了手机延伸了人的所有感知器官的功能。这句话本身也体现了麦克卢汉对文化传播诸种技术的关注，更凸显了它对技术理性所具有的力量的高度肯定。手机在发展的初始阶段，集网络运营机构、服务运营商（SP）和内容提供商（CP）于一身，担当了准媒体机构的任务。

在增值业务迅速开展并丰富的基础上，专业的服务提供商（SP）出现，它充当了职业传播者的角色，把包括传统媒体、出版社、音像制品公司等文化机构在内的内容提供商提供的内容进行技术改造，处理成适合在手机介质上传播的信息形式，如手机音乐、手机视频等②；另外，手机制造厂商、运营商、内容供应商和服务提供商正在进行跨行业合作，开发基于手机平台的媒介原创产品。手机越发突破本身的通信工具和接受终端的功能，慢慢在内容采编及运作管理体系方面，不断完善。

媒介的影响之所以非常强烈，恰恰是另一种媒介变成了它的"内容"。一部电影的内容是一本小说、一个剧本或一场歌剧。③ 新媒体的本质属性从信息容器转化为"关系居间者"，从以技术为导向的、信息型的、独白式的线性传播模式，转向以关系为导向的、对话式的全息传播模式。④ 新媒体的"关系传播"包含了三个层面的关系：其一，社会层面的关系，即建立在非个体化的、类别性、角色化的社会线索（而非一眼可识别的视觉性、差异性、个性化的人际线索）之上的，以社会分工信息为主的角色关

---

① 宫承波：《新媒体概论》，中国人民大学出版社2012年版。
② 王萍：《传播与生活：中国当代社会手机文化研究》，华夏出版社2008年版，第44页。
③ （加）麦克卢汉：《理解媒介——论人的延伸》，王文斌译，商务印书馆2003年版，第46页。
④ 陈先红：《论新媒介即关系》，选自尹韵公、明安香主编《传播学研究——和谐与发展》，新华出版社2006年版，第285页。

系；其二，文化层面的关系，即以文化信息为主的价值观关系，体现为通用的价值观（如网络语言等基本的表达方式）、集体价值观（由某一个团体或者类别，而不是所有人共享和拥有的共同价值观）、个体价值观等三个层面；其三，人际层面的关系，即情感关系。

（一）手机技术构建的时空传奇

由于手机最大的特点就是便携性、移动性，手机压缩了空间，或者说手机消灭了人的空间感觉，成为梅罗维茨的"no sense of place"，使得整个地球村成了"处处皆中心，处处皆边缘；无处是边缘，无处是中心"。我们的地域之感没有消失，而是变得无处不在。[①] "传播媒介的发展在当代社会里重塑了对时间和空间的感知，传播技术将我们的中枢神经系统，扩展到与其他人类的能激起美感的全球性融合之中，这使时间（过去和现在）和空间（远处与近处）之间的区别变得多余。"[②] 因为，手机接通互联网后成为一个移动家园，我们被信息包裹起来。我不再是"我"，而是我们的"我"。"处处皆中心"，那么处处皆边缘；"无处是边缘"，那么无处是中心了。

Lyon 把千百年来的时间概念划分为三个阶段。"如果前现代（农业社会）的时间概念与节奏的稳定的，现代（工业社会）的时间遭到量化、商品化，那么后现代的时间特征就是时间加速，节奏杂异，强调即时与随时，创造出同时性（simultaneity）与无时间性（timeless-ness）。"[③]

（二）手机技术导致的审美传奇

借鉴麦克卢汉的媒介进化三段论，任何技术刚开始时都具有玩具的功能，其次才开发镜子即工具的功能，最后它就演变为艺术。"科学与艺术是一枚硬币的两面。"在科技引领时代的今天，手机"人性化"地从最初

[①]（美）保罗·莱文森：《手机——挡不住的呼唤》，何道宽译，中国人民大学出版社 2004 年版，译者序第 53 页。

[②]（美）尼克·莱文森：《认识媒介文化：社会理论与大众传播》，王文斌译，商务印书馆 2001 年版，第 127、191 页。

[③] Lyon, David. *Jesus in Disneyland: Religion in Postmodern Times*. Cambridge: Polity Press, 2000, pp. 128—129.

第一章 溯源与界定：青少年手机亚文化发展脉络和概念探析

的"大哥大"发展到今天的"百变口袋精灵"，手机不再是简单的通信工具，更成为一种艺术。① 海德格尔（Martin Heidegger）也认为："由于技术之本质并非任何技术因素，所以对技术的根本性沉思和对技术的决定性解析必须在某个领域里进行，此领域一方面与技术之本质有亲缘关系，另一方面却又与技术之本质有根本的不同，这一个领域乃是艺术。②"

把手机作为一种文化形态，立足于人与社会、人与自然的关系，将其纳入审美的意义中，就不能脱离开由它建构的新媒体技术的语境和力量。人在借助手机与世界客体发生审美关系的时候，很大程度上是在手机技术构建的"非现实"或"超现实"的虚拟空间中进行的，因而手机的虚拟性技术特征就与当今时代的审美趣味有了十分明显的关系。

手机技术的虚拟性，打破了审美对象的确定性，使得一切都处于一种模糊的不确定状态。人们的审美活动渗透于社会生活的各个方面、各种生活细节，审美客体不再是一种"形象"，而成了"拟像"。"拟像"是虚拟现实，虚拟的现实将人们的审美感知置换为现实的错觉，甚至是幻觉。这种幻觉在一定程度上不再是审美的意识，而成为一种物质性的意识存在，一切都是物质，一切又都是"美"。审美的泛化是消费主义的欲望的扩张，在商品社会引发非理性的消费行为，这已经成为当今消费社会的审美表现。③

除了虚拟性，"复制性"也是导致审美泛化的一个技术性因素。不管是哪一个审美客体，都凝聚了创造者的艺术个性，它的创作过程，其实就是创造者艺术个性的展示过程，人们可以通过审美客体了解创造者的艺术才华和艺术品格，这就是艺术的价值所在。但手机审美对象的创作，却带有千篇一律的程式化、复制化特征，剥夺了作为审美对象标志的独特性，使审美对象失去了魅力。手机的复制性使我们思维停滞，个性同化，在艺术的创造上失去活力。技术手段在大批量制作文化产品的同时，也在无形

---

① 马晓莺：《手机文化的深度解析》，上海师范大学硕士论文，2010年。
② （德）海德格尔著，孙周兴选编：《海德格尔选集》（下），上海三联书店1996年版，第954页。
③ 秦艳华、路英勇：《全媒体时代的手机媒介研究》，北京大学出版社2013年版，第145页。

中用"复制"置换了文化中"创造"的概念，变成对可供多次重复消费的审美客体的复制，因而影响和改变人们对于美的创造的感知方式。[①]

第三节 青少年手机亚文化的概念探析

一、青少年手机亚文化的相关理论研究

厘清青少年手机亚文化的基本定义，是本研究进行的前提，文化是一个非常广泛的概念，给它下一个严格和精确的定义是一件非常困难的事情。迄今为止，学界仍没有给文化一个获得公认的定义。

（一）手机文化的定义

据统计，有关"文化"不同的定义至少有二百多种。中国艺术研究院中国文化研究所的刘梦溪认为：文化，宽泛一点的定义，是指一个民族的整体生活方式和价值系统。狭窄一点的定义：应包括知识、宗教、信仰、艺术、哲学等。

青少年手机亚文化研究属于青少年亚文化和新媒体手机平台两者的结合，基于青少年亚文化的理论有着深厚的传统。国内对于手机文化的界定，现有两种论述：一种观点是甘惜芬老师提出的，将媒介文化视为社会总文化的一个亚系统，"媒介文化是指在社会总文化体系中，以媒介影响人为主要方式而构成的亚文化系统"另一种观点（刘连喜，2003）将媒介与文化间的关系做了剖析，认为"媒介文化是指因大众媒介的社会影响而产生的一种文化形态，是显现在大众传播活动中的社会文化现象"。

夏光富、袁满在其撰写的论文《手机文化的特性与手机文化的产业化》中认为手机文化是社会信息化的结果，提出了手机文化的概念。它是指以手机为信息和文化传播、交流工具，以移动通信网络和互联网为信息和文化传播、交流的平台，以信息、知识和文化资源的开发、创新、传播和文化信息服务为主要内容，随着手机的普及使用而形成的一种大众的流

[①] 秦艳华、路英勇：《全媒体时代的手机媒介研究》，北京大学出版社2013年版，第145页。

动文化生活空间和生活样式。① 手机文化的内涵侧重于手机在当代社会所引发的信息方式和生活方式的变革,它是融人际传播与大众传播于一体的大众媒介文化,也是一种视觉文化。②

(二) 青少年亚文化的相关理论阐述

1. 青少年亚文化的理论渊源

从西方亚文化理论的历史来看,学科化的亚文化研究开始于美国的芝加哥学派,后来大致经历了三个阶段:第一个阶段是芝加哥学派和美国社会学界的亚文化研究(20 世纪 20—60 年代);第二个阶段是以英国伯明翰学派为代表的青年亚文化研究(20 世纪 70 年代);第三个阶段是后伯明翰时期,即 20 世纪 80 年代以来人们对亚文化理论的回应与反思。③

"年轻人渴望确立自己的身份,又不愿意落入俗套,所以会不自觉地寻求一些抵制或摆脱成人社会的途径。"④ 换言之,只要年轻人对主流文化的抗拒意识存在,青少年亚文化就不会消失。"恶搞""动漫""粉丝""游戏""80 后""韩流"等一系列文化现象构筑起了时下盛行的青少年亚文化景观。

无论是大众文化的批评学派,还是民粹主义的立场都相对极端。大众文化的批判学派倾向于将青少年亚文化的持有者看作是文化工业的牺牲品和受害者,认为他们对亚文化的追捧不过是体现了堕落盲从的低俗趣味,实质上根本无法分辨哪种文化适宜习得和遵循,哪种又应该拒绝并摒弃;而民粹主义流派的研究者则过于乐观地估计了青少年在亚文化建构过程中的主动性和创造性,忽视了以统治阶级为核心的国家意识形态机构对主文化以外的多元文化的引导和操纵,无形之中造成了一种全民文化狂欢的假象。

相对平衡的学派,来自伯明翰学派,聚集在英国伯明翰大学当代文化

---

① 夏光富、袁满:《手机文化的特性与手机文化的产业化》,《新闻界》,2007 年第 4 期。
② 李瑞、高菲:《手机媒介文化综述》,《山西广播电视大学学报》,2008 年 7 月。
③ 陶东风、胡疆锋:《亚文化读本》,北京大学出版社 2011 年版。
④ 孟登迎:《"亚文化"概念形成史浅析》,《外国文学》,2008 年第 6 期。

研究中心（The Centre for Contemporary Culture Studies，简称 CCCS），周围从事文化研究的学者如霍加特、霍尔、赫伯迪格、威利斯、费斯克等。[①]通过运用社会学、人类学中的民族志、符号学和结构主义等理论与方法，该学派成员把研究焦点放在亚文化的建构过程、亚文化群体与母体文化的关系、亚文化与主流文化之间的关系以及亚文化之间进行"对抗"与"收编"的历史过程。[②]

伯明翰学派在青少年亚文化研究中最突出的贡献体现在对亚文化风格的提出、归纳和界定上。他们认为亚文化的风格事实上彰显了一种仪式功能，即对主文化和支配文化的颠覆和反抗对应到青少年群体则表达了一种对成人价值观的排斥。可以说，伯明翰学派这种"风格理论"和"反抗（收编）"模式采取了一种折中的方式来解读青少年亚文化。一方面承认亚文化本身具有对优势文化的反抗性，从本质上肯定了青少年亚文化的积极意义；而另一方面它也毫不遮掩地指出了在文化收编的路途上青少年亚文化那不甚光明的前景。[③]

2. 基于青少年亚文化视角的研究

"亚文化"术语正式出现于 20 世纪 40 年代中期，由芝加哥学派最早使用。在文化研究的视野中，亚文化也译为"次文化"，是通过风格化的和另类的符号对主导文化进行挑战从而建立认同的附属性文化，具有"抵抗性""风格化""边缘性"三个特征。[④] 其中，青少年亚文化毫无疑问是众多亚文化种类中最具影响力和活力的一支。

"二战"以后到 20 世纪 70 年代是西方研究青少年亚文化的鼎盛时期，在这二三十年间，电视作为具有划时代意义的大众媒介登上了历史舞台，人们也首次领略到了声像一体的电子媒体所带来的无穷魅力。而 20 世纪末至今，我国再度掀起了青少年亚文化的研究热潮，尤其是近几年以互联网

---

① 胡疆锋，陆道夫：《抵抗、风格、收编——英国伯明翰学派亚文化理论关键词解读》，《南京社会科学》，2006 年第 4 期。

② 陆道夫：《英国伯明翰学派早期亚文化研究探微》，《广东技术师范学院学报》，2005 年第 2 期。

③ 陶东风、胡疆锋：《亚文化读本》，北京大学出版社 2011 年版。

④ 陶东风、胡疆锋：《亚文化读本》，北京大学出版社 2011 年版。

为代表的新兴媒介迅速扩张，使我国的青少年亚文化呈现出一派前所未有的蓬勃发展局面。"恶搞""动漫""粉丝""游戏""80后""韩流"等一系列文化现象构筑起了时下盛行的青少年亚文化景观。有关青少年亚文化的研究，西方要先于中国近半个世纪，当下国内为解释层出不穷的青少年亚文化现象所借鉴和参照的理论及实验模式基本上是取诸西方的。①

亚文化（Subculture）的基本特征就在于其相对于主流文化的中心性、正面性和肯定性而言的边缘性、地下性以及不同程度的抵抗性，是"处于下层结构地位的群体对具有占统治地位的意识体系做出反应的过程。而发展起来的意识体系、表达方式或生活方式，它反映了下属阶级企图解决在广泛的社会范围内所引起的结构性矛盾"。②

在《新媒体环境下青少年亚文化的"新风格化"》一文中，作者认为青少年亚文化通过一系列符号系统表达自身独特的风格化追求，这种风格化在现代社会与新媒体结缘，新媒体环境下青少年亚文化的表达核心在于价值观的后现代性和社会观中对话语权的争夺。③

在《新技术媒体与青少年文化变局》中，作者祝华新从新媒体现状出发，分析了"ID一代"的价值观及网络语汇的语义。作者将常年寄居在IP新技术媒体上的青少年，称作"ID一代"，包括互联网、BBS、博客上的帖子和QQ的聊天，这些可以使用虚拟ID身份的群体，他们通过创造"网络语汇"，如："晕""切""板砖""PK""菜鸟""大虾""Fans""BT"等，在媒介使用和媒介表达上争取话语权。④

《后现代消费青少年娱乐亚文化及其发生》一文的作者钟一彪提出，后现代的消费文化是青少年娱乐亚文化的实质，这种实质的目标是"解构"权威和传统。青少年娱乐亚文化反映了青少年重视参与、崇尚公平的

---

① 蔡骐：《大众传播时代的青少年亚文化》，岳麓书社2011年版。
② 迈克尔·布雷克：《亚文化与青少年犯罪》，山西人民出版社1990年版，第12页。
③ 刘怀光、乔丽华：《新媒体环境下青少年亚文化的"新风格化"》，《吉首大学学报（社会科学版）》，2010年1月。
④ 祝华新、赖龙威：《新技术媒体与青少年文化变局》，《青年研究》，2005年第11期。

行动取向，反映了他们自我反思的主体意识，也反映了他们在主流社会的迷茫与困惑。①

班建武在《流行文化或亚文化——当代青少年文化属性辨析》中认为，以亚文化形态表现出来的青少年文化，属于一种文化反叛型的亚文化。当代青少年在价值属性上呈现出流行文化与亚文化这样两种不同的文化形态。前者主要反映了青少年文化的感性化、平面化、被动性等特征，而后者则更多地强调青少年文化的深刻性、主动性和独立性。这两种不同价值取向的青少年文化在消费社会的文化工业背景下，其界限正在模糊。②

二、本文对青少年手机亚文化的界定

那么，什么是青少年手机亚文化？它的内涵与外延是什么？其文化生产模式和核心价值是什么？这是本文研究的核心。

在基于国内外学者研究成果的基础上，本文对我国青少年手机亚文化进行了总体的探索分析，认为青少年手机亚文化是青少年以手机终端为载体，在手机平台上通过一系列符号系统，以语言沟通、社交、游戏、搜索、音视频欣赏等行为，以微博、微信、手机小说、手机视频、手机APP应用等文化产品，进行互动，以表达自身独特的风格化追求。通过手机本体的信息传播活动与其所处的社会文化语境相创而形成的一种亚文化系统和一种特殊的文化样态，这种文化样态是一种带有浓厚的后现代主义色彩的、大众狂欢的、"新风格化"的新文化形式。

同人类的所有文化一样，青少年手机亚文化也是在与社会的互动中不断前行的。不同的是，青少年手机亚文化是在全球背景下，与互联网的互联互动中，在话语权自主的文化传播中所形成的文化现象。在这种文化潮流中，青少年手机亚文化所展现的文化产品、文化生态、文化模式，其独特的衍生与发展方式，所蕴含的文化信息，大体上反映了青少年的文化需

---

① 钟一彪：《后现代消费：青少年娱乐亚文化及其发生》，《当代青年研究》，2007年第1期。

② 班建武：《流行文化或亚文化——当代青少年文化属性辨析》，《山东省团校学报青少年研究》，2009年5期。

求和精神追求。文化的浸润使人由"生物的个体"成为文明世界中的"人"。互联网搭建了高速信息通道，互动传播、话语自主捍卫了青少年手机亚文化赖以生存的基础和生产方式，对话交流与价值认同显示了青少年手机亚文化的核心理念的追求。

理解青少年手机亚文化，就是理解我们身处的时代。我们正处于一个经济文化多元并存的时代。伴随着对互联网互联互动，来自手机的亚文化传播不知不觉地形成了一种结构性的力量，且日益强大。但在习以为常的主流文化面前，手机亚文化也正经历着威胁与考验。

主流文化正以权威主流对其进行改造融合，正在将青少年格式化为主流社会需要的式样。面对主流文化这样的召唤，年轻人渴望的身份确立、价值取向、理念认同等的愿景，不愿落入俗套，在社会格式化的遭遇战中被灭，对抗意识被激发。不想被社会格式化，不想进入成人社会的既定轨道，在焦虑或困惑的情绪中，在强烈的身份认同危机感的压力下，他们努力寻求一些抵制或摆脱成人社会的途径。一方面用"恶搞""动漫""粉丝"等一系列文化现象构筑起了时下盛行的青少年亚文化景观；另一方面也突出表现为在手机平台上通过一系列符号系统表达自身独特的风格化追求，通过手机本体的信息传播活动与其所处的社会文化语境相创生形成一种亚文化系统和一种特殊的文化样态。在文化意义上，这种"新风格化"与主流文化既相互矛盾又相互联系。

第二章 反叛与对抗：青少年手机亚文化特征及主体特征

第一节 青少年手机亚文化特征

亚文化是表达形式，但最终所要表达的是一种出现在当权者与那些注定处于从属地位和劣势地位的人们之间的根本张力，这种张力形象地呈现在亚文化风格的形式中。为此，我们应该借用一种隐喻来对亚文化做界定。阿尔都塞在他最具影响力的论文之一《意识形态与意识形态国家机器》中，描述了社会结构的不同部分——家庭、教育、大众媒体、文化与政治结构——是怎样为永远屈从于统治意识形态而发挥相互作用的。

然而，这些机构不是通过直接传播"统治理念"发挥其功能。相反，他们是在阿尔都塞所说的"磨合"（teeth-gritting harmony）状态下共同发挥作用的，并让统治意识形态"正好在其矛盾中"得以再生产。迪克·赫伯迪格认为，亚文化始终被诠释为一种抵抗形式，在这种抵抗形式中，体验到的矛盾以及对统治仪式形态的反对意见都间接地再现于风格之中。为此，迪克·赫伯迪格用"噪音"术语描述了这种风格构成的对象征秩序的挑战。[①]

我们被认为无法适用于一个"理论性的交融"（Barthes, 1972），它与文本保持一种"禁止旁听"（in camera）的关系——我们受困于研究对象和对它的解读之间：我们常常在研究对象和研究对象的袪魅之间漂浮不

[①] （美）迪克·赫伯迪格：《亚文化：风格的意义》，陆道夫、胡疆锋译，北京大学出版社2011年版，第165页。

定，无力呈现它的整体性。因为，如果我们能够洞察研究对象，那么，我们就在解放它的同时，也摧毁了它；如果我们承认了它的完整意义，我们是尊重了它，但同时却又让它回归到一种神秘的状态中去。关于亚文化风格的研究，似乎从一开始就把我们带回了真实的世界中，让我们和"大众"联系起来。然而，到头来，我们也仅仅证实了读者和"文本"之间的距离。证实了日常生活和它吸引到周边又被排除在外的"神话学家"之间的距离。如同巴特所言："在一度被指责为不合时宜之后，仍然不停地奢谈着现实。"①

青少年手机亚文化具备以下几个特征。

一、对精英文化的解构性

解构性就是消解、去中心。在解构主体看来，整个社会的权力话语和精英话语、独断论和中心论都必须受到质疑，边缘主体只有通过不断的建构和解构、解构和建构的过程，才能将其叛逆性和挑战性陈列于世界之前，才能冲破禁锢、打破文化等级体制。② 从青少年的行为和心理来看，他们无时无刻不在为解构而活着，只要社会的权力话语和精英话语稍有让自己说话的缝隙，世界立马成为他们的舞台。他们就是想要发出比自己父母、师长更大的声音，而作为有别于传统媒体的新媒体手机，似乎其一诞生就注定充满了与青少年相契合的青春气息。在不自觉中，青少年已成为手机的原住民，悄悄地占领了手机平台。失去判断与感觉的"儿童痴呆症"使理性意义上的成年人"引导"作用失灵。

无论"传统引导"还是"内部引导"，本质上都是较成熟者对未成熟者的理性引导。处于引导者地位的人是酋长、先知、巫师、长辈、教师、学者等，或者从整体上或者从某一特定意义上高于被引导者，使被引导者处于自觉不自觉的自卑和顺从的心理状态。这种高低落差决定了引导作用的权威性和理解特性。而在一个成人与儿童同质化了的世界中，成年人失

---

① （美）迪克·赫伯迪格：《亚文化：风格的意义》，陆道夫、胡疆锋译，北京大学出版社2011年版，第173页。

② 蔡骐：《大众传播时代的青少年亚文化》，岳麓书社2011年版，第38页。

去了神秘性和权威性,引导者的优势地位被剥夺。于是,整个社会通过电视画面以随机的方式对儿童的人格发展起着引导作用,其结果变得无法意料。①

信息产品在数字化的催化之下,生产成本急剧下降的同时,人们的获取成本也在下降。对"碎片化"媒介空隙的利用成为可能,实际上其造就的巨大市场空间也是显而易见的,楼宇电视的飞速发展就是最好的例证。"等候经济""注意力经济"成为媒介生存和创新所必须要研究的课题。②

"去中心化"的背后是"再度中心化"的新一轮洗牌,"分众"的背后是新的"聚众"的需求。典型案例就是网络恶搞现象,通过讽刺和无厘头,在较短时间内让一件不起眼的小事情或小人物,传遍千家万户,吸引前所未有的受众关注。如网络小胖,从一张普通的回头照片,演变为不同场景下的搞笑照片,一传十,十传百,让受众捧腹大笑的同时,也出现了不少青少年的追风。又如"元芳你怎么看?""贾君鹏,你妈妈叫你回家吃饭"这样的网络用语,从心理学层面看,其迅速走红,与广大网友心理、性格有直接关系。"一句话说一遍是随意,重复三遍就显得有趣,当十几个人在不同场合都说就变得很搞笑了,从而越来越多的人加入!"这也是大众青少年对权威的消解和去中心,随着网络推陈出新的速度越来越快,网络流行语的寿命也越来越短,这种对权威的解构速度也越发频繁。

二、对主导文化的抵抗性

12—25岁的青少年可以说正是处在青春期的发育阶段,心理生理都处于成长期,心理情绪非常复杂和叛逆,因此表现出来的亚文化也明显具有抵抗性的特征。无厘头的反理性、反权威、反正经的文化,西方当代文化越发组成青少年手机亚文化的文化构成,而传统的主流媒体引导的大众流行文化、东方传统文化渐微。青少年手机亚文化可视为一种群族狂欢抵抗"父母文化"的亚文化,正是在与各种文化的对比中,亚文化才能被清楚地界定。大多数作者依然倾向于认为,青年和老人、小孩和父母之间的对

---

① 高小康:《大众的梦》,东方出版社1993年版。
② 江凌:《新媒体节目形态》,河南大学出版社2013年版。

第二章　反叛与对抗：青少年手机亚文化特征及主体特征

立关系具有非常重要的意义，比如仪式的变迁，即使是在最原始的社会，也标志着童年向成熟期的过渡。①

抵抗性代表对主导文化的不认同和挑战，对体制的僵化、刻板、功利以及社会大环境中的诚信危机等社会症候进行抵抗。由于遭遇到的某种特殊处境，与更广泛的文化（主导文化和父辈文化）发生的具体矛盾具有异端、越轨的倾向。②青少年群体出生在一个充斥着"不明觉厉""普大喜奔"这样新兴人类词汇的语言环境中，对抗着传统权威，对抗着故作神秘、充满严肃官腔的人物，喜欢揶揄政治现象和政治人物，把自己不喜欢的人和事物直接编入娱乐的搞笑段子，从转发和嘲笑中获得乐趣。群族狂欢抵抗"父母文化"

《仪式抵抗》一书的作者运用了葛兰西的霸权概念，将一系列的青年文化风格诠释为象征性的抵抗形式。这些风格被看成一种令人注目的症候，代表了更广泛、更普遍、被掩盖的不满情绪，代表了整个战后时期的特征。③一种可信的社会团结的形象只能通过抵抗的文化（如工人阶级青年文化）的挪用和重新界定而维系下来。这样一来，媒体不仅为各种群体提供了有关其他群体的大量形象，也向工人阶级传回了他们自己的生活"图像"，而他们的生活受到了包围着它并对它进行定位的意识形态话语的"遏制"或"塑造"。④

约翰·克拉克（John Clarke）提出了亚文化的拼贴者彻底改写、颠覆和延伸了一些重要的话语形式的使用方式：意义和物体构成了一个符号，

---

① （美）迪克·赫伯迪格：《亚文化：风格的意义》，陆道夫、胡疆锋译，北京大学出版社2011年版。美国的社会学家与心理学家往往强调：青春期是一段个人主义的和过渡的时期，而其特征是仪式性的冲突：虽然"孩子"和"成人"的概念随着文化差异而有所不同，但是每一种文化都要求孩子习惯思维、感觉与行为的方式发生一些变化——一种涉及精神混乱的变化，这种变化因而对个人与文化构成了一个"问题"。（Kenniston，1969）

② 胡疆峰：《反文化、大众文化与中国当代青年亚文化》，

③ （美）迪克·赫伯迪格：《亚文化：风格的意义》，陆道夫、胡疆锋译，北京大学出版社2011年版，第101页。

④ （美）迪克·赫伯迪格：《亚文化：风格的意义》，陆道夫、胡疆锋译，北京大学出版社2011年版，第107页。

这样的符号在任何一种文化中被组合成有特征的话语形式。而当拼贴者使用相同的符号体系时，就会形成不同形式的新话语形式，传递新的信息。（Clarke，1976）[①]

作为一种特定的文化现象，仪式既是现实产生的模式，也是产生现实的模式，它不仅外在体现了一定的社会秩序与社会关系，而且也集中表征了一定时代人们的意识观念、思想情感等等。[②]"仪式"一词作为一个分析的专门性词语是在19世纪，它被确认为人类经验的一个分类范畴里的概念。[③] 狭义的"仪式"主要是一个从宗教概念出发的人类学范畴，是指"那些具有高度形式性和非功利性目的活动"（如发生在宗教崇拜过程中的正式活动，以及像节目、游行和问候等事件）。[④] 但从广义上看，任何人类行为都有一种仪式的纬度，可以承载某种象征意义或是传达个体问候或社会地位信息。因此，"我们将所有由传统习俗发展而来、被人们普遍接受并按某种既定程序所进行的活动与行为都称为仪式"[⑤]。并且随着仪式研究的领域从人类学延伸至其各个分支以及其他的人文社科领域，"仪式"的概念定义日益复杂、便捷范畴日益模糊，从宗教人类学、结构功能主义、文化阐释学、传播学等不同观点出发，都形成了自身体系的研究。[⑥]

电视机等大体积技术产品在家庭生活中充当了"社会整合"的作用。它们使家庭成员"一起"使用它们，"共同"消费它们，并通过这种"共同"消费而在或多或少的程度上加深了家庭成员之间的感情。在吃完晚饭

[①] （美）迪克·赫伯迪格：《亚文化：风格的意义》，陆道夫、胡疆锋译，北京大学出版社2011年版，第129页。

[②] 吴晓群：《古代希腊意识文化研究》，上海社会科学院出版社2000年版，导言第1页。

[③] 彭兆荣：《文学与仪式：文学人类学的一个文化视野》，北京大学出版社2004年版，第17页。

[④] 黄平等主编：《社会学、人类学新词典》，吉林人民出版社2003年版，第191页。

[⑤] 黄平等主编：《社会学、人类学新词典》，吉林人民出版社2003年版，第191页。

[⑥] 刘燕：《后现代语境下的认同建构》，浙江大学博士论文，2007年，第151—154页。

之后全家人一起看电视，就是一种再生产家庭情感的社会仪式。①

三、后现代的仿真性

尼葛洛庞帝的《数字化生存》反复告诉人们的是，人们即将遭遇的比特世界与传统的原子世界具有哪些重大差异。他认为，数字化生存必将出现四个改变人类生活结构的特征：分散权力、全球化、追求和谐与赋予权力。②

从后现代来看，青少年文化有很大的仿真的特点，随着互联网网络的不断发展和国家实力的强大，信息社会的日益开放，青少年较过去更大化地学到来自不同地区以及不同国家的形态各异的文化、理念、知识。而在网络空间中所谓的知识分子中，不少实属乌合之众，区别在于他们是被包装起来的乌合之众。青少年通过在网络里自我游走，感同身受，逐渐建立起自己的人生观、世界观、价值观，展现给世人的是文化阶层的反叛。

青少年本人的身份认同变得稀奇古怪，用美国的流行文化来，内核是非理性逻辑代替政治逻辑，代替理性逻辑。新媒体在其中所起到的作用，是将世界变成一个光怪陆离的社会，变成不同精英集团之间的争斗，话语系统变成一个仿真的世界，并且是一个高度碎片化的世界。这种情况有些类似19世纪无产阶级的乌合之众的再现，由于人人都可以在手机平台上讲话，发出自己的声音，活跃于其中的所谓的中产阶级有一个共同的基本的特征，那就是他们大多是拒绝政治的一代，因此，精英话语再度受到挑战。整个社会成为高度的非理性的社会，成为一个仿真的世界，社会话语被一个看不见摸不着的东西所控制。

四、逆主流的风格化

主要体现为语言审美形式上标新立异的象征性抵抗。风格（Style）是亚文化群体的第二肌肤和图腾，在伯明翰学派亚文化理论最重要的两本著作中都提到了风格：《亚文化：风格的意义》（*Subculture*：*The Meaning of*

---

① 王宁：《消费的欲望》，南方日报出版社2005年版，第179—180页。
② 尼葛洛庞帝：《数字化生存》，海南出版社1996年版，第269页。

Style,1979）及《仪式抵抗——战后英国青年亚文化》（*Resistance Through Ritual*：*Youth Subculture in Post - war Britain*，1976）。仪式抵抗从理论层面及人种志调查两个方面细致地探讨了工人阶级文化的危机，尤其是该危机是如何通过亚文化的风格体现出来的。

赫伯迪格《亚文化：风格的意义》更是以风格为突破口，认为亚文化的风格体现了亚文化的颠覆意义，亚文化所代表的对霸权的挑战间接地表现在风格之中。① 该书强调和描述了物体被赋予意义的过程，以及物体作为亚文化的风格被再次赋予意义的过程。②

新生代的年轻人注重追求自我，张扬个性，反叛传统。在这样的反主流精神的支持下，青少年的网络话语就有明显的风格：嬉笑怒骂，不拘泥于传统的文化意义，或者给一个很正面的词汇赋予完全相反的意思，或者自己胡乱创造一些新新人类的词汇。因为其无厘头的风格，反而大肆流行，成为被青少年热捧的新词汇："二""尼玛""累觉不爱"（很累，感觉自己不会再爱了）、"不明觉厉"（因为不知道不懂而觉得好厉害）、"普大喜奔"（普天同庆、大快人心、喜闻乐见、奔走相告，总之就是很开心）、"十动然拒"（十分感动然后拒绝，用以形容屌丝被女神或男神拒绝后的自嘲、心酸心情）、"喵星人"和"汪星人""人艰不拆""细思恐极""不哭站撸"（屌丝不哭，站起来撸）、"碉堡了""何弃疗""体亏屁思"（这一定是体制问题，最终吃亏的总是屁民，我不禁陷入了沉思）、"不约而同"（很久没有人约，而变成了同性恋）、"说闹觉余"（其他人有说有笑，有打有闹，觉得自己很多余）。另一句代表性极强的网络用语是："高端大气上档次，低调奢华有内涵，简约时尚国际范，奔放洋气有深度，低端粗俗甩节操，土鳖矫情无下限，装模作样绿茶婊，外猛内柔女汉子，卖萌嘟嘴剪刀手，忧郁深沉无所谓，狂拽帅气叼炸天，冷艳高贵接地气，时尚亮丽小清新，可爱乡村非主流，贵族王朝杀马特，提莫团战必须死。"

这些新兴词汇和朗朗上口的新新人类的网络用语无疑打造了一个光怪陆离的网络新世界。当你在与青少年对话时若用上一两个这样的词汇，无

---

① Dich Hebdige：*Subculture*：*The Meaning of Style*，p. 17.
② Dich Hebdige：*Subculture*：*The Meaning of Style*，p. 3.

疑让彼此都感同身受，有种相视而笑的默契，自然拉近了彼此的认同感和归属感。青少年群体的群族感因此慢慢建立，手机青少年亚文化的风格化特征进一步突出。

五、集体非理性

中国目前正处于现代与后现代形成错综复杂的时代，传统文明向现代文明过渡的阶段，难免面临许多错综复杂的社会、政治矛盾和经济发展问题。社会内部也远未形成对于现代文明价值的强大共识，青少年手机亚文化的特点值得我们思考。无论是从波德里亚的理论来看，还是从日常政治教育角度来讲，或者从政府角度来讲，现在的青少年都表现出信仰上的沦丧。客观来讲，至少在笔者所接触的大学生中，大部分同学对于种种政治课是不感兴趣的。不想上政治课，而现实生活中却又不得不上，最后上政治课变成一种走过场。笔者看来这种"不想上"不是一种思想上的反叛，也不是一种堕落，而是在拒绝和逃避政治教育的一种反叛行为，其背后的实质却是被政治教育所控制。在过去，我们通常说理性逻辑是被政治逻辑所替代，而今天政治教育的后果是非理性的逻辑代替理性逻辑和政治逻辑。拒绝政治的时代，不是理性的拒绝，而恰恰是带有被政治所控制的特征。

真正的信仰是由理性拷问过的，信仰之间应该有彼此的自由的讨论，而恰恰是无信仰的状态，使得在今天人人可以在手机平台发表自己的观点。貌似每个人都有信仰，而实际上，都是表面的，信仰的沦丧和集体的非理性等一切行为都在互联网上暴露无疑。

网上的青少年的言论自由，看似青少年似乎是手机平台的主人，但实际上却成为奴隶。对政府的批评是在政府许可的范围内，而对于国外的批评性言论，却是肆无忌惮的，这种网上的话语系统，成为政治的话语系统。如在贴吧里我们偶尔会看到网友的某些伤害性的话语，如"灭掉"等。从本质上来说，说这话的人本身就是被伤害者。

在过去，信仰是处于政治逻辑下的，而如今社会的政治逻辑是被回避掉的，信仰是被控制的。由于人人都可以接触手机，大量的海量内容在手机平台上风卷残云，来无影去无踪，究其质量，也并非系统的知识，而是分崩离析后成为各种标签。和过去相比，如今青少年的知识更多来源于互联网媒体，看似口若悬河的侃侃而谈背后，其知识是被肢解的，不是一个有生命的系统，而是一个个标签，一个个碎片。回望过去，往往几个大师就能推动哲学、文学、历史等领域的发展。而今天，上亿人在一个网络空间里，却很难再发现这样的大师，更多是集体非理性的青少年手机族群。

第二节 主体"拇指部落"的"族人"特质

麦克卢汉把人类的发展概括为：部落化—去部落化—再部落化。从最初原始社会的部落，到物质文化生活条件都大为改善的去部落化现代文明，再到今天的网络社会，我们被再部落化。在以前人类部落时期，小贩（传播者）在村口吆喝，所有的人都听得到。现在再度部落化的社会，犹如地球村，一开机大家就都在一个村子里，一关机，你就走出了村子，或者隐匿在村子的某个角落。那么从这个角度出发，基于手机平台的这一族群可被称之为手机"族人"，青少年群体就是这一族群的主力军。

马克思曾说："人是社会性的动物。"青少年时期是每个人都需要经历的人生成长阶段，也是非常重要的一个经历社会化的阶段。在这个阶段，每一个个体会逐渐完成社会化成长，承担起自己的社会角色，融入社会和主流文化，完成社会化发展任务。总的来看社会化的任务就包括：走出家庭以及父母的监督，真正独立，与社会及朋友的人际交往，与异性朋友的恰当接触，在一系列社会化进程中树立的价值观与人生观，进一步计划未来的生活。

对青少年社会化的研究，就得从心理上谈起。依据心理冲突的性质，埃里克森将人生划分为以下八个阶段，即自我混乱感、信任感、自主感、羞怯感、自我同一感等八个阶段，青少年期正处于从自我同一感到自我混乱感这个阶段。美国学者科尔认为，青少年时期阶段应该以心理变化显露期作为开始，更多的研究学者也认为相对于生理指标而言，心理指标更应该成为青少年期开始和结束阶段的指标。告别儿童时代的生活方式和对世界的认知方式，从心理上重建人生，实现自我更新，摆脱与外界的联系方式，实现真正的心理断乳。而在青少年成长的心理断乳期，其典型表现就

第二章 反叛与对抗：青少年手机亚文化特征及主体特征

是"自我同一性危机"的发生，该阶段中青少年处于"旧我"和"新我"交替的边界，"新我"还没有成熟，已经开始对"旧我"产生厌倦和焦虑，表现为一系列的对抗性行为和对周围环境的逆反现象。①

青少年时期社会化的典型特征在于过渡性，随着青春期的到来，青少年自我意识开始觉醒和增强，越发独立思考的同时，渴望得到周围环境和社会的认可。他们勇于接受新鲜事物，对周围新环境的适应能力也非常强，独立思考，创新活跃。青少年在这段时期接受外来新鲜事物的能力非常强，不稳定状态和狂热状态也非常明显。

从青少年使用手机的行为与习惯，手机包装的外形，型号与品牌的选择，手机铃音与彩铃的偏好，手机上安装软件的使用，对自身相关年龄话题的参与关注等方面，不难发现他们身上具备的鲜明特征。如在公共场所，修养好的人会将手机调至震动，一旦有来电也会低声细语地接听；性格张扬的人则会设置特别个性化的铃声，仿佛整个空间都是他的，想要向周围的人宣布我要接电话了，迎来所有人的关注；而个性化的彩铃就更加塑造了机主不同的形象。这一切都可看作是机主对外界传达的讯息。

一、主体的颠覆与反叛性

青春期是一段特殊的时空分离区间，在这一区间，青春的躁动或者走向反叛、走向离心、颠覆社会主流价值观，或者沉入内心世界，享受孤独个体的愉悦与狂欢。② 青春是生理的自然发育阶段，可恰恰是这段生理发育的特殊性，显示出了青少年年龄阶段的游移性、不确定性和非同一性的反叛性。

通常意义上，青少年的风格大多为反叛，如直接让人反感的朋克风格（写满脏话的 T 恤），同时带有威胁性（恐怖分子/游击队的服装），一些最不起眼和最不合适宜的物品——大头针、塑料衣夹、电视机的零件、刮胡刀片、止血塞——都可以纳入朋克时髦对象的清单。短靴、吊带裤以及平头被光头仔所渴望的品质"坚强、男子汉气概和工人阶级的特质"，以这

---

① 齐金花：《网络语言及其对青少年的影响》，苏州大学硕士论文，2008 年。
② 蔡骐：《大众传播时代的青少年亚文化》，岳麓书社 2011 年版，第 38 页。

种方式,"象征性的物品——服务、外形、语言、仪式性场合、互动的风格、音乐——与群体的关系、处境、经验形成了一个整体"①。

和摇滚乐手身上的盛装夹克相比,整个青少年的发展因为几乎没有产生出什么结果具备了更多的美感。他们在最纯粹、最富想象力的时期表现了创新冲动。可以毫不夸张地说,他们构建了一种高水平的、匀称的、带有仪式性的艺术,这是一种具有奇异金属光泽和高度恋物力量的艺术。②亚文化并非是这个意义上所说的"文化",他们所认同的文化风格,也不可能被恰当地或有效地描述成"高雅艺术"。反之,它们显现出更广义的文化,即作为沟通体系和表达与再现新生的文化。这符合结构人类学对文化的定义,即把文化视为"相互间信息的代码式交换"③。

事实上,在形式的层面上,战后接踵而至的青年风格可以通过一套最初物品(服装、舞蹈、音乐、行话)的一连串转化得以再现。这些风格是通过一组内部的对立分裂而重叠呈现的(摩登族之于摇滚派、光头仔之于好斗的流氓类、光头仔之于嬉皮士、朋克之于嬉皮士、无赖青年之于朋克、光头仔之于朋克④),青年风格在与一系列类似的"正统"转换对比之下被界定出来。每种亚文化都要经历一个抵抗和缓和的周期,我们也了解到,这个周期是如何处在更广大的文化和商业模式之中的。

颠覆反叛行为后体现出的是和文化颠覆密切相关的文化主题:批判性、讽刺性、尖锐性、喜剧性。所有这一切随着手机传播的快捷和范围的日新月异,被更多的同龄人所接受。

如下彩铃:"你好,我是张士瑞,男士请按1,女士请按2,不确定请按3,请我吃饭打麻将喝茶聊天洗澡请按4,还钱请按5,借钱、找我帮忙

---

① (美)迪克·赫伯迪格:《亚文化:风格的意义》,陆道夫、胡疆锋译,北京大学出版社2011年版,第145页。

② (美)迪克·赫伯迪格:《亚文化:风格的意义》,陆道夫、胡疆锋译,北京大学出版社2011年版,第161页。

③ 斯科尔特(Scholte,1970)把结构主义人类学的认识论前提与操作经验论和坚持功能论模式的英美学派进行了对照。

④ (美)迪克·赫伯迪格:《亚文化:风格的意义》,陆道夫、胡疆锋译,北京大学出版社2011年8月版,第162页。

请挂机，谢谢合作！"该款彩铃充满了大胆的调侃，让人忍俊不禁。"欢迎你致电号称诚实可爱小郎君，光风霁月真君子，大义凛然伟丈夫，英俊第一帅，俺辉哥的电话"，这款彩铃在典型的自夸自擂，自娱自乐的同时，也让人眼前一亮。再如："感谢您致电某某某的私人专线，如果长时间未接听电话，表示机主正在忙。衷心地祝愿您和您的家人，马年马上发财，马上有对象，马上快乐！"①

二、主体的自我性

青少年的自我化在手机平台中的体现非常明显，远远打量他们的手机外形，约摸能感受到这种自我的气息。若丁零零挂满光鲜靓丽的手机链条、绒毛玩具，贴满五花八门的手机外贴或是镶满水钻和铆钉的手机外壳，无疑向周围路人和朋友传达机主乃一潮人的信息。此时，若刚好铃声响起，仔细辨认是几声狗吠，是欧美流行的 TOP 10 或披头士、缪斯、枪炮玫瑰、酷玩、U2 的摇滚，还有《来自星星的你》或《继承者们》的插曲，还有可能是你未曾耳闻来自机主的原创。

人的自我概念不是与生俱来的，而是通过与他人的接触互动逐渐学习获得的。象征性互动理论的创始人米德指出，自我不少来自于个人内部或仅仅是自己对个人的思考，来自于一种独特的角色扮演——想象我们如何从他人的角度看自己。他把"自我"定义为通过他人的角度反思我们自己的能力，并借用了社会学家查尔斯·库利于1921年提出的概念，将这个现象称为镜中我（looking - glass self）②，即我们从他人的注视中看到自我的能力。

我们关于自我个性的各种理想和想象，事实上是在人际交往中的情感中逐渐建立起来的，大部分时候其实是我们自己对我们所敬重的人的形象

---

① 中国移动旗下音乐门户，咪咕音乐，http://www.migu.cn/html/personality/index.html?cid=001002A&pid=120169。

② （美）理查德·韦斯特，林恩，H. 特纳：《传播理论导引：分析与应用》，刘海龙译，中国人民大学出版社2007年版，第103页。

的一种想象。①

根据米德的自我理论，自我是主我和客我的结合过程，作为主体的自我，即"主我"（I），我们自发地、冲动地、具有创造性地行动；作为客体的自我，即"客我"（Me），我们被观察，具有反思性和社会意识。② 通过一系列青少年的"主我"表达，在他人的目光与评价中，"客我"得以反思。在他人的目光与评价中，主我的行为引起客我的反思，而客我的反思又对主我进行调整，实现了自我的互动与对话，从而完成对自我身份与认同的设计、调整与改动过程。③

毫无疑问，手机平台为青少年提供了这样一种实现自我的捷径。青少年可以自由地通过手机平台表达内心的想法和深藏的情绪，在这个意义上，手机成为青少年展示自我和实现自我的平台。在获得被大众阅读和接受的机会的同时，自我展示的愿望得到充分满足。

戈夫曼在《日常生活中的自我呈现》一书中指出，人类互动是一种表演，在社会生活这个大舞台上，每个人在其中既是表演者也是观看者；为了获得他人对自己的好评而按照他人的要求和期待进行角色扮演，这是一个彼此互动的过程。在这个与他人的互动关系中，以他者为镜，他者眼中的"我"的形象是决定我们的自我身份与角色的关键。④

在他人评价中反观自我，当青少年将自己衍生的创作呈现在父母和大众目光之下，除了获得一种"曝光"的满足感之外，更深层次的互动在于：通过分享与交流，收获他人的评价，获得在群体中的相应地位与权威，进而反观自身，完成自我形象设计与调整。引用米德的"特定的他

---

① （美）查尔斯·霍顿，库利：《人类本性和社会秩序》，包凡一等译，华夏出版社1999年版，第171页。
② （美）理查德·韦斯特，林恩，H．特纳：《传播理论导引：分析与应用》，刘海龙译，中国人民大学出版社2007年版，第104页。
③ 陈彧：《新媒体技术条件下的粉丝文化研究——以百度贴吧的粉丝文本生产为例》，四川大学博士论文，2013年。
④ 陈彧：《新媒体技术条件下的粉丝文化研究——以百度贴吧的粉丝文本生产为例》，四川大学博士论文，2013年。

者"和"概化的他者"概念,① 前者"特定的他者"用来指代社会中对我们来说非常重要的个体,如家人、朋友、同事,我们从"特定的他者"获得社会对我们的认同、肯定与鼓励,获得自我。后者"概化的他者"指的是社会群体或整个文化的观点和看法,后者为我们提供角色、规则的信息和社会群体共享的态度。

如在后文笔者将举到的"作业帮"等APP应用中,青少年实现的就是自我的延长,是自我同类的复制。"特定的他者"指那些与晒帖的积极分子进行具体互动的个体,如浏览者、贴吧管理员、其他的活跃吧友等。作为积极分子的展演行为的观看者,他们通过点击、浏览作品,提高帖子的人气;通过转载、置顶、推荐等各种行为方式,让帖子获得更大的传播范围和能见度;通过基本的回复、下载等功能,即时发表自己的评价意见等,提高帖子的关注度。"观看者"的一些如上行为,都为"表演者"反观自我、进行自我反思提供了很好的参照。

三、主体的个性化

通过分析青少年机主使用手机的行为,可大致判断机主的性格特征:打开手机,一系列的个性化APP映入眼帘,有即时通信及社交软件类:微信(We Chat)、Facebook、Whats App、QQ、陌陌;有工具类:Google Maps、Yelp、Mail、Stocks、Translate、美图秀秀、滴滴打车;学习类:百词斩;娱乐类:Youtube、Pandora、Netflix、Hulu Plus、Spotify、Instagram、IMDb等。通过使用若干不同的APP的频率,可以将机主划分为更小的群体,贴上文艺青年、影视发烧友、理工科宅男、就是爱社交、工具达人、我为音乐狂等标签。

大卫·赫斯蒙德夫在《文化产业》一书中写道:"在人们一生的某一时刻,谁不曾想过用笔、相机或者其他媒介,玩玩音乐、上台表演、捕捉

---

① (美)理查德·韦斯特,林恩.H.特纳:《传播理论导引:分析与应用》,刘海龙译,中国人民大学出版社2007年版,第105页。

情感,甚至表达某个观点?"① 这句话揭露了在新媒体时代,随着消费文化的兴起,体验经济交叉构成的后现代社会环境下,埋藏在每个青少年心底的深层欲望——创造、表达与参与其中。德国作家尼古拉斯·鲍恩也说道,所有人的不自觉与自觉的创造性活动和工作,只有一个共同的目的——让生命有一种存在的感觉与需要。② 通过这种创造、表达与参与,实现对自我身份的积极寻找,在喧嚣的大千世界发出自己的声音,通往自己的内心,发现生命本身的欢乐与痛苦,这都是非常有意义的人生体验。在这样的人生体验中,创造文本与文化,体现了青少年本身的自我反思,是实现自我的最佳方式。

"概化的他者"可指整个青少年手机亚文化群族的观点和看法。无数的他者个体的意见汇聚一体,成为整个亚文化的共享态度。如受到青少年普遍关注的事物,就容易获得较高的人气点击率,成为置顶的热帖,在群族中处于高等级、权威、意见领袖的地位,受到整个社区的认同与肯定。

如本书在描述青少年手机亚文化的风格中,"微"文化:青少年朋友圈的社交文化解读;"酷"文化:青春期亚文化风格;"潮"文化:"自媒体"我行我素的生产方式;"宅"文化:青少年指上的流动家园;"迷"文化:生存体验中的狂欢与沉沦都影响着青少年在创造表达时的风格选择。

访谈实例 2-1

(受访者:杨先生,23岁,自由职业者)

笔者:在你的手机上,你比较青睐且使用频率较高的 APP 是哪些?

杨先生:对我而言,APP 的使用主要还是以方便生活为主,例如便于即时通讯的微信,了解新闻讯息的微博,找热门美食和电影院的大众点评。基本都是跟日常生活相关。有些 APP 很好很专业,例如有道词典、南方都市报 APP 等,虽然很实用,但是由于与日常生活相关度不够高,所以

---

① 大卫·赫斯蒙德夫:《文化产业》,张菲娜译,中国人民大学出版社 2007 年版,第 317 页。

② 孟建、祁林:《网络文化论纲》,新华出版社 2002 年版,第 4 页。

第二章 反叛与对抗：青少年手机亚文化特征及主体特征

使用频率就比较低。今天我都把《南方都市报》的 APP 卸载了，因为平常基本不怎么会使用。

笔者：通常情况下，您用手机来做什么？

杨先生：主要是用来作为与朋友联系的手段和了解热门资讯的渠道。现在的手机功能太强大了，要说能做的事，几乎什么都能做，手电筒啊录音机啊摄影机啊，手机功能都能实现。但是通常情况下也就是打电话发短信、聊微信这类通信上的用途，还有微博、澎湃新闻等这些了解社会热点的 APP，也算是在打发时间吧。

笔者：您认为手机对于您来说，意味着什么？

杨先生：手机对我来说意味着所有的信息来源，我平时比较依靠手机。现在不是说有很多人得了手机依赖症吗？我觉得我就有点依赖症，没有手机我感觉我跟整个世界就失去了联系，这种感觉会让我觉得烦躁不安。

访谈实例 2-2

（受访者：韩先生，25 岁，自由职业者）

笔者：在您的手机上，你比较青睐且使用频率最高的 APP 是哪些？

韩先生：嗯，对我而言，我比较喜欢用手机上的微信、爱听、kindle、知乎等这些应用，都应该是很普遍很常用的吧。作为游戏爱好者，我还会随时关注当下热门的游戏，现在的手机手游做得越来越好了。

笔者：通常情况下，您用手机来做什么？

韩先生：手机嘛最基本的功能就是用来联系朋友啊，现在还会用一些应用来阅读、听音乐、玩儿游戏。特别是在等人的时候，有手机太重要了。看看电子书啊听听音乐啊，就比较容易打发时间。

笔者：您认为手机对于您来说，意味着什么？

韩先生：手机是我的贴身咨询终端，24 小时不可离身。我连睡觉都开着手机，你就知道它对我有多么重要了吧。

通过笔者了解发现，若机主频繁使用的 APP 主要是腾讯、爱奇艺视频等各类移动视频软件，机主多半是一个影视发烧友；若更多频率使用酷我音乐盒、腾讯音乐,那么机主极可能爱好音乐;使用淘宝、小红书、京东、亚马逊比较多的可能是网购达人;爱看玄幻小说的会下熊猫读书;热衷于社交的会同时使用较多款的社交软件;喜欢打游戏的使用YY会比较多;热衷自拍的会用美图秀秀等等。

访谈实例 2-3

(受访者:王先生,24 岁,成都国企职员)

笔者:在你的手机上,你比较青睐且使用频率最高的 APP 是哪些?

王先生:我怎么也算是个小文艺青年吧,平时比较喜欢读书、旅行、音乐、拍照、关注时尚和学习英文,我手机里最常用的 APP 主要是:

(1) 新浪微博、微信这些是大家都知道也在用的。但是文艺青年就是喜欢折腾,他们就喜欢和别人不同,使用微博的时候他们不会使用新浪研发的客户端,他们会用 weico 客户端或随享 pro。因为这两款 APP,最早使用滤镜功能,用户在拍照之后马上可以美化,以及可以有一条微博发多张图片、拼图、加文字等功能,这是新浪开发自己客户端之后才有的功能。

(2) Uniqlo wake up 这款 APP 非常简约,每天清晨的闹钟声音会报星期、天气、声音很人性化,正应了 APP 在宣传的理念:"让每天起床变成一件快乐的事。"

(3) 文艺青年的最爱:豆瓣电台、豆瓣电影和时光网。

(4) days matter 一款用来倒计时的软件。

(5) Tumblr,这款软件是全球性的,是全球拍照爱好者发图片的地方,什么图片都有,正常的、美的、低俗的、恶心的,风格不拘一格,在中国不受限。也可以发照片以及视频文字。

(6) zaker 新闻客户端。

笔者:您认为手机对于您来说,意味着什么?

王先生:对我来说,手机真的是集大成的工具箱,满足了我所有的期待。但是我感觉它也像一个"磨人的小妖精",在不停地培养我对它的依赖性,有时候我甚至觉得不是我在使用它,而是它在不停地召唤我去使用它,召唤我去让它升级,让它更加个性化。你明白这种感觉吗?有时候回

第二章 反叛与对抗：青少年手机亚文化特征及主体特征

想起以前蓝屏手机的时代，觉得那时候手机就打电话发短信，自己有那么多的时间都是怎么过的啊。现在嘛，但凡一有空，就要被手机召唤过去看看它有什么需要我处理的事。所以它是一个集大成的工具箱，也是一个有潘多拉盒子魔力的工具箱。

访谈实例 2–4

（受访者：周先生，26岁，通信外企职员）

笔者：在你的手机上，你比较青睐且使用频率最高的 APP 是哪些？

周先生：其实简单说我用 APP 就是简单直接的习惯。我所有使用的 APP 都尽量功能不重复，在手机屏幕上有快捷图标最多手指点三下就可以打开任何我要的 APP。社交和媒体我只需要 QQ 和微信以及微博。我觉得现在传统电视和报纸的新闻已经没有什么看的，我需要的是一种细分的深度新闻或者爆料，比如我行业内的并购或者最近文章姚笛的八卦，我都是直接看微博。用百度云存文件，网易云笔记写东西，以及 QQ 手机助手备份通信录。有重要的微信和短信我直接截图，QQ 聊天记录导出。一切都非常井然有序，也很方便。理财除了常用的手机银行以及支付宝（支付宝我其实是在 iPad 上用而不是手机上，也许以后会装手机端，但我还不太相信安卓的安全性），我还有一个随手记用来记账。我感觉现在实体金融业真的遇到了对手，像以往转账、汇款、还信用卡账单等等，都是要去银行或者 ATM 机办理，现在在手机应用上就能很好地实现，特别方便，手机银行的应用还有预约取现的功能，卡都不用随身带，太强大了。浏览器我用的是百度，因为我强烈依赖百度知道和维基百科。我从来不在手机上处理照片，都是靠 mac，我的工作相关的专业软件（主要是测试 iPhone 和我开发的芯片的互联）都是在 iPad 上。其他我还偶尔用一下有道词典。另外，我在 iPad 上面用喜马拉雅电台听讲座，用虾米听歌，还有用优酷/百度视频看视频，我自己有专门的播放器 AVPlayer 放视频，所以我无视苹果自己的视频和音乐播放器了。不过我个人还是感觉手机屏幕偏小，更喜欢大屏幕，目前我用的是 5 寸屏华为，如果要用到苹果的 APP 我就直接上 iPad，吼吼吼～。

第三节 主体内因驱动需求解读

一、符号互动与理想形象:"自我呈现"的四大表演

印象管理,也可以理解为"自我呈现","自我呈现"理论是社会学家欧文·戈夫曼"拟剧理论"中的核心思想。欧文·戈夫曼也是符号互动论的第三代代表人物,正如莎士比亚在《皆大欢喜》中所讲,世界是一个大舞台,男男女女不过是舞台上的演员,一生中要扮演很多角色。戈夫曼认为,人生是个大舞台,每个人只是舞台上的一个演员,每个人既是表演者又是观众,每个人都十分关心自己如何在他人面前塑造出一个能被接受的形象。

"拟剧理论"将注意力集中在人与人之间面对面的符号互动,"拟剧理论"是从社会学的理论中分离出来的,他不关注人类行为背后的原因,而是研究人类行为的内容。他曾写道:"人们通过与人打交道,他所传递出的他的角色背后的那个他,才是最重要的。"[1] "拟剧理论"可以看作是通过在演员和观众之间的个体角色和意识的共识,定义社会身份和地位。"拟剧理论"强调互动的表现,即"人际交往的双面性"。"拟剧理论"认为,一个人的身份不是一个稳定和独立的精神实体,而是不断与他人互动。

在"拟剧理论"模型中,社会交往是人们如同演员在舞台上表演一样去生活。这种分析认为,其中的身份就是你在戏中的角色,角色就是你的脚本,对话、语言、文字、表情、肢体语言等表演是角色中的一部分。[2] "拟剧理论"认为,人们通过一系列的符号来进行表演,目的是为了赢得观众的认可。表演分为"前台行为"和"后台行为",表演的目的是为了

---

[1] Goffman, E.. *Frame analysis: An essay on the organization of experience*. Cambridge, MA: Harvard University, 1974, p. 298.

[2] Macionis, J. J. & Gerber, L. M. *Sociology (7th Canadian ed.)*. Toronto: Pearson Canada, 2011.

塑造在别人眼中的自己的理想形象。

按照戈夫曼的观点，"前台"是观众所看到的特定的表演场合，在前台人们呈现的是他们所理想呈现的样子。后台是相对于前台的概念，后台演员不需要再担心自己因为有观众的拘谨表演，是为前台的表演做准备的场合。不能在前台展示的东西，就可以藏匿在后台，人们可以在后台通过休息放松来弥补在前台的紧张表演。这里前台和后台是相对的概念，前台也可以随后变换为后台，若有人打扰，后台也可随时转变为前台，因此是不定的。作为一个社会成员，应该正确地区分前台行为和后台行为，在正确的场合进行不一样的表演。

根据戈夫曼提出的理论，我们可以把每个青少年看成是这样的表演者以及观众，而手机平台就是这样的一个舞台，通过手机塑造自己的理想形象，影响别人对自己的认识与印象，影响到他们的意图的行为。笔者通过对周围朋友微信、微博的分析，得出以下呈现特征。

（一）理想化的呈现

青少年最为关注表演，需要向大众展现自己理想化的一面，过滤掉手机上没有展现自己理想形象的信息。通过笔者的调查问卷掌握到青少年对于微信朋友圈中发布个人动态内容的情况分为以下几类：

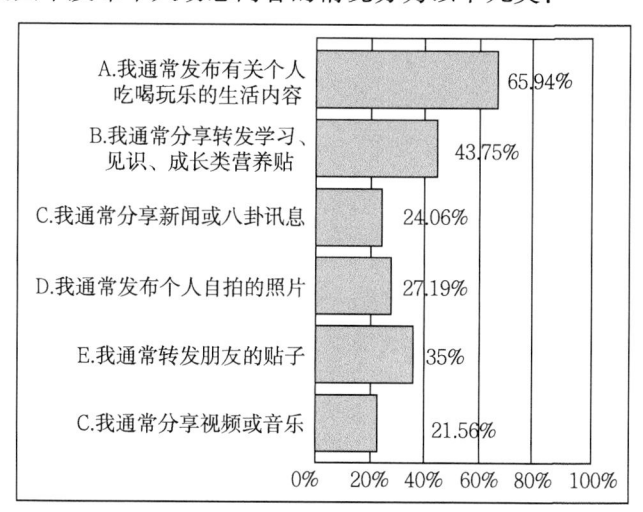

图2-1 问卷受访青少年微信朋友圈中发布个人动态内容的情况

A. 我通常发布有关个人吃、喝、玩、乐的生活内容，占比65.94%；

B. 我通常分享转发学习、见识、成长类营养帖，占比 43.75%；C. 我通常分享新闻或八卦讯息，占比 24.06%；D. 我通常发布个人自拍的照片，占比 27.19%；E. 我通常转发朋友的帖子，占比 35%；F. 我通常分享视频或音乐，占比 21.56%。按照以上分类，可以看出以上所有发布内容都是自我理想化呈现的渠道。

  如对某些社会公认的主流价值、规范、标准不一致的行为进行掩饰。如在微信朋友圈时常会看到充满正能量的转发文章，《如何做一个优雅的女人》《来学习创意人士的18个独特行为方式》《别再最能吃苦的年龄选择了安逸》《要么滚回去，要么拼命》《25岁应该做的十件事》等等。转发或评论这样的段子，无疑会给周围朋友传递你在努力做一个优雅的女人，你在学习如何创意，塑造出不断追求正能量的高大上的形象。事实上，这些微博、微信的主人们是真的有所认同和感触，还是只是因为看到朋友转发，于是从众给自己脸上贴金呢？其认同的程度有多深也无法考量。这些主人是否只是为了在大众面前塑造自己这样的正面积极乐观拼搏的形象，也有待求证。从这一点也进一步印证了戈夫曼"拟剧理论"中的观点，即表演分为不知道自己在演的不自觉的表演及有意识在表演的自觉的表演。当青少年在无意识的情况下，转发或者点赞，究竟是自己内心的驱使，还是不自觉的表演惯性？

（二）误解表演

  误解表演，即故意进行误解的表演，让观众产生错觉。以微信、微博为例，笔者经梳理发现有如下几种情况：长相一般的女性朋友通过后期美化与编辑，晒自拍"美照"，上演"小淑女""小萝莉"的错觉表演；经济条件一般，却迷恋物质，偏爱发一些自己和奢侈品、名车、名媛和高档会所及四处旅游的照片，打造"白富美""高富帅"的假象；工作层次一般，但是喜欢暗示自己的影响力和出入各种所谓的"见世面"的机会，今天哪位名人送他一本签名新作，明天和哪位高层在一起共进午餐，日理万机"高大上"的错觉表演等。这样的误解表演非常普遍，也体现了手机本身的特质。青少年在手机平台上"晒"自己的生活，呈现出他们平时没有办法呈现出的形象，和对自身欲望的一种弥补，某种程度上也弥补了人格当中"主人格"外的"次人格"需求。他们所呈现的理想形象,是他们平时渴求却做不到的,一旦在手机平台上得以实现,便越发欲罢不能。

(三) 神秘化表演

这里的神秘,可以理解为与别人保持移动距离,让观众"猜不透",不知道她是做什么的,不知道她的情感状态。不知道她成天都在哪里。从而使他人对自己产生一种神秘的复杂心理,引发大家的猜想与好奇。

今天的微博照片发的是自己和某个异性的合影照,配上暧昧的台词,和合影上的人超过和普通朋友的正常社交距离。明天又来一张,已换作另一位异性,并不露正脸,帮她拿着包,一副甜蜜状。今天睡前发的最后一个消息,似乎是故意给某一位男士看的,充满了小女生的自恋和哀怨。明天又换作另一番风格,来一个职场小女人的正能量贴。要么就是环游世界,昨天大半夜抛一张抵达伦敦希思罗机场的微信,今天在迈阿密南海滩追着海鸥,后天躺在不知谁家的后花园玩着一条叫"Justin"的杜宾犬,让人摸不透,猜不着。

(四) 补救表演

基于上一次表演的失败所做的补救表演,可通过语言、符号、文字对之前的行为做一些解释,贯以"其实我从来都×××""并非是大家看到的样子×××""无奈啊,躺着也中枪!"这样类似的句型。或者不太明显地解释"呵呵呵,好吧""随便了吧",表现出一幅无辜被误解的委屈样子。

二、融入与融合的游戏:群体效应的认同需求

群体效应指在个体形成群体后,个体被群体指导和约束,在整个大群体中,个体之间的相互作用对群体中的个体心理产生的变化,对他们行为产生的变化。正如常见的类似广告词"所有人都在用,不用你就脱离群体了! OUT!",就是利用人们对群体效应的认同,利用从众心理宣传某一产品。

通过笔者的调查问卷掌握到青少年对于使用一款手机 APP 原因的陈述中显示:A. 我会因为周围同学、朋友的推荐去尝试一款新的 APP,占比 67.5%;B. 我会因为追赶潮流去尝试一款新的 APP,如 Nice、Instagram、

豆瓣等，占比 36.88%；C. 我会因为有趣、人性化的设计而去尝试一款新的 APP，如脸萌、魔漫、疯狂猜图等，占比 54.69%；D. 我会因为自身需求而去使用新的 APP，如音乐雷达、照片保险柜、陌陌、作业帮等，占比 58.13%。

```
A.我会因为周围同学、朋友的推荐去尝试
  一款新的APP                              67.5%
B.我会因为追赶潮流去尝试一款新的APP        36.88%
C.我会因为有趣、人性化的设计而去尝试
  一款新的APP                              57.69%
D.我会因为自身需求而去使用新的APP          58.13%
    0%  20%  40%  60%  80%  100%
```

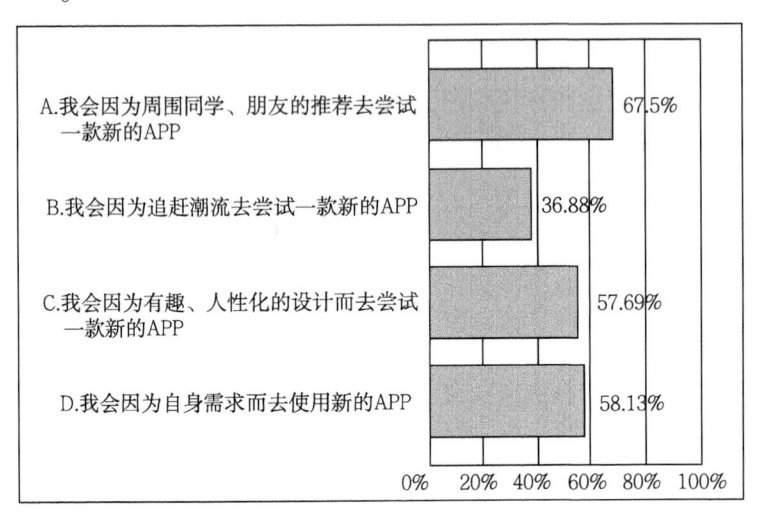

图 2-2　问卷受访青少年使用一款手机 APP 原因的陈述

在安东尼·吉登斯的"自我认同（self-identity）"理论中，"理想自我"是自我认同的核心部分，主要通过两个路径实现——反思自我和参照他人。回到青少年的自我认同实践中来，通过对自我的反思，以及与他们互动，他们指向"理想自我"，寻求一种作为主体的身份认同感和确认感。在这个创造过程中，青少年在手机使用时将他们的自我情感意向凝结，投射到文本中；在与他人的注视目光和反馈意见中反观"镜中我"。

对于手机上流行的东西，如果有人问你知道吗？用过吗？当被问多了，你自然会产生好奇心理。因此现实状况往往是很多东西你不用，但不代表你看不到、听不到人们关于它的评论。很多歌你不想听，但不代表你走在大街上不会无意听见，听多了，甚至你自己都会无意地唱起来。当你打开手机，满世界的人都在微信上聊天，你身边所有的朋友都在使用"Catwang"一秒钟变猫人的软件，当你发现你所在的群体都在朝着同一个方向时，你很难不去看这个方向，并走向这个方向，这就是群体效应的力量。

使用手机的行为或装扮，能传递给路人或周围朋友自己的身份。通过这种自我的行为，吸引路人目光，引起周围人的关注，从而达到获取自我身份认同的目的，达到自我实现的需要。美国心理学家马斯洛曾在1943年的《动机论》中提出了需要层次理论（Maslow's Hierarchy of Needs），人的需要可分为五个层次：生理的需要、安全的需要、归属和爱的需要、尊重的需要和自我实现的需要。自我实现的需要是指实现个人理想、抱负、发挥个人聪明才智的需要。

在创造与审美的双重体验中，青少年得到了强烈的自我认同体验，借鉴马斯洛"自我实现"（self-actualization）心理学理论，从马斯洛的"需求层次论"来看，自我实现是继生理需要、安全需要、归属需要、尊重需要等基本需要的优势出现之后，最高层次的基本需要。如他在书中的描述："音乐家是以作曲实现自我，画家是以绘画实现自我，诗人则是以写诗来实现自我，人们都需要尽其所能，这一需要就称为'自我实现需要'。"①

图 2-3 马斯洛需要层次理论
(Maslow's Hierarchy of Needs)

马斯洛还认为，在人自我实现的创造性过程中，产生出一种所谓的"高峰体验"的情感，"高峰体验一词是对人的最美好时刻，生活中最幸福的时刻，是对心醉神迷、销魂、狂喜以及极乐的体验的概括"②。如马斯洛

---

① （美）马斯洛：《自我实现的人》，许金声等译，三联书店1987年版，第2页。
② （美）马斯洛：《自我实现的人》，许金声等译，三联书店1987年版，第2-9页。

所描述，存在爱的体验、父母体验、神迷的广大无边的或自然的体验、审美感知、创造时刻、治疗中或思想上的顿悟、情绪亢进体验、运动完成的某些形态等，都是典型的高峰体验时刻①。

处于高峰体验的人具有最高程度的认同，最接近真我感觉，体验我与观察我之间更加一致；更能与世界、与以前非我的东西融合；更富有主动精神和创造力；更加不受控制地、自发地奔涌出生命力；个体达到了自己独一无二的个性或特质的顶点；种种体验指向完整、完美、完成、自足、真、善、美等存在价值。②"对于认同、自然流露或者自我的最完美获得，本身就是对于自我的超越、突破和超出，此时，个体达到一种相对忘我的境界。"③

审美意识是实践主体在对象世界中的一种自我观照，"观照"是哲学、美学、心理学的一个术语，指"一种积极主动的审美感受，通过对客观事物审美特征的直觉达到对理性内容把握的心理过程"④。

"创造的体验"是一种释放生命冲动的快乐体验。创造的需要是体现人之本性的最基本需要。⑤创造的过程是对"生命"本身做出观照与反思的过程，是超越现实世界和自身能力的过程。从外部看，创造的意义在于挣脱已知的和熟悉的现实世界，探索未有的和不可知的世界；从内部看，人在创造中丰富思维与感情，发挥旧的能力，生成新的能力。这个过程伴随着生命的运动，因此也伴随着快乐，这种快乐亦在于"对生命的自我发现"。⑥

---

① （美）马斯洛：《自我实现的人》，许金生等译，三联书店1987年版，第277页。
② （美）马斯洛：《自我实现的人》，许金生等译，三联书店1987年版，第256—270页。
③ （美）马斯洛：《自我实现的人》，许金生等译，三联书店1987年版，第258页。
④ 金元浦：《美学与艺术鉴赏》，首都师范大学出版社1999年版，第54页。
⑤ 滕守尧：《审美心理描述》，四川人民出版社1998年版，第303页。
⑥ 滕守尧：《审美心理描述》，四川人民出版社1998年版，第294页。

三、嘈杂的互动与安静的自我纠结：屏蔽心理

由于手机智能终端连接的是无限广阔的空间，用户在其诉求交流的过程中具排他性的自恋心理。这一独特的现代环境可用英国哲学家威廉斯的"流行的利己性"来定义。他指出，社会中最活跃的人正越来越多地生活在个人的小家庭中，或者说生活在个人的和有意自我封闭的独处环境中，与此同时，这种受限制的个人小天地具有一种前所未有的流动性。[①]

时常在大街上看见一个个青少年，套着硕大无比的耳机，摇头晃脑沉浸在自己的手机音乐世界；或者飞快而兴奋地用手指划着手机屏幕，左右水平地摇晃手机屏幕，不是在玩切水果，就是在玩极品飞车。对周围的环境完全忽略，对路人和陌生人的目光也完全漠视，这种戴上耳机的行为严格意义上就是与世隔绝，这种心理也就是寻求屏蔽的心理。

访谈实例 2-5

（受访者：王先生，23岁，成都国企职员）

笔者：当你一个人在公共场合使用手机时，那时的手机扮演了什么角色？

王先生：首先，手机还是最基础的信息获取工具。智能手机已经成为我了解世界的工具，可以通过手机了解各种新闻，观看视频，听音乐，看电子书，反正现在的结果就是获取信息的渠道大大拓展了，就是所谓的信息爆炸吧。

其次，手机还是我打发无聊时间的工具。我觉得现在很多人在单独的时候绝对是拿着手机在玩。我发现人们在公交车上、汽车站、机场等待的时间中几乎都在看手机。不仅单独的时候如此，跟朋友在一起的时候，其实也有很多在间歇性地刷手机，因为不能保证所有的聚会都有意思嘛。

再次，我觉得手机也能避免一些尴尬，当一个人在一个陌生的环境，手机能给你带来安全感。比如上周我去参加了一个生日 KTV 聚会，是过生日的朋友叫我去的，但是我只认识她一个人，其他人一个都不认识，也不

---

① （英）保罗·杜盖伊等：《做文化研究——索尼随身听的故事》，商务印书馆 2003 年版，第 111—112 页。

知道跟他们说什么。在这样的情况下，埋头刷手机就是一个明智的选择，既可以避免四目相对的尴尬，又可以打发时间。我觉得这其实就是手机的屏蔽、抽离功能。当外界的声音太杂乱，或者是懒得理会一些事情的时候，埋头玩手机，就是在表明你的与世无争。不是有句诗说，闭上眼，这个世界就与我无关。现在手机也提供了这样的功能，埋头刷手机，这个世界就与我无关。

最后，手机也是你是否跟上潮流的凭证。这点多发生在朋友聚会，谈到一个新鲜的事物时，如果是通过某种手机或者某个APP实现的，感觉瞬间hold住了全场。比如，两三年前苹果手机face time功能和手机照片滤镜功能的APP，能跟朋友讨论这个，感觉就很潮很in。手机当然也是身份的认知。据我观察，两三年前，很多人买了苹果手机都会拍一个在微博上发一条微博晒一下，我个人感觉这就是在对身份进行一种标志。你看看新浪客户端，每个人发出来的微博都有显示客户端的信息，如果显示的是"来自iPhone客户端"或者是"来自iPhone 5s客户端"，就觉得这个人还是挺高端的，毕竟苹果手机还是比较贵的，算是一种level的识别方式吧，哈哈。

访谈实例2-6

（受访者：李小姐，24岁，大学生）

笔者：当你一个人在公共场合使用手机时，那时的手机扮演了什么角色？

李小姐：我在公众场合用手机一般是为了娱乐，比如看看微博、微信、新闻客户端之类的东西，如搜狐新闻客户端、南方周末客户端等。特别是如果我是在一个公共场合，而我觉得这个场合和我的关系不是很大时，就想要逃离这个地方，回到自己的朋友圈里，像是抽离当下的感觉。这时候手机就帮了很大的忙，当低头玩儿手机的时候，别人没办法分辨你到底是在跟朋友说正事儿还是在打发时间，所以一般不会打扰你，这样就给你一定的自由空间。这么说吧，低头玩儿手机本身就是一个"别打扰我"的信号，一般看到这样的动作，别人就知道"哦，他不想跟我们说话，我们还是别打扰他了。"还有一点就是，用手机目的虽然是为了打发时间,但是在打发时间的过程中,我们还是可以做点有意义的事情。例如看点新闻啊、收发一下邮件啊、看点文章啊、整理一下短信之类的,让我觉得即便是在打发时间,也还是在吸收有用的东西。所以我觉得我在公共场合用手机更多的是偏向工具的功能,而不是娱乐。

四、"马太效应"的崇拜:偶像效应

偶像效应指在某些领域做得非常优秀的某些人受到粉丝的跟随与崇拜,从而引发的系列反应。偶像有着非同凡响的号召力。他们用一个迷人的微笑去代言任何产品,都会产生一跃千里蒸蒸日上的销量。偶像契合了青少年内心的梦想与欲望,那些无法用言语表达的渴望与念想,那些青少年自己无法实现的人生,或许都在明星的身上得到了实现和表达。偶像会出现在各种媒介文本中,呈现出偶像形象的消费与体验,透过偶像本身,我们看到的是其符号的所能指涉的价值与情感,从这些符号中提取与自己理想相符合的某些方面,完成我们内心的体验。当这种偶像情节被激活后,就会衍生对偶像的迷恋,形成"迷"文化。

而由于传媒文化本身的商品性使得大众明星比以前更加容易成为"艺术家"。明星有赖于"机遇",在机遇"偶然"性的背后是真正的个人努力无法把握的、充分体现文化工业操作原则与商业谋略的"计划性"。新浪微博在创办的初期,就拉拢不少明星,开通明星的微博账号,以此发挥偶像效应,作为市场推广的举措。

在新浪微博的首页,我们能看到人气总榜显示的排名如下:陈坤、姚晨、张小娴、郭德纲、赵薇、林心如、文章、李开复,除此之外,按照不同的分类,有何炅、GEM 邓紫棋、小 S、徐静蕾、韩寒、谢娜、陆琪等。明星们粉丝关注度动辄上千万,其受众数量已远远超过一份报纸的日发行量,如此之高,难道真的是因为他们微博内容很精彩吗?点开粉丝量最高的"微博女王"姚晨的微博,她有 6000 多万的粉丝量,微博内容主要分为几个方面:个人的生活点滴,工作行程照片;对当下新闻事件的关注与转发,加上自己的呼吁与评论。而关注量已达到 7000 多万的陈坤,其微博内容也分为个人生活点滴、感悟、工作行程照片;有关公益工作的推进与呼吁;对当下新闻事件的关注与转发,加上自己的呼吁与评论。

在研究粉丝认同的时候有两个重要的理论观点："投射"机制与"移情"学说。"投射"指粉丝将自己的猜想、内心情感与态度归因到别人身上。精神分析学认为，投射是一种典型的"假设"机制，通过对"投射"到另外一个物体或人身上，让原本潜意识中的东西在客体上得以呈现，继而使得客体被内在化、混合化和内心化，即被认同，继而使主体可以建立一种自我统一相关性，完成自我认同建构。也就是"有压抑才有投射，有投射才有认同，有认同才有自我认同"①。

"移情说"代表人物，德国美学家里普斯认为，因为我们把每一天所经历的事物与感受，将这些所有的东西都被动或主动地放在我们的事物中去，这种内向移植使得我们与事物之间的距离更近了，对于周围及亲身的经历也更加容易去理解了。"移情"是一种主动行为，当我们将自身的感情投射到对象当中时，自我就冲破了自己的生理躯壳与外界的"非自我"（外观形象或空间意向）结合，在对象中充分而又没有混杂地体验到我自己的感情与向往。② 也就是，当这样的"移情"现象出现的时候，我将我的个人情感与客体融为一体。基于上述"投射"和"移情"，当青少年与其偶像在融为一体的体验中，实现自我认同。而在这个过程中，主体对于偶像性文本进行个性化的改造，形成显化的文字、诗歌、图像、音乐、视频等文化产品，这就实现了青少年自我的主体性和创造性。

第四节 主体的"使用与满足"分析

一、青少年手机使用的满足形态分析

"使用与满足"（Use and Gratifications）理论诞生于20世纪的40年代，是对受众的行为和受众心理进行微观研究的一个成果，"使用与满足"理论不把媒介信息作为起点，而是将媒介消费者作为起点，通过媒介与消费

---

① 方迪：《精神分析学与微精神分析学实用词典》，商务印书馆1998年版，第92页。

② 滕守饶：《审美心理描述》，四川人民出版社1998年版，第63页。

第二章 反叛与对抗：青少年手机亚文化特征及主体特征

者之间的直接接触来探讨一系列的传播行为。与之前早期的"靶子论""子弹论""皮下注射论"不同，"使用与满足"强调受众是主动地利用媒介内容，而不是被动地被媒介控制和影响，即作为有着特定需求的动机的个体受众，他们如何通过接触与使用媒体得到满足和实现。

在"使用与满足"研究领域，目前较为广泛引用的是罗森格林的模式。他以拉斯维尔的"5个W"的传播模式为基础，发展出"使用与满足"模式，以"需求研究—满足研究—问题研究"为逻辑思路，即谁？在什么样的情形下？为了什么理由？使用了何种媒体？最终产生了什么样的效果？基于此逻辑思路，在此基础上形成如下图所示的研究架构：

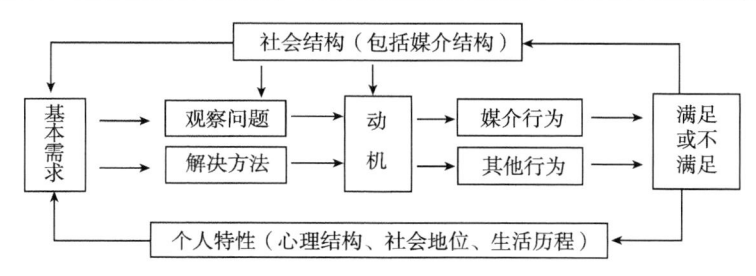

图 2-4 罗森格林"使用与满足"模式

从上图来看，媒介成为满足个人需要的一种途径，人们的基本需求和动机可以通过媒介行为和其他行为得到满足，或者不满足。受众个体根据不同的个人特征，包括心理结构、社会地位、生活历程方方面面，因此个体的使用与满足是具备多样性和复杂性的。在1974年发表的《个人对大众传播的使用》一文中，E. 卡兹等人提出了"使用与满足"过程图示，将媒介的接触行为概括为"社会因素+心理因素—媒介期待—媒介接触—需求满足"的因果连锁过程。对这个模式，日本学者竹内郁郎在1977年做了补充完善，如下图：①

图 2-5 竹内郁郎"使用与满足"模式

---

① 马晓莺：《手机文化深度解析》，上海师范大学硕士论文，2005年4月。

从该图我们可以看出：(1)受众为了满足他们来源于不同社会条件和个人特征两方面的需求与动机，从而去接触媒体。(2)媒介接触的可能性成为首当其冲的一个基本条件，如果无法接触到一类媒体，受众会转向去寻找其他的代替性的满足手段；另一个基本条件是媒介印象，它来源于受众对于一个媒体能否满足自己现实需求的评价，这往往是基于受众对于媒介接触的经验基础之上的。(3)受众根据对媒体的不同印象，去选择性地接触特定的媒体与内容，体现为一系列的媒介接触行为。(4)得到满足或未满足成为受众接触媒介行为的两种可能的结果。(5)得到满足或未满足的受众接触媒介行为的结果，将成为在未来受众接触行为的新媒介印象，得到满足或未满足的受众接触媒介行为的结果将很大程度上影响受众对媒体的期待和下一次选择性接触的考虑因素。①

二、青少年手机使用的需求分析

美国传播学者拉斯维尔曾提出媒介的"三功能说"，媒介的基本社会功能为环境监视功能、社会协调功能和社会遗产传承功能，美国学者赖特在三大功能基础上补充了娱乐功能。由于手机的移动性、随身性，手机的娱乐特征相对传统的报纸、杂志、广播、电视而言，更加明显。手机在很大程度上摆脱了政治意识形态的束缚，摆脱地理位置的束缚，成为青少年普罗大众自我娱乐的舞台。娱乐没有明确地对阶级、种族以及等级制度予以批评，但娱乐是一种渴望冲出现存结构的冲动。② 娱乐的生产是为了补偿个体幸福的被压抑，从而减少不满。青少年群体在整个社会中处于较为弱势的地位，他们也能在大众文化中直接体验到幸福感和满足感。

根据对青少年手机使用的主要内容进行调查得出结果：青少年在使用手机时35.31%的受众非常同意"通过不同APP的使用，能够满足我通信的需求"，38.13%的受众比较同意这一观点；47.81%的受众比较同意

---

① 马晓莺：《手机文化深度解析》，上海师范大学硕士论文，2005年4月。
② (美)理查·戴尔：《娱乐和乌托邦》，宋伟杰译，《思想文综》(第4辑)，暨南大学出版社1999年版。

"通过不同 APP 的使用，能够满足我娱乐的需求"；43.13% 的受众比较同意"通过不同 APP 的使用，能够满足我社交的需求"；31.56% 的受众比较同意"通过不同 APP 的使用，能够满足我消费的需求"。

表 2-1　问卷受访青少年手机 APP "使用与满足"情况陈述

选项 题目	非常同意	比较同意	不太确定	比较 不同意	非常 不同意	（空）
A. 通过不同 APP 的使用，能够满足我通信的需求	113 (35.31%)	122 (38.13%)	40 (12.5%)	9 (2.81%)	2 (0.63%)	34 (10.63%)
B. 通过不同 APP 的使用，能够满足我娱乐的需求	91 (28.44%)	153 (47.81%)	34 (10.63%)	7 (2.19%)	3 (0.94%)	32 (10%)
C. 通过不同 APP 的使用，能够满足我社交的需求	76 (23.75%)	138 (43.13%)	39 (12.19%)	13 (4.06%)	4 (1.25%)	50 (15.63%)
D. 通过不同 APP 的使用，能够满足我消费的需求	51 (15.94%)	101 (31.56%)	65 (20.31%)	31 (9.69%)	13 (4.06%)	59 (18.44%)

43.75% 的受访者认为在手机上搜索、下载、安装及使用 APP 的操作很简单；38.75% 的受访者比较同意"我可以轻易地学会手机及 APP 推出的新功能"；36.25% 的受访者比较同意"我认为手机 APP 的用户界面很友好"；33.75% 受访者比较同意"我认为手机 APP 的各项功能设计很人性化"。

表2-2　问卷受访青少年使用手机及APP操作容易度情况

选项 题目	非常同意	比较同意	不太确定	比较不同意	非常不同意	（空）
A. 我认为在手机上搜索、下载、安装及使用APP的操作很简单	140 (43.75%)	125 (39.06%)	20 (6.25%)	8 (2.5%)	1 (0.31%)	26 (8.13%)
B. 我可以轻易地学会手机及APP推出的新功能	108 (33.75%)	124 (38.75%)	31 (9.69%)	10 (3.13%)	1 (0.31%)	46 (14.38%)
C. 我认为手机APP的用户界面很友好	70 (21.88%)	116 (36.25%)	59 (18.44%)	17 (5.31%)	4 (1.25%)	54 (16.88%)
D. 我认为手机APP的各项功能设计很人性化	65 (20.31%)	108 (33.75%)	69 (21.56%)	20 (6.25%)	4 (1.25%)	54 (16.88%)

对于使用手机的心理感受，大部分受访者表现出力挺手机的态度，其中43.44%的受访者比较同意"使用手机让我觉得很有趣"；43.75%的受访者比较同意"使用手机让我觉得很放松"。在笔者设置的"使用手机让我觉得很困惑"和"使用手机让我觉得很烦恼"两个选项中，百分比最高的皆为比较不同意，依次为26.25%的受访者比较不同意"使用手机让我觉得很困惑"；29.38%的受访者比较不同意"使用手机让我觉得很烦恼"，可见大部分青少年对手机更多的是感到满意。

第二章　反叛与对抗：青少年手机亚文化特征及主体特征

表 2-3　问卷受访青少年使用手机心理情况调查

选项 题目	非常同意	比较同意	不太确定	比较 不同意	非常 不同意	（空）
A. 使用手机让我觉得很有趣	97 (30.31%)	139 (43.44%)	35 (10.94%)	9 (2.81%)	2 (0.63%)	38 (11.88%)
B. 使用手机让我觉得很放松	96 (30%)	140 (43.75%)	42 (13.13%)	9 (2.81%)	3 (0.94%)	30 (9.38%)
C. 使用手机让我觉得很困惑	22 (6.88%)	43 (13.44%)	79 (24.69%)	84 (26.25%)	24 (7.5%)	68 (21.25%)
D. 使用手机让我觉得很烦恼	17 (5.31%)	42 (13.13%)	68 (21.25%)	94 (29.38%)	26 (8.13%)	73 (22.81%)

关于电视媒体满足形态的研究，美国学者 D. 麦奎尔等人归纳并认为在众多的电视节目中，有以下几个共同点值得人们关注，即心绪转换（diversion）效用、人际关系（personal relations）效用、环境监测（environmental monitoring）效用和自我确认（personal identity）效用，得到了学界的普遍认可。[①] 本文借鉴以上四个维度，对手机使用的需求进行分析。

（一）心绪转换（Diversion）效用

心绪转换效用指：在提供娱乐和消遣方面，媒体能够帮助人们实现暂时的"逃避"，远离来自日常生活中的负面情绪，逃脱来自生活的种种负担和压力，从而释放自己的不安情绪。通过深度访谈和问卷调查，笔者得到结论：手机微信、手机小说、手机微博与手机视频等手机应用，最能够实现这一心绪转换效用。

它们成为青少年排解焦虑、抒发情绪、舒缓压力的重要平台和途径。受访对象告诉笔者，他们的负面情绪往往会通过 QQ 上个人状态的更改，发发自拍照，发微信引发朋友对自己的关注等，得到舒缓和发泄。尤其是

[①]　郭庆光：《传播学教程》，中国人民大学出版社 2001 年版，第 182—183 页。

微信内容上抒发自己的情绪,与他人分享自己的喜怒哀乐,获取来自朋友和长辈、亲人的安慰。

访谈实例 2-7

(受访者:杜同学,16岁,在校高中生)

我其实是一个比较内向的人,不太会主动跟别人倾诉我的心事,以前都是写写日记自己倾诉一下。但是写日记不仅不好保存,还很麻烦,因为心情嘛本来就没多少可以写的,要专门去记日记就太小题大做了。所以后来我渐渐比较习惯悄悄更改QQ签名,用侧面表达了我的心情,又不会太引人注意。有一次期末考试没考好,感觉很伤心,就把自己的状态改成了:"这次真的有努力,未来在何方?"没想到十分钟内,好几个朋友都主动在QQ上询问和关心我,问我是遇到了什么学习上的困难?让我十分感动。他们跟我讲他们自己的压力和情况,让我看到那么多人跟我有一样的情况,心里就不那么难过了。所以我在得到鼓励后立马又把签名删除了。这样含蓄表达了自己的感情,又可以得到别人关注、关心的感觉挺好的。

访谈实例 2-8

(受访者:李同学,20岁,在校大学生)

我心情不好的时候喜欢在一个叫"秘密"的APP上吐槽。特别是在我毕业实习的那段时间,由于在报社工作非常忙,竞争也很激烈。同时还要在工作之外抓时间完成毕业论文的修改和答辩准备工作,每天跑完新闻回到宿舍已经非常晚了,顶着疲惫的身体,还要坚持改论文,只为了能早一点毕业和顺利落实工作,睡眠也不太好,工作压力和就业压力都非常大。而我的Boss又是一个要求很高,可以说近乎苛刻的女人。每次接到采访任务和回来写稿的时候我都觉得心情很糟,又不能跟同事抱怨。所以后来自己找到了一个解决的办法——"秘密"APP,就是很多人可以在上面无所顾虑地匿名吐槽生活中的不开心,并且使用者可能就是你的同事或者朋友。有一次我的稿子又被喷了之后,我就在上面发了一条"世界上有三类人,男人、女人和女Boss",然后就有匿名的朋友给我评论留言,内容包括称赞我幽默有趣、表达对我观点的赞同以及安慰我等等,让我感到一种"树洞"的感觉。这在很大程度上疏导了我的不满,让我第二天能够较为泰然地面对工作。

(二) 人际关系 (Personal Relations) 效用

人际关系效用分为"拟态"的人际关系效用和现实人际关系效用。"拟态"的人际关系效用多为受众对于传统媒体节目中的人物产生的"熟人"或"朋友"的感觉,从而满足受众对于社会互动的心理需求;现实人际关系效用是通过交流与传递媒体信息,拓宽社交圈,融洽家庭关系等方面的效用。[①]

通过笔者访谈发现,手机上诸如微信、微博、QQ空间、"作业帮"等移动客户端的使用不仅能够帮助青少年维护"拟态"人际关系和现实人际关系,而且对于人际关系的深度发展发挥着重要的作用。如青少年通过手机新闻客户端来获取信息,从微信、微博上看到周围朋友的状态和最新的话题,这些都可以成为现实社交中大家的话题。而通过在微信、微博上的回复、转发与评论,青少年可以针对不同的事件发表评论,形成发表话题、意见沟通的平台,这也成了彼此增进了解或者增强感情的一种有效方式。

访谈实例 2-9

(受访者: 陈同学, 16 岁, 在校高中生)

我平时比较爱玩手机微博,随时都会上一下看看有没有人发新的信息,有趣的内容我就转发到我的微博,给我的朋友们看。除了转发以外,我还会经常给我"关注"的人留言,表示支持。我特别喜欢陈坤,也非常关注他"行走的力量"公益活动,有一次我评论并转发了他发的一条微博,没想到他竟然给我回复了,还@了我,我高兴坏了,我觉得微博真的是拉近了我们普通人和明星之间的距离,以前做梦也不会想到,我还可以

[①] 郭慧娟:《读屏时代,大学生手机阅读研究——以天津部分高校大学生手机阅读为例》,天津师范大学硕士论文,2012 年 5 月。

和陈坤直接交流,真是很神奇的感觉啊。

(三) 环境监测(Surveillance)效用

环境监测效用是指媒体可以成为受众获得与自己生活直接或间接相关的各种信息,及时把握环境变化的一种重要手段。在笔者的深度访谈的结果中也显示,以新闻客户端微代表的新闻资讯类和以微博、微信为代表的社交软件为青少年提供了相当数量的资讯信息。环境监测效用在基于手机传播的时效性和便捷性等特征下,发生了相应的变化。

(四) 自我确认(Personal Identity)效用

媒体为个体受众提供了一套进行自我评价的参考框架,个体受众通过与这些参考框架的比较,对自身行为进行反省,最终并在此基础上重新完善相应的行为与观念。[①]

由于基于手机平台的软件琳琅满目,青少年很容易在不同的手机客户端前找到自己满足自己需求的那一款,在使用中会逐渐的养成依赖的习惯,比如:新浪微博,其口号就是"随时随地分享新鲜事",今天全国又有什么重大事件?你周围朋友圈又出现了什么新情况?太多与你相关,或不太相关,或比较相关的新闻铺天盖地,而面对这些褒贬不一的新闻及评论,受众很难去区分其真实性。

笔者深度访谈发现,与传统阅读不同,手机阅读无法对受众产生明确的自我确认效用。大部分的传统媒体如:报纸媒体、广播媒体和电视媒体等,其传播的新闻或其他节目,大多具有明确的、社会公认的价值观,在明确引导受众方面发挥功能。而手机平台向青少年传播的是各种价值观,面对这样一个矛盾、复杂的环境,他们比以往更难去判断什么样的行为或观念是值得参考的。

---

① 郭慧娟:《读屏时代,大学生手机阅读研究——以天津部分高校大学生手机阅读为例》,天津师范大学硕士论文,2012年5月。

访谈实例 2-10

（受访者：李同学，19 岁，在校大学生。）

我经常关注娱乐圈里的一些娱乐八卦事件，比如现在沸沸扬扬的"黄海波嫖娼案"、"文章姚笛出轨事件"、"周迅新男友"、"李亚鹏王菲离婚"等等，有的时候看不同的网友对相同事件给出不同意见，甚至是争辩论战感觉挺有意思。我感觉通常情况下是：公说公有理、婆说婆有理，两方的支持者都还是能说出很多道理，但是在争论中却远离了事情的真相，慢慢演变成攻击或者掐架了。所以看这些帖子的时候，虽然给我带来很大的信息量，但是我还是明白，这些信息还需要我自己来筛选叛别。

访谈实例 2-11

（受访者：江同学，19 岁，在校大学生。）

我经常通过阅读微信朋友圈里的个人动态来了解周围人的生活，以及了解很多养身之道和个人修行方面的知识，觉得微信非常方便快捷的让我掌握了想要获取的信息，比如：《以为是低调，原来是老了》，《说走就走，台湾：一次体验式成长，一场浪漫的教养》、《大学汉语八级全真卷，英语四六级的大仇可报》、《朝鲜雪碧广告，看不笑死你》等等，在诙谐幽默的同时，你能得到一些信息量，增添一些你自己都意想不到的知识，非常有趣。

第三章 时尚与个性的狂热表达：
青少年手机亚文化的风格解读

人们常用"长大未成人"这句话来形容青少年的稚嫩。"未成人"意为体格虽然长大了，但思维并未成型，且文化价值观尚处于逐步形成、文化理念体系尚未完整构建的过程。这个阶段，是一个人在生命历程上的一个特殊时间分段，这个时间段在生命历程中具有重要意义。有人称它为承前启后的"过渡期"，有人认为它是生命的"转折期"，由于这个阶段的青少年在生理和心理都处于加速发展期，所以又称作人生发展的"加速期"。

在这个阶段里，首先，他们面临着角色定位、身份认同、价值取向等一系列问题的选择和认同。言为心声。心声，就是说话，说话就是话语权的表达。伴随着电脑、网络、手机通信技术的发展，微信等即时通信方式和人际交往互动方式的便利，使得青少年话语权表达在时间上日趋随意，在欲望上日趋强烈。从而加快了在这一过程中话语权诉求角色的转换，即加快了以他人为中心的话语权诉求角色，向以自我为中心的话语权诉求角色的急速转移速度。表现出身份认同意识的成人化、领袖化意识快速膨胀，去他人崇拜为自我崇拜，去主流文化束缚为我行我素的特点。其中"炫""晒"就是追求时尚和追求个性张扬的显著代表。

第一节 "微"文化：青少年朋友圈的社交文化解读

一、时尚年轻：最活跃的微信社交文化

即时通信平台微信开启了移动社交时代，其功能强大、使用便捷成为

第三章 时尚与个性的狂热表达：青少年手机亚文化的风格解读

广大青少年选择使用的考虑因素。在继过去风靡全国的腾讯QQ、新浪微博、腾讯微博、飞信后，继美国的Facebook、snapchat、Twiteer、WhatsApp、Instagram、LinkedIn、Tinder等社交软件后，微信用户异军突起，成为时下青少年的最爱以及流行的生活方式，并对传统的中国移动、中国联通、中国电信等三家移动运营商造成了极大的威胁，带来了极大的挑战。

据GlobalWebIndex研究报告显示，在2013年的第一季度和第二季度之间，在我国年龄介于16至19岁之间的青少年成为微信增长最快的活跃用户群体，增幅达1021%。微信的出现对facebook、Line和LinkedIn等软件都带来不少冲击，其月活跃用户数超过2.5亿。为了让微信更好地走出中国和亚洲，走向世界，腾讯公司也推出了英文版的微信WeChat。

在使用内容与功能方面，用户可以通过微信跟朋友聊天，其中包括文字、图片、60秒的语音信息、视频，还可以建群讨论，发送名片，邀请其他成员加入群讨论，在微信朋友圈里发布自己的动态，浏览朋友圈好友的动态，对朋友发布的动态作出点赞、回复、转发或收藏等反应。

针对受众的不同喜好，可以设置好友分组，拉黑屏蔽功能。你可以在朋友圈里发布个人动态的时候，选择分组可见，保护自己的隐私，按照自己的意愿实现更精准的定位传播。在添加好友方面，与手机号码、QQ号码、邮箱地址绑定，可通过以上相关联的信息寻找到你的好友，同时还可以打开"附近的人"功能，查看附近有哪些人也在使用微信。与之相似的还有微信"摇一摇"功能，拿起手机摇一摇，瞬间寻找到同时也在使用手机摇一摇的微信朋友。微信还研发了更多的理财、消费或支付等功能。

在笔者的调查问卷中，当被问及下面一组关于使用微信功能的陈述，请选择与您情况相符合的选项时，58.13%的受访青少年表示经常在微信里跟朋友聊天，74.06%的受访青少年表示经常在微信朋友圈里浏览朋友们发出的动态，65.63%的受访青少年表示经常对朋友们发出的动态作出点赞、回复、转发或收藏等反应，30%的受访青少年表示经常在微信朋友圈发原创动态，5.63%的人经常使用微信里的理财、消费或支付等功能。

选项	小计	比例
A. 我经常在微信里跟朋友们聊天	186	58.13%
B. 我经常在微信朋友圈里浏览朋友们发出的动态	237	74.06%
C. 我经常对朋友们发的动态作出点赞、回复、转发或收藏等反应	210	65.63%
D. 我经常在微信朋友圈发原创动态	96	30%
E. 我经常使用微信里的理财、消费或支付等功能	18	5.63%
F. 我经常看附近的人和使用"摇一摇"功能	39	12.19%
本题有效填写人次	320	

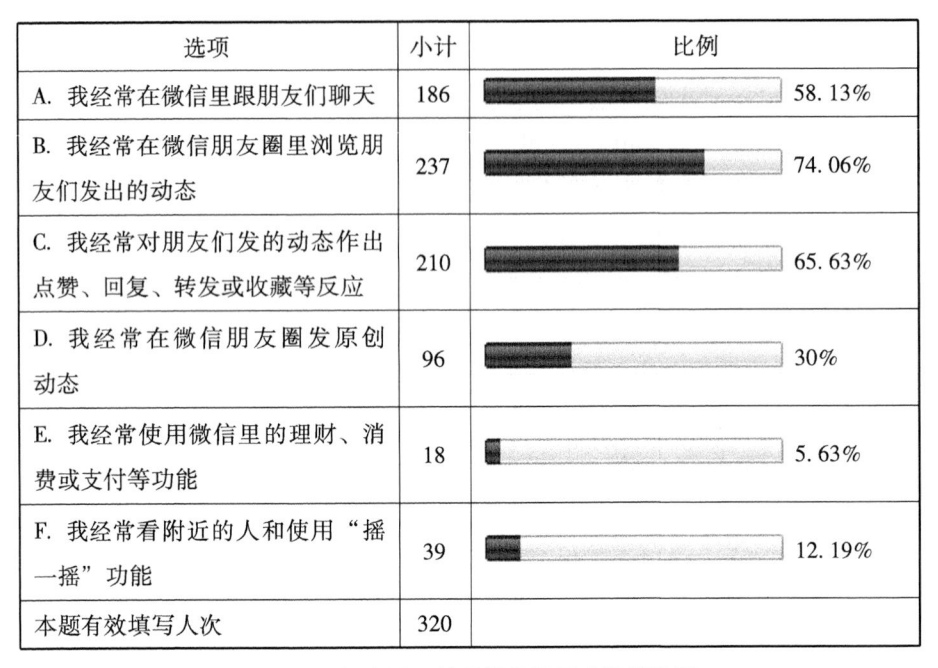

图3-1 问卷显示关于微信使用功能的陈述

在笔者的调查问卷中，被问及您目前使用的是哪（几）款社交软件中，77.81%的受访青少年选择了微信，63.75%的受访青少年选择的是新浪微博、腾讯微博等，而26.56%的受访青少年选择的是Facebook、WhatsApp、Instagram、LinkedIn、Twitter、Snapchat、Tinder等。

选项	小计	比例
A. 微信	249	77.81%
B. 新浪微博、腾讯微博等	204	63.75%
C. Facebook、WhatsApp、Instagram、LinkedIn、Twitter、Snapchat、Tinder等	85	26.56%
D. QQ\飞信	278	86.88%
E. 其他	17	5.31%
本题有效填写人次	320	

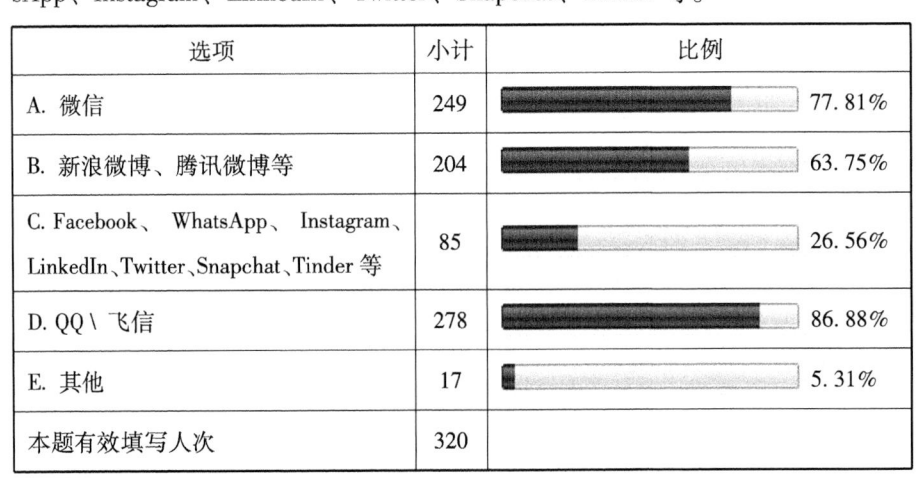

图3-2 问卷显示青少年目前使用的是哪（几）款社交软件的陈述

第三章 时尚与个性的狂热表达：青少年手机亚文化的风格解读

在笔者的调查问卷中，被问及您本人在社交软件上发布动态的一般频率问题时，54.06%的受访青少年选择一天不足一次，但也有9.38%的受访青少年表示随时都在刷屏。

选项	小计	比例
A. 一天不足一次	173	54.06%
B. 一天一次	76	23.75%
C. 一天约三次	42	13.13%
D. 一天超过三次	26	8.13%
E. 随时都在刷屏	30	9.38%
本题有效填写人次	320	

图 3-3 问卷显示在社交软件上发布动态的一般频率的陈述

在笔者的问卷调查中，被问及关于微信朋友圈中发布个人动态内容的陈述时，65.94%的受访青少年表示会通常发布有关个人吃、喝、玩、乐的生活内容，43.75%的受访青少年表示通常分享转发学习、见识、成长类营养贴，24.06%的受访青少年表示通常发布新闻或八卦讯息，27.19%的受访青少年表示会通常发布个人自拍的照片，35%的受访青少年表示会通常转发朋友的帖子，21.56%的受访青少年表示通常分享视频或音乐。

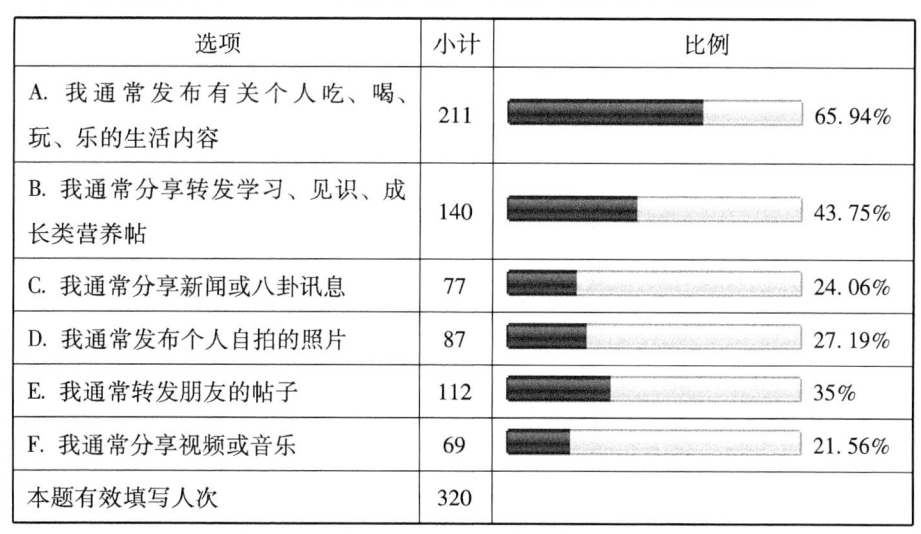

选项	小计	比例
A. 我通常发布有关个人吃、喝、玩、乐的生活内容	211	65.94%
B. 我通常分享转发学习、见识、成长类营养帖	140	43.75%
C. 我通常分享新闻或八卦讯息	77	24.06%
D. 我通常发布个人自拍的照片	87	27.19%
E. 我通常转发朋友的帖子	112	35%
F. 我通常分享视频或音乐	69	21.56%
本题有效填写人次	320	

图 3-4 关于微信朋友圈中发布个人动态内容的陈述

在笔者的问卷调查中，被问及关于对手机社交软件使用感受这一问题时，53.44%的受访青少年认为通过手机平台与朋友互动带给他们一种很享受的感觉，59.38%的受访青少年表示很关心朋友们对于个人所发动态有何反应，60.31%的受访青少年表示对朋友们的动态进行回复时会顾及他们的感受，30.31%的受访青少年认为在手机社交软件中与朋友们的互动经常让他们感到很投入，49.06%的受访青少年认为在使用手机社交软件时，时间不知不觉就过去了。

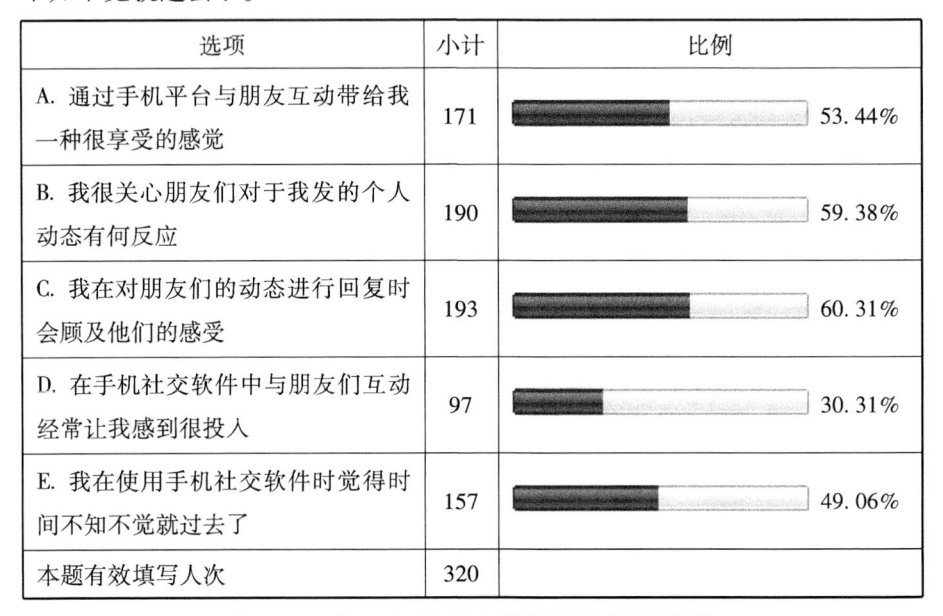

选项	小计	比例
A. 通过手机平台与朋友互动带给我一种很享受的感觉	171	53.44%
B. 我很关心朋友们对于我发的个人动态有何反应	190	59.38%
C. 我在对朋友们的动态进行回复时会顾及他们的感受	193	60.31%
D. 在手机社交软件中与朋友们互动经常让我感到很投入	97	30.31%
E. 我在使用手机社交软件时觉得时间不知不觉就过去了	157	49.06%
本题有效填写人次	320	

图 3-5　关于对手机社交软件使用感受的陈述

微信文化中非常有趣的是"点赞"文化，在你浏览微信朋友圈里发布的个人动态的时候，能够选择左下角的"点赞"选项，点赞以后，该条动态右下方会出现一颗心形状的图案。"点赞"原本是为了表达对朋友的支持和鼓励，或者说是一种肯定，是不具体进行评价、比较偷懒的赞同与互动方式。但是，也有某些原本是吐槽或者自嘲的很囧的个人动态，也无辜地被朋友点赞，比如"今天上班又迟到了"，诸如此类，让人回味这"点赞"后面的深深用意。究竟是隔岸观火的嘲讽，死党间的互掐，还是报着看笑话态度的无所谓，以及巴不得他人出丑的兴风作浪与暗自叫好？原本简单的点赞设计，到最后发展为不知对方在想什么的无厘头文化，无厘头文化的背后是微信用户复杂的使用心理。

二、黑白符号:"二维码"助推手机延伸的互动文化

二维码,是指用特定的几何图形按一定规律在平面(二维方向)进行分布的黑白相间的图形,用来记录数据符号信息。二维码起源于日本,是1994年日本 Denso Wave 公司为了追踪汽车零部件而设计的一种条码。二维码是比一维码更为先进的条码格式:一维码只能在一个方向上记录信息,而二维码在水平和垂直两个方向都可以记录信息;一维码只能由数字和字母组成,而二维码能存储汉字、数字和图片等信息。总体来说,二维码具有数据存储量大、保密性高、追踪性高、抗损性强、备援性大、成本便宜、互动性强、体验性好等特点,能够更好地与智能手机等移动终端有机结合。

目前随着传统媒体和新媒体的互动增强,台网融合及电视节目的"双屏互动"时代的到来,越来越多的电视在播放节目的同时,会在电视屏幕上显示该栏目的二维码,或临时需要观众互动的二维码。

如央视益智游戏节目《开门大吉》、央视马年的春节联欢晚会、湖南卫视《我是歌手》等节目。在《我是歌手》播放的时候,电视屏幕的左下方出现了一个二维码,旁边还写着三个字"扫描我",当用户用手机扫描后,手机上会自动下载"呼啦"软件,进入这个软件,屏幕上会跳出与节目内容相关的问答游戏。传统电视节目正是通过这样的方式,有意挽留年轻观众,通过二维码的互动,将青少年从手机屏幕,重新拉回到电视屏幕。据《开门大吉》节目组透露,通过对节目播出五期以来获奖观众提供的身份证件号码的观察,有相当一部分人是年轻观众。

三、自恋式的沉醉:"平民变艺术家"的创作

商品性是传媒文化的一大特性,在传媒产品越发朝着工业化大批量生产的方式变化的时候,传媒文化也使得艺术家的自我自由的创造活动贬低成为一种"手段",艺术家沦落为流水线工人,传媒文化的传播者被普通平民所替代。对此,以法兰克福为代表的不少学者和前辈们对此都提出了反思与批评。基于移动互联网终端下的这样大批量生产的确成为一大趋势,但更显著的是普通的一个个手机用户变成了艺术家,开启了"平民变艺术家"的时代。

Instagram 是一款很受青少年青睐的 APP 软件，问其被追捧的原因，比较突出的一点是他具有 Lomo/Nashville/Apollo/Poprocket 等 10 多种滤镜效果，在用户使用拍照功能或者后期编辑时，能将一张不起眼的照片变成各种色调。除了 Instagram 外，其他的基于移动终端的照片处理 APP 也层出不穷，如美图秀秀、SelfieCity、虞美人、光影魔术手等。

如美图秀秀就因滤镜的丰富广受青少年青睐，它包括影楼效果（蓝色、紫色、粉红、油画、素描、浮雕、海报、后现代、电视线等）、后青春效果、海报效果、后现代效果、LOMO、加边框、打马赛克、加入会话气泡、加入特效、海拔拼图、魔幻"炫光"等。仅仅特效一项的选项就有流年、淡雅、云端、复古、胶片、优格、日系、80后、粉红佳人、HDR、黑白、古铜色、哥特风与移轴。人像美容方面有一键美颜、磨皮美白、祛斑祛痘、瘦脸瘦身、眼睛放大、祛黑眼圈、亮眼等有在一键美颜中还分为红润、自然、梦幻、暖暖、白皙、清新、冷艳、清晰等选项。在各式滤镜的处理下，一张照片如同被经过魔法棒修饰般，立马变得"潮"了起来，给受众带来自信的同时，也赋予了他们内心一种从"平民"变"艺术家"的感觉。

照片编辑处理软件也融入很多社交化因素，如 Instagram 就支持 IOS、Windows Phone、Android 平台的移动应用，可一键分享至 Instagram、Facebook、Twitter、Flickr、Tumblr、foursquare 或者新浪微博等平台。在分享的同时移动端也融入很多社交化元素，包括好友关系的建立、回复、分享和收藏等。"快速""有趣""分享"是青少年最喜欢的几个分享元素，不仅显示了自己独特的视野与生活内容，在瞬间成功吸引小伙伴们的关注与热评，使自己成为焦点，享受"潮人"的桂冠，心理获得极大满足。基于"潮"文化土壤及同际间的传播，Instagram 越发流行。

四、草根无厘头："一秒变猫人"的趣味

在笔者的调查问卷中，54.69% 的受访者表示会因为有趣、人性化的设计而去尝试一款新的 APP。

"无厘头"文化是香港自 20 世纪 90 年代兴起的次文化，以周星驰的喜剧为代表。无厘头原写作"莫釐頭尻"，是广东南海一带的粤语俚语。莫釐是指"没有道理，分不清楚"，尻则指脊骨尾部或还没长成的尾巴，读作"Kao1"，在这里引申为"末端、最尾"之意思。无厘头形容人或事

第三章 时尚与个性的狂热表达：青少年手机亚文化的风格解读

分不清次序和头尾，毫无逻辑，没有道理，莫名其妙。除了周星驰以外，无厘头的代表也有风靡全球的韩国鸟叔的《江南 Style》，在这首歌的 MTV 中，结实的体形配上一副墨镜，动感十足的手舞足蹈憨厚可掬，让人觉得喜感十足。这首歌歌词不断重复的大致意思是："嘿，哥们儿我是江南区的型男。"一遍遍重复着的"oppa 江南 Style"如同"精神病毒"般的节奏和旋律让每一个听过这首歌的人在脑中不断地回环这一旋律。

之后延伸了各种版本的 Style，雪姨版、China style、上海杨浦 Style 等接连亮相，甚至在外国也引发人们追捧，如在网上流传很火的包括奥巴马竞选 Style 等。与此同时，我国有才的年轻网友们也纷纷创作了台湾萝莉双胞胎版 style、客家话版 style 等各种络绎不绝的版本。无厘头文化充斥草根式笑话，触动受众神经质的幽默表演，无厘头文化背后体现的也是一种草根的智慧与幽默。

Cat Wang，"一秒变猫人"也是一款充分体现"无厘头"文化的图片编辑软件，特点是有很多猫头素材，可以把你照片里每个人的头换成猫头。笔者在百度贴吧里的 Cat Wang 吧，看到月活跃用户 3 万人，累计发帖数 3 万余人。一只简单的猫头引发了如解锁、P 图、软件使用与下载破解等各种问题。

图 3-6 受访对象使用"Cat Wang"软件的手机截图

访谈实例 3-1

（受访者：李小姐，22岁，在校大学生）

笔者：你在用 Cat Wang 时觉得有什么乐趣？周围朋友也在玩这款软件吗？他们评价如何？

李小姐：相比"美图秀秀"等把自己P得更漂亮一点的软件，这款软件更适合互联网应用。我其实对晒自己的照片没有多大兴趣，只是有时候想把自己做的有趣的事情给大家分享。为了保护隐私，也为了避免别人评价自己，我会选择用猫头把自己的脸遮挡起来。用一只萌萌的猫头代替自己的头，比简单地打上马赛克有趣得多，可爱得多。尤其像我，本身就喜欢猫，QQ、微博、微信头像都是猫咪，所以用一只猫咪的头来代替我的头，我感觉再合适不过了。我周围不少朋友都在用，常常在朋友圈里看到他们发照片，我感觉挺有意思的。

图 3-7 受访对象使用"Cat Wang"软件的手机截图

第二节 "酷"文化：青春期亚文化风格

在字典里，"酷"有这样几层含义：1. 残忍、暴虐到极点：~刑。2. 极，甚，程度深：~暑。~热。3. 源于外来文化"cool"表示帅气的，时髦的，令人羡慕的。在这里我们取"cool"的含义，代表青少年手机亚文化时髦的风格，酷"cool"就是风格，风格就是意义。

第三章 时尚与个性的狂热表达：青少年手机亚文化的风格解读

一、后现代：青少年手机话语风格

青少年群体具有个性、自主、开放、包容、多样和自由创新的特点，他们蔑视传统，具有极强的反传统意识，反对父母文化，崇尚创新与独立自由。思想上完全不受传统语言语法、语义的规范、标准的约束。而事实上，随着英语教育的深入，西方流行文化的侵染，基于青少年本身的群体文化的影响，也使他们有了比以往更多的语料资源，因此青少年创造出了极具个性风格和创新意义的手机话语。主要分为：

英译的简化用语，如用"88"表示"拜拜（再见）"；"bs/BS"表示鄙视；360（想念你）；"（-_-）"表示神秘笑容；酱紫（这样子）；MM（妹妹）、JJ（姐姐）、GG（哥哥）、DD（弟弟）等。

表现夸张情绪的，如用"顶"表示对对方的认可，用"晕"表示非常惊异或不可思议，用"汗（流下冷汗）"表示汗颜或者尴尬等难以言说的情绪。

个性化词语，如用"马甲"表示ID（登录特定系统的用户标识），用"偶"表示"我"，用"滴"表示"的"或"地"，用"灌水"表示发帖子（所谓发帖子是只给出一个话题主题，或者对别人的话题给予评论）。

符号叠加成图形表示体态语符号：如"（-_-）"表示神秘笑容；":-"表示平淡无味的笑；"^-^"表示咪着眼睛笑；"|-P"表示捧腹大笑；":-)"表示咧着嘴笑；";)--"表示大笑；":-("表示扁脸，不高兴了；":-(*)"表示恶心，想吐；":-P"表示吐舌头；";-)"表示使眼色,抛媚眼；":-o"表示哇塞，惊呆了；"*<|:-)"表示圣诞老人、圣诞快乐；"(^@^)"表示幸运小猪猪；"<@-@>"表示醉了；"Zzzzz……"指睡觉的样子。①

技术型障碍或错误，例如用"斑竹"表示"版主"，因为"斑竹"是微软拼音输入法中的一个特定词汇，所以当连续输入时人们就用"斑竹"替代了"版主"。如果严格地输入"版主"两个字是非常不便的，所以这

---

① 齐金花：《网络语言及其对青少年的影响》，苏州大学硕士论文，2008年10月。

种情况是典型的技术障碍。而用"恩"替代"嗯"则不仅仅是因为输入效率的问题，也反映了很多人无法区分这两个词汇的区别。

最后，受网络文化的影响，新生代的青少年创造了具有明显风格的网络话语：嬉笑怒骂，不拘泥于传统的文化意义，或者给一个很正面的词汇赋予完全相反的意思，或者自己胡乱创造一些新新人类的词汇。因为其无厘头的风格，反而大肆流行，成了被青少年热捧的新词汇。

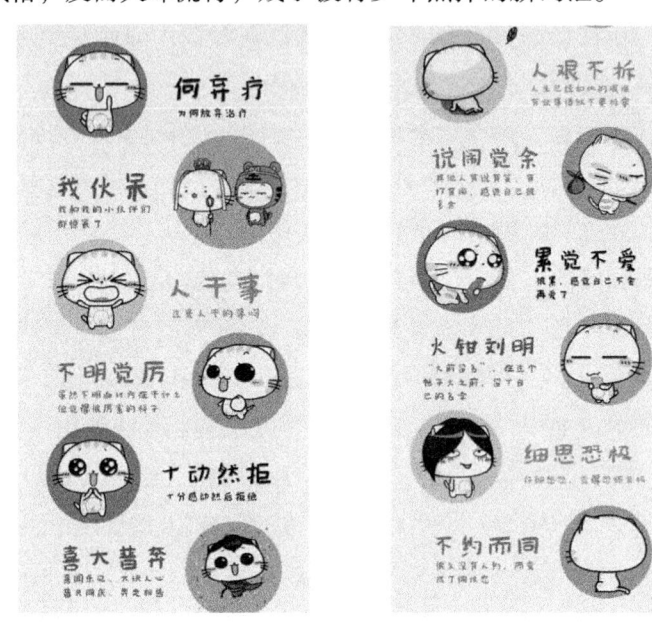

图 3-8　经典网络用语

二、青春空灵：青少年手机小说文风风格

手机小说是以手机为承载平台，用短信连载作为呈现方式，分批下载的方式获取的，部分免费。手机小说开创了全新的文学风格，也为传统文学在新媒体环境的生存做出成功尝试，空灵、个性的青春气息赢得了青少年的喜爱。

如 2005 年 12 月发布的手机小说《恋空》，在 2005 年 12 月到 2006 年 6 月间被日本评为网络最热门作品，购阅量超过 1200 万。2006 年 10 月 7 纸质《恋空》正式出版，月销售量 100 万册，位于 2007 年文艺类书籍销量

第三章 时尚与个性的狂热表达：青少年手机亚文化的风格解读

排行榜首位，2007 年 9 月 13 电影《恋空》上映。此外还有石田衣良《深爱》(2001)，牙衣《红线》(2007)，美嘉《君空》(2007)，佐藤多佳子《转瞬为风》(2007) 等。戴鹏飞的手机小说《谁让你爱上洋葱的》于 2004 年 8 月由中国电影出版社强势推出。千夫长的《城外》一经推出后获得了极大成功，也由作者在原著基础上扩写到 25000 字，由百花文艺出版社出版，在国内版权售价达到了 18 万，海内外版权售价总额达到 40 余万，2005 年纸质《城外》出版。在传统媒体受到新媒体挑战，空间不断压缩的时代，手机小说无疑是一支异军突起的力量。如《我只在我眼睛里》是我国的第一部手机短信诗集，首印 3 万册的印刷量也开创了近几年来诗集出版首版印数的最高纪录。

手机小说之所以受到青少年的青睐，不仅在于内容引人入胜，其文字大多充满了遐想，非常优美。总体而言其文本风格主要体现在以下几点。

（一）凝练性与主动性

手机小说的文字简洁，篇幅短小，字字珠玑，画面感很强，如千夫长《城外》"明天或许风和日丽，或许春风荡漾，或许凄风冷雨"，三个四字成语的运用，让人身临其境，浮想联翩。每一条内容，相对来说都比较完整，能传递给受众完整的信息，语言凝练而主动。又如《恋空》节选：

第 5 条

比起河流我更想变成天空
然后 美嘉到哪儿我就知道了
发现有伤害美嘉的家伙
我就能打得他们落花流水

第 14 条

"美嘉，人死之后会怎样呢？"
"一定是去天国"
"我想变成天空
变成天空 一直守护着美嘉"

>"像个跟踪狂似的么？"（笑）
>
>"那我每次望着天空 就会想起弘
>
>晴天说明弘心情很好
>
>雨天是弘在哭泣
>
>晚霞是弘在害羞呢
>
>夜空 是弘温柔地抱着我"
>
>"只买了这么便宜的戒指给你
>
>作为补偿 我把宇宙的星星全部送给你"

（二）连续性与独立性

独立的叙事意义+内在结构的一致也是手机小说的文本风格特征，每天一则的手机小说都在65个字左右，5个或6个断句，每一则的内容相对独立，但又承前启后，以《城外》节选为例：

第1条

走出围城首次到城外约会，接头暗号是张爱玲名句：于千万年之中遇见的人，于时间的无涯荒野中，没有早一步没有晚一步，刚好赶上了。

第10条

躺在床上想望明天。明天或许风和日丽，或许春风荡漾，或许凄风冷雨……不管明天是什么样的明天，拥有今天幸福的雨伞，就能对付明天的苦旅。

第12条

两个感情落荒者昨夜逃到城外一个孤岛，沿着亚当和夏娃逃出伊甸园的路线，不为寻找诺亚方舟，我们知道城外没有，只想要一块感情寄宿地。

第29条

静静地吸烟思索，眼前是无路的胡同，再往前想就是一片光明。有时想得很深刻通透，觉得人还是活着好，只要有爱，生活再落魄也会有前程锦绣。①

---

① 中国第一部短信小说《城外》完整版，http://blog.sina.com.cn/s/blog_67c7587b0100j8za.html.

第三章　时尚与个性的狂热表达：青少年手机亚文化的风格解读

文学性始终是手机小说的核心要素，"对于文学来说，无论是网上传播还是平面出版传播，只是传播方式的不同，而不会是文学本质的不同"。① "文学受众不是一个本体范畴，而是一个功能性范畴，能够左右文学市场的冷热起落。"②

三、狂欢的青春时代：手机视频

在受者和传者双方的默契和需求下，手机视频成为狂欢的后青春时代的典型文本。"我觉得DV最重要的是，它是一种生存方式。无论是摄像的人还是被摄的人，都进入了一种非常自由的生存状态，这和DV有关。所以这种生存状态，可以说是影像化生存，也可以说是数字化生存。"③

一方面，青少年对视觉和时尚的追求越来越强，凡庸的文字和恪守常规的电视剧剧情与常规模式已经很难再吸引到他们，审美疲劳正在加剧，他们正在变得麻木起来，笑点也越来越高。正如麦克卢汉的"冷媒介"和"热媒介"概念，他们更需要不花费太多努力就能调动全身细胞的"冷"媒体。一批优秀的网络自制剧在此市场需求的气候下诞生：《万万没想到》《我的前任是极品》《嘻哈四重奏》《屌丝男士》《爱情公寓》等，接地气，贴近生活，真心搞笑，演员嬉笑怒骂跳出常规的本色表演，无疑给他们带来很大的新奇感。

在笔者的调查问卷中，对于手机视频内容偏好的陈述中65.63%的受访者表示他们用手机观看电影、电视剧类节目，如：《万万想不到》、《爱情公寓》、《海贼王》等电影、电视剧类节目。电影、电视剧类已超越其他综艺、音乐、财经、体育、新闻等类别，成为青少年最喜爱的手机视频内容。

---

① 余华：《网络和文学》，《作家》，2000年第5期。
② （匈）阿诺德·豪泽尔：《艺术社会学》，居延安译，学林出版社1987年版，第151页。
③ 《知名电影人点评DV：中国文化学者余秋雨》，httpJ/Yule.sohu.comI40/69/article213316940.shtml。

选项	小计	比例
A. 我用手机观看电影、电视剧类节目，如《万万没想到》《爱情公寓》《海贼王》等	210	65.63%
B. 我用手机观看综艺、音乐类节目，如《康熙来了》《中国好声音》《我是歌手》等	129	40.31%
C. 我用手机观看财经类讯息	19	5.94%
D. 我用手机观看体育类讯息	48	15%
E. 我用手机观看新闻类讯息	158	49.38%
F. 我用手机观看原创性微视频	67	20.94%
G. 我用手机观看移动客户端推荐的视频专题	38	11.88%
本题有效填写人次	320	

图 3-9　问卷受访青少年手机视频内容偏好

除了新奇感，中国青年报社会调查中心通过搜狐新闻客户端进行的调查（1432 人参与）显示，90.9% 的受访者看过网络自制剧，受访者中，63.0% 为 90 后，30.9% 为 80 后。笑点密集（68.2%），主题年轻、接地气（58.2%）和想象力丰富（50.2%）、剧集简短（43.6%）、观看方便（20.6%）、年轻演员有活力（27.7%）等是网络自制剧最主要的吸引点。① 其他原创网剧：《泡芙小姐》《嘻哈四重奏》《非常爱情狂》《天生运动狂》；自制综艺：《非球勿扰》《大话世界杯》《让口水飞》也获得良好的市场反响。搜狐视频《屌丝男士》3 亿播放量、6000 万用户覆盖量，6 亿网民渗透率；优酷《泡芙小姐》总播放量超过 2 亿次；乐视网首部自制

---

① 孙震：《90.9% 受访者看过网络自制剧"万万没想到"爆红》，《中国青年报》，2013 年 11 月 7 日。

第三章 时尚与个性的狂热表达：青少年手机亚文化的风格解读

剧《东北往事之黑道风云 20 年》开播仅 16 天播放量就突破 2 亿次；腾讯视频《我为宫狂》点击破五万①……预计到 2015 年，网络自制剧的点播量将达 15 亿次。

一方面是市场的需求，另一方面，各视频企业在有利政策的鼓励下，手机视频用户数不断攀升。市场经过一番洗牌重组，资源整合，逐步从最初良莠不齐的恶性竞争进入到几家企业独大，小公司抱团取暖，合作共赢的局面，手机视频行业呈现出一派欣欣向荣的发展态势。

经过 2013 年以来卫视热销节目和热播电视剧的版权大战后，视频网站的风格化和差异化更加明显，"八仙过海，各显神通"。优酷继续巩固自制旗舰领跑地位；爱奇艺主打综艺；搜狐视频成为美剧引进第一平台；土豆网大力增强纪录片内容制作；乐视主打高清长视频；腾讯视频探索互联网众筹剧模式，使"边写边拍边播"模式成为可能，探索从 play（看）到 play2.0（看＋玩）的模式创新。② 加大内容的"差异化"战略越发成为视频企业性价比最高的投资方向，自制电视剧不仅降低了高价引进版权的成本开销，而且以原创独特的内容吸引受众，增强用户凝聚力，提升网站影响力及品牌知名度。③

当视频网站开到荼蘼的时候，短视频也迎来了发展的春天。目前在国内，短视频更多还是作为社交媒体的一个基本功能为用户使用，如美拍、秒拍、微拍等。也有用于即时通信的工具，如微信的小视频功能，可视听，可分享，可评论，可转发。短视频所具有的视觉效果与社交应用的传播力相互叠加，形成较好的传播效果。

而在 2014 年之前，手机视频行业获投资较少，2014、2015 年短视频行业投融资持续火热；2016 年，手机视频的内容制作和综合社区成为两大热门投资方向，艾瑞统计数据显示，截至 2016 年 7 月 1 日，短视频行业共

---

① 张静：《网络自制剧缘何异军突起?》，《西安晚报》，2013 年 11 月 13 日第 18 版。
② 《网台联动，视频网站反向输出电视台》，创途网，2014 年 2 月 12 日，http://www.chuangtoo.com/jingyuedu/20140212/15589.html。
③ 江凌：《2013 年我国手机视频发展报告》，《新媒体产业发展报告蓝皮书（2014）》，中国社会科学文献出版社，2014 年 7 月。

获得 43 笔投资。绝大部分投资为种子天使轮和 A 轮投资，这两类投资总计 30 笔，占比高达 69.8%。①

行业内视频领先企业如一下科技（旗下有秒拍）、美拍、Musical. ly 已经实现了 D 轮、C 轮投资；Faceu、小红唇、一条视频、gif 快手实现 B 轮投资；约定、多拍科技获 Pre – A 投资；壹父母、即刻、旅行者镜头、Papi 酱、蛋白 APP、小题影视、卡卡视频、乐学高考、视频头条、一瞬短视频日记、挖趣科技、量子频道、当时我就震惊了等短视频平台均数百万天使轮投资，短视频无疑正在成为下一个内容创业的风口。

通过分析吸引青少年的手机视频的内容，可得到如下几个特点，也同时成为青少年手机亚文化的风格特征。

(一) "短 + 趣"

求闲心态一直是电视接收的文化基点。在多数情况下，人们看电视是为了休闲，几乎所有的电视观众都能从电视上获得心理上的放松与安慰。而手机电视是一种个人化的、移动性的收视，其移动观赏心态直接影响到节目制作形态，不可避免地会出现眼花缭乱的"快捷性""短暂性""偶然性"和"强迫性"打乱人们的文化情绪。② "都会性格的心理基础包含在强烈刺激的紧张之中，这种紧张产生于内部和外部刺激快速而持续的变化。"③

短视频、微电影、微视等应用如今受到青少年的喜爱，原因很简单，现代生活的碎片化把一切宏大的事物都解体成了碎片，人们喜欢上传自己瞬间的灵感和状态，脑子里的一句话，路过看到的一幅景象，自己的一段微视。而传统意义上的标准化的视频早使大众的精神涣散以及审美退化，在收看标准化与非个性化的视频时，人们一方面只认同熟悉的视频风格而拒绝陌生的东西，一方面又养成了一种精神涣散与漫不经心的视听习惯，人们视听审美的能力不断下降。在长久传统枯燥社会文化的浸泡中，若熟

---

① 艾瑞咨询：《中国短视频行业发展研究报告》，2016 年 9 月。
② 蔡贻象：《移动电视的文化忧虑》，《电影艺术》，2005 年第 4 期。
③ （德）齐奥尔格·西美尔：《时尚的哲学》，费勇、吴燕译，文化艺术出版社 2001 年版，第 186—187 页。

第三章 时尚与个性的狂热表达：青少年手机亚文化的风格解读

悉了梵高画及贝多芬交响曲作品，突然给你一首充满青春创意、不拘一格、搞笑甚至雷人的神曲或卖丑偶像，是非常刺激的。

《万万没想到》就是这样的一部"短+趣"创意迷你剧，每周一集，每集五分钟，是万怡天合和优酷出品共同出品的。叫兽易小星、cucn201白客、刘循子墨、cucn201小爱、老湿、葛布、至尊玉等一线新媒体影像代表人物都在其中出演，该剧以夸张而幽默的方式描绘了屌丝代表王大锤意想不到的传奇故事，剧情内容包罗万象，从当下热门话题到经典历史故事，调侃的视角、幽默的语言独树一帜。如从《万万没想到》的经典台词中，我们也能领略到"短+趣"的酷风格：

"相信用不了多久我就会升职加薪当上总经理，出任CEO，迎娶白富美，走向人生巅峰。想想，还有点小激动""我的生涯一片无悔，我想起那天夕阳下的奔跑，那是我逝去的青春""我就是这样一个德智体美育全面发展的好少年""我叫王大锤，万万没想到我在厕所邂逅了真爱""妈妈，我要挂啦，你再也不用担心我的学习啦！""不行！我不是那么随便的女孩！你还没带我坐豪华游艇环游世界；没有在两万英尺的热气球上强吻我；没有在铺满玫瑰花瓣的田野里向我求爱。还有，我们要无理取闹地吵架、和好、决裂，再吵架、再和好，这样我才能做你女朋友"。

以上经典台词，被不少青少年受众挂在嘴边，成为他们族群的典型话语，成为他们的时尚与追风。

此外，我国第一部手机互动情景剧《白骨精外传》也具有一定的代表性，这是东方龙手机电视公司投资拍摄的中国第一部用高清摄像机拍摄的手机电视剧。该剧的风格为基于手机平台的视频影视打下基调：每天5分钟，总共365集，以每天更新的方式播放，电视剧的主人公是一群被网民戏称的"白骨精"，"白领·骨干·精英"，他们是大众生活中的另类人。

新兴的广播电视传播技术慢慢取代了传统的生产方式，不断地改变着人们所看到的传播的内容及所制作的过程，将个体内容改造成媒体想要强加的信息表达的内容。如在《白骨精外传》这部互动电视剧中，制作方最大化地团结和吸收了广大手机电视用户的意见和建议，以完全互动的方式，让手机电视用户通过网站访问，通过发送短信参与剧情的方式，对剧本的编辑和策划进行适时调整与完善，这种共同创作（co-write）成为一种新的创作方式。① 这样的开放式的创造性也成为手机文本的美学理想。

剧情以幽默诙谐的方式展示了他们的工作、生活和爱情。据该公司工作人员介绍，该剧的播出，为东方龙手机发展初期积攒了大量人气，至少增加了 10 万用户。《白骨精外传》是中国第一部采用高清摄像机（HD-CAM）拍摄的手机情景喜剧，长达 365 集，每天 5 分钟浓缩了白领生活的精彩片段，是网络短信的电视情景化的一次大胆尝试。

白领、骨干和精英，他们是大众社会中的另类人物，具有自己 70 年代边缘性格，他们是网络世界的宠儿，也许他们是在孤独狂欢，也许他们是游走虚拟，也许他们崇尚时尚……身后有更勇敢的 80 后的血气方刚。

白骨精们你追我赶（薪水），乃至你争我夺（职位），在同龄人写同龄人的《白骨精外传》中，有的是办公室的阴谋，有的是 SOHO 的打拼，有恋爱和恋情，有情人和情敌……该剧特别聘请著名作家王丽萍设计故事大纲，一个是黄先生，查尔斯，律师事务所的合伙人。一个白小姐，伊丽莎白，心理诊所的咨询专家。他们都有过在跨国公司里的职业经验，共同聘用了孙小姐，一个快乐打工的前台接待员，有着超强的 8 级英语水平，开着宝马来愉悦大家。还有一个快递员兼调度员及老板的外地来的小伙子和大楼卫生清洁员刘阿姨，五个人在一个商住楼里演绎一个活宝剧。从侧面反映了当今社会职员的心理压力及其如何化解压力、社会生活中的纠纷以及法律的不缺席，凡此种种，五光十色。

编剧：吴迪、王丽萍

导演：小酩

制片：张军

主要演员：陈晓鸣、张璐、鲍莉、刘春峰、屠茹英

版权归属：上海东方龙移动信息有限公司

节目题材：情景剧

节目时长：5—25 分钟

运作状态：先在手机上播出，再在全国的电视台播出

---

① 王萍：《传播与生活：中国当代社会手机文化研究》，华夏出版社 2008 年版，第 111 页。

第三章 时尚与个性的狂热表达：青少年手机亚文化的风格解读

发行人：陈赟

图 3-10　《白骨精外传》剧照

（二）国际范儿

搜狐视频开通美剧频道，缘于美剧越发受到青少年受众的热捧。美剧中的明星受捧，美剧中向受众展示的西方生活方式和价值观，也正慢慢渗入青少年的内心。对于大量花钱在引进美剧版权的战略上，内容自制若也走国际范儿岂不是能获得事半功倍的效果？《万万没想到》被网友誉为真人版《日和》，《日和》是日本一部根据超搞笑漫画改编的动画《搞笑漫画日和》，每一话一个故事，以特有对名人和名作的滑稽戏仿，得到了读者们高度的评价。

《爱情公寓》综合了在美国热播十年的最经典的《老友记》以及当下最热的《生活大爆炸》等美剧，时髦的布景，俊男靓女的嬉笑怒骂和搞笑台词，崇尚正能量的风格都无疑借鉴了美剧的风格。

《屌丝男士》无疑是德国《屌丝女士》的翻版，《屌丝女士》是在德国 SAT.1 电视台每周五晚上 11 点 15 分播出的一部喜剧小品。女主角"炸弹妞"是曾六次获得德国喜剧奖的女演员 Martina Hill，她有时是母亲，有时是单身女性，有时是女朋友，有时是行人或是 OL，该剧涉及约会、工作、家务、运动、交友、育婴、孩子、父母等多个主题元素，其中角色的无厘头、荒诞及神经质表演，令人捧腹大笑，也开创了全新的值得借鉴的风格。

图 3-11　日本漫画《日和》和德国情景喜剧《屌丝女士》截图

（三）正能量

基于青少年本年龄阶层自己的故事对他们来说具有接近性，导演若是与他们同龄的青少年，则无疑契合了他们族群的文化。2010 年优酷网推出《十一度青春》战略合作项目，就是充分发挥了这样的心理，由年轻新锐导演执导新媒体短片，成了活动最大的噱头。电影行动汇集了 11 位年轻新锐导演执导系列新媒体短片，题材涉及穿越、迷幻、爱情等丰富内容，多角度呈现了"80 后的青春"这一令人兴奋和激动的主题，开启了国内视频网站自制的序幕。该系列短片分别为《拳击手的秘密》（张亚光导演）、《哎》（尹丽川导演）、《夕花朝拾》（庄宇新导演）、《东奔西游》（李冯导演）、《泡芙小姐的金鱼缸》（皮三导演）、《江湖再见》（沈严导演）、《李雷和韩梅梅》（方刚亮导演）、《阿泽的夏天》（张跃东导演）、《老男孩》（肖央导演）、《L.I》（张亚东导演），不同的精彩故事记录了当代青年人的青春足迹与奋斗历程。①

---

① 《筷子兄弟微电影：老男孩》，http://www.vmovier.com/140/。

第三章 时尚与个性的狂热表达：青少年手机亚文化的风格解读

11度青春系列电影

- 拳击手的秘密（他不想再看这个世界，他选择了失明）
- 哎（两个龙套的爱情，能否修成正果？）
- 夕花朝拾（当一个人遇到57岁的自己……）
- 东奔西游（神仙也在奋斗，你呢？）
- 泡芙小姐的金鱼缸（有这样一种病，当你太在乎你的爱人的时候，你会忘记他）
- 江湖再见（因为不能在一起，他们相约自杀……）
- 李雷和韩梅梅（作为老乡的他和她因打错电话而相识，但他们拥有的只是漂泊）
- 阿泽的夏天（刚毕业的阿泽来到北京，但这儿没有他的立足之地……）
- L.I（深爱的他神秘失踪，痴心的她该何去何从？）
- 老男孩（两个最普通的北京小人物的梦想与现实）
- 泡芙小姐的沙漏

图3-12 优酷"十一度青春"系列电影目录名单

其中"11度青春电影行动"的压轴微电影《老男孩》（2010年10月28日），由"筷子兄弟"出演，引发青少年的热捧和议论。这部电影讲述了一对痴迷迈克尔·杰克逊十几年的平凡的"老男孩"重新登台，参加"欢乐男生"选秀节目，找回梦想的故事。影片的主题曲《老男孩》一次次将观众带回初中时光，缅怀曾经的青春、梦想与快乐。青少年为什么喜欢这部片子，无疑是因为每一个人都在影片中找到了当初的那个年轻的自己，天马行空，叛逆不羁，喜爱摇滚，喜爱迈克尔·杰克逊，喜欢和同班同学一起欺负同学、在自己喜欢的班花面前显示自己，这些鲜活的青春记忆代表了青少年的心声。演绎了"梦想这东西和经典一样，永远不会因为时间而褪色，反而更显珍贵"这一经典台词。

第三节 "潮"文化："自媒体"我行我素的生产方式

人们身上不同的差异使他们成为矛盾的存在体，所谓的"个性化的差异"，不会把个体相互对立起来，个体会根据不确定的等级进行划分，最终汇聚成某种范例。因此无论从形式上而言如何被区分，如何进行生产和再生产，实际上他们都是在走向某种范例，都是在通过某种时尚组合的形象和抽象的范例来确认自己的身份,且远离了偶尔出现的,以及在别人周围世界中的,详尽的对立关系中的独特性。

"潮",指时尚、入时、贴近潮流。关于"潮"的用词有很多,如潮人,引领时尚、富有个性、思想超前的人。潮爆:入时到极点,不少报刊杂志在报导潮流消息时经常会用到,多指受时下年轻人追捧的事物。潮裂:与"潮爆"近似,"潮到裂开"之意。潮文:指一些在网上不断被散播,而又带有恶搞成分的文章。潮童:指一些打扮前卫,和盲目追赶潮流打扮的青少年。潮语:在这里并非指潮汕方言,而是年轻人流行用语。如"一生爱潮爆,你来自潮州"就是利用"潮"字恶搞出来的金句,与"潮"字不同,此句一般只用作反语。①

青少年总是喜欢折腾,追求新鲜感,彰显个性,追寻时尚,显示自己不同的生活方式,不一样的自拍照,不一样的呈现方式。在使用手机软件及客户端时,他们通常会喜欢那些非主流带着浓厚"潮"气息的个性化客户端。

一、异军突起的网络直播与网红

网络直播可以理解为"电视直播+移动端互动",是基于移动终端的信息实时发布与社交互动形式,它融合了互联网发展的移动化、视频化和社交化三大趋势。网络直播以社交为基础,满足碎片式、场景化、主题性的互动需求。

2016年是"中国网络直播元年",截至2016年12月,网络直播用户规模达到3.44亿,占网民总体的47.1%,较2016年6月增长1932万。全国在线直播平台超过了200家。预计到2020年,网络直播市场规模将达到600亿。

在直播内容方面,最受用户喜欢的是游戏直播,用户使用率半年来增长了3.5%,演唱会直播、体育直播和真人聊天秀直播的使用率相对稳定。而面临直播中存在的不良信息、色情诱导内容,国家也在2016年加大了监管力度。尽管国家的监管力度在不断增大,但网络直播的未来市场不可小

---

① 百度百科:潮,http://baike.baidu.com/subview/613034/11094369.htm。

觑。社交、视频平台及新闻咨询平台列入了直播频道；手机 QQ、微博、乐视、盛大、PPTV、陌陌等平台也相继开通或投资了网络直播业务；映客、斗鱼、花椒、一直播等已具有一定规模的网络直播平台也在 2016 年获得更多融资。

"网红"是指将网络作为成名原始渠道的人，即"网络红人"，是特定社会条件和人的心理因素共同作用下的产物。"网红"是当下热捧的流行词之一，并逐渐形成新传播时代年轻人自我表达和社会参与的一种独特符号。随着"两微一端"的应用越来越广，为"网红"提供了丰富多样的传播平台，各类"网红"不断涌现。和微博上的 KOL 和大 V 不同，网红的诞生更加草根，更加迅速，传播内容良莠不齐，而为什么红的原因也各有不同。

从 2015 年 11 月起，"网红"直播平台开始了"井喷式"发展，从"张大奕"到 2016 年第一网红"Papi 酱"，从"同道大叔"到"skm 破音"，从"天才小熊猫"到"香喷喷的小烤鸡"等，一夜之间冒出的"网红"让人应接不暇，各种网络视频层出不穷，"网红"的关注度也上升到顶峰。

有数据统计，每 20 名普通网民中就有 3 个关注"网红"。尤其很多年轻人认为"网红"是一件能"低投入无风险"实现名利双收的工作，人人都梦想成为"网红"，这也造成了"网红"基数的上升。[①] 在我国"网红"发展的近 10 年里，产生了各种"网红"类型：靠"雷照、雷语"走红的"芙蓉姐姐"和"凤姐"、走文化娱乐路线的王思聪、游戏竞技类"网红"、美颜装扮类"网红"、靠原创才艺搞笑的"Papi 酱"。

"网红"从最初的低俗化、同质化逐渐向个性化、原创化方向发展，包括段子手、新奇曝料、自黑搞笑视频等个性化内容，针对的人群主要集中在 90 后的年轻化群体中，各类身份的人群都试图尝试通过类似于酷狗直播、咸蛋超人的直播平台来开设自己的直播平台，对时事八卦自由言论，满足自身精神层面的需求。"网红"平台信息"输入"和"输出"

---

① http：//mp.weixin.qq.com/s?＿＿biz=MjM5MjA3MDk0MA%3D%3D&idx=2&mid=2653208000&sn=36dd1b66a9c5d233343b6ee5febfe1ce.

的流动性越高,这个社交媒体平台的"分享频率"和"分享欲望"就会越高,久而久之形成了"人人皆是网红""上头条"等"娱乐狂欢"现象。①

但是"网红"内容往往碎片化、浅层化、快速化,缺乏深度且没有形成系列,更无营养可言。部分"网红"甚至在巨大的利益驱使之下,为了吸引更多粉丝、获得更多利益,不惜迎合低俗趣味、挑战社会公德,这种现象既不利于自身形象的塑造,也会对社会产生负面影响。②

二、自媒体平台下身份差异化寻求的艺术

为了寻求身份的差异化,显示与别人的不同,青少年会选择符合自己身份的流行软件,《牛津英语简明词典》中表征(representation)意味着象征、代表,做标本,或替代。③ 笔者的问卷调查中对于有关青少年使用一款手机 APP 原因的陈述中,36.88% 的受访者也选择了"我会因为追赶潮流去尝试一款新的 APP,如 Nice、Instagram、豆瓣等"。

如为了显示自己与一般的网民身份不同,在使用新浪微博、微信工具时他们不会使用新浪研发的客户端,而会用"weico 客户端"或"随享 pro"。这两款 APP 的不同之处在于,它们最早使用了滤镜功能,用户在拍照之后马上可以美化,以及可以有一条微博发多张图片、拼图、加文字等功能。

---

① 速途网:《速途研究院:2016 上半年网红现象专题报告》,2016 年 7 月 13 日,http://mp.weixin.qq.com/s?__biz=MjM5MjA3MDk0MA%3D%3D&idx=2&mid=2653208000&sn=36dd1b66a9c5d233343b6ee5febfe1ce。

② 殷俊、张月月:《"网红"传播现象分析》,《新闻与传播》,2016 年第 9 期。

③ (英)斯图亚特·霍尔:《表征》,徐亮、陆新华译,商务出版社 2003 年版,第 16 页。

第三章 时尚与个性的狂热表达：青少年手机亚文化的风格解读

图 3-13 Weico 微博客户端手机截图

图 3-14 随享 Pro 新浪微博客户端手机截图

图 3-15　左:"weico 客户端",右:"随享 pro" 两者发微博的手机界面截图

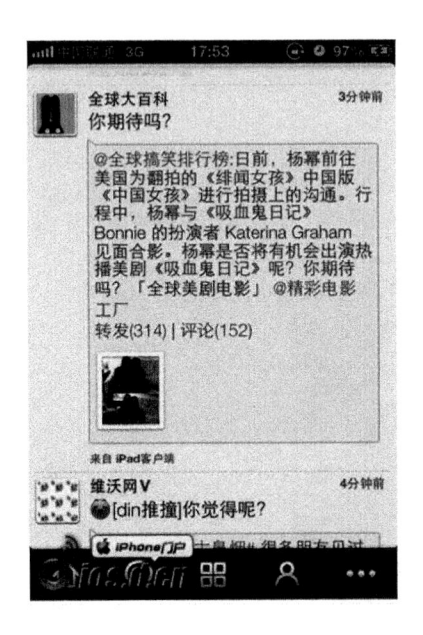

图 3-16　左:"weico 客户端",右:"随享 pro" 两者发微博的手机界面截图

使用不同的软件打开同一内容的同一页面,可以看到完全不同的两种风格。"Weico"排版清晰,界面最下面一行是功能菜单,向右滑动可以打

开分组，选择查看内容；在 weico 客户端，客户可依据兴趣看新闻或笑话，同时可根据心情选择多款个性鲜明的主题，满足了年轻时尚一族的口味。随享简洁干净，它需要用户向右滑来打开操作界面，整个界面除了顶部有名称显示，全屏显示给人一种很有阅读欲望的感觉。当用户查看微博网址链接的时候，它会主动告诉你这条链接被多少博友访问以及分享这种实用而又贴心的人性设计。①

三、从"凝视"到"看"

"好看"是视觉文化消费的价值判断标准。马斯洛"需求层次论"中所说的最低层次即生理层次的需求，这一生理层次需求就是力必多驱力下的需求。鲍德里亚说，身体是"最美的消费品"，从"凝视"到"看"的过程转变正是艺术审美向奇观消费的过程。

拉康曾说，大众有一种普遍的窥视别人影视的视觉快感，被称为"窥视癖"。窥视欲（Voyeurism）产生于本能，窥视行为作为"看"的最低层次需求，在弗洛伊德看来也是产生快感的途径，它不仅是创作的来源也是受众接受的最常见的本能心理反应。在西方的裸体绘画里，也充斥着这样的女性展示自己的身体，男性主动观看女性，女性被观看等待注目的关系。本能的欲望是人类创造力的源泉，也是人类娱乐活动的动力源泉。

观众喜爱看某类节目，是因为在本能欲望和深层次心理欲求方面得到了满足，这类节目能够满足人的本能欲望和深层次的心理欲求，即"窥视癖"的心理，这可以理解为一种好奇心，在生理上也在某种程度上满足了感官刺激的需要。无独有偶，受众对大量周围人的生活感兴趣，喜欢去了解和打探周围人的生活，这也可以看作是一种"窥视癖"的心理，看看自己的同学、同事、周围朋友的生活状态、生活细节和隐私空间，也可以满足极大的好奇心。

---

① iPhone 门户当乐网：杰文托夫斯基：《WeicoVS 随享，微博客户端之巅峰对决》，2012 年 10 月 31 日，http：//ios. d. cn/news/view-2809. html。

图 3-17　受访者使用"NICE"软件的手机截图

　　Nice 是一款全新的以"品牌滤镜"为核心功能的图片分享类社交应用。该款 APP 的广告词是：每天在睁开眼之后都应该对这个崭新的世界和自己说一句——It's Nice to be Nice！这就是 Nice 倡导的时尚生活态度："一个人的生活姿态会因为心态和阅历而大不相同，你可以吃豆浆油条，你也可以坐游艇吃法餐，你的生活可以不用太高端，但是必须 Nice。"①

　　与传统的图片社区不同的是，Nice 通过内置独特的品牌滤镜，来标记出图片中出现的品牌，向大家分享自己有品质的生活。分享过程十分简单，点击主界面最下方的相机图标，可直接拍摄照片也可以选取现有照片来处理。Nice 会不定期推出一些设计独特的贴纸和滤镜特效让用户随意添加。Nice 还开发了"点击照片，标记品牌"的用户体验，衣食住行每一个品牌都可以标记出来。在选择好品牌滤镜，标记好品牌之后，点击发布，自己的品牌滤镜照片就会出现在自己和别人的动态列表中。遇到欣赏你的人，他们便会毫不吝啬地给你的私人品牌照片点个赞。

---

　　① 《潮人必备品牌滤镜摄影社区，不高端但 nice！》，http：//news.tongbu.com/72084.html。

第三章 时尚与个性的狂热表达：青少年手机亚文化的风格解读

图 3-18 受访对象使用"Nice"软件的手机截图

分享者满足了自己的展示欲望，倾述欲望，"晒生活"的心理，关注者也通过看别人是怎么搭配衣服，别人都穿什么样品牌，别人都在走什么样的风格路线，来满足时尚窥视欲。在街头拍一张照片，从头到脚把照片里的人所穿的牌子全部标出，在他们看来是一件非常有趣的事情，如下图：

图 3-19 受访对象使用"Nice"软件的手机截图

四、"神器在手，难题不愁"：手机平台上的跑马圈地

如何更好地凝聚青少年，打造属于他们的社交圈和手机文化精神家园

是一个值得思考和探究的问题。对于青少年而言，每日在学校里的学习是他们的第一大要务，"作业帮"是百度知道推出的针对中小学作业题目的专业问答的一款软件，主要功能是问作业，问难题。如下图软件页面所示，横向分为"问作业""消息""学生圈""我的"四个设置，纵向分门别类，从小学、初一、初二、初三、高一、高二、高三都有对应的板块以及帖子。显然学生聚集地，手机文化圈，作业好帮手。

图 3-20 受访对象使用"作业帮"软件的手机截图

针对各个年级、各个学科的题目，都有专业的老师时刻在线进行一对一详细解答。作业帮开放科目包括语文、数学、生物、政治、历史、地理、英语、物理、化学；其中生物、政治、历史、地理从初一年级开始，物理从初二年级开始，化学从初三年级开始。作业帮 App 于 2014 年 3 月 19 日在 App Store 正式上线，提供二维码下载。

如图所示，在"问作业"板块中，你可以提出遇到的难题，请学霸解答，也可以扮演学霸的角色为其他同学解决难题。每位用户每天只有十次免费提问的机会。提问者可以对回答者追问，当遇到满意的解答时请给予

第三章 时尚与个性的狂热表达：青少年手机亚文化的风格解读

采纳以鼓励回答者。回答每次被采纳，回答者都会获得三点财富值的鼓励。

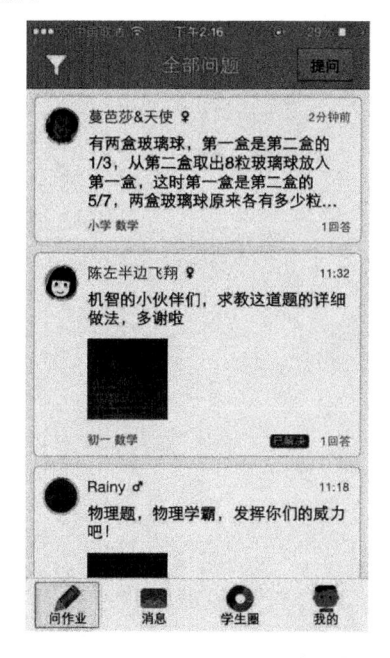

图 3-21　受访对象使用"作业帮"软件的手机截图

"作业帮"中的"学生圈"功能的设置主要是用来交友的，所谓的"给我一学霸，秒杀数理化"，但笔者感觉"学生圈"更类似于大学的BBS，在"学生圈"里，大家可以发表自己的心情，或者八卦一些学校里的奇闻异事等等。

笔者通过使用"学生圈"，看到各种话题的热帖。有发起兴趣爱好话题社交类的，有自恋扮萌的自我情感倾诉类，有娱乐测试游戏类，还有直接晒自己照片说想找对象的情感需求类。有打听兴趣爱好的，有自爆糗事的，有分享娱乐八卦好玩的好吃的有意思话题的，顿时感觉展开了初高中生青少年成长的世界，从各个维度剖析了他们内心世界的喜怒哀乐与语言方式，可谓五花八门，光怪陆离。

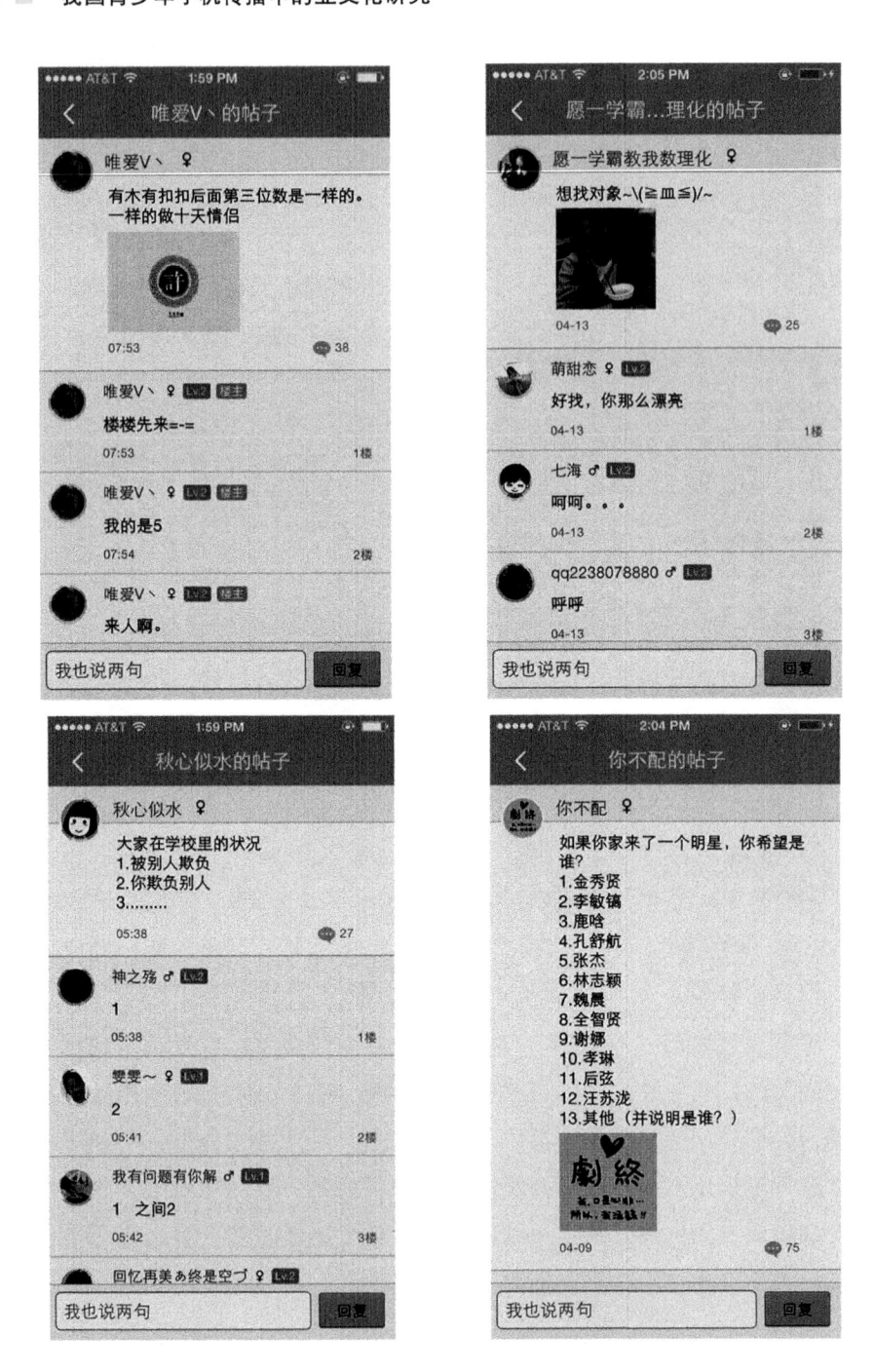

图 3-22 受访对象使用"作业帮"软件的手机截图

五、"潮"无止境：乱花渐欲迷人眼的 APP 及二次元文化

笔者调查问卷显示 58.13% 的受访者表示会因为自身需求而去使用新的 APP，如音乐雷达、照片保险柜、每日壁纸杂志、陌陌等。基于青少年用户需求的 APP 和移动客户端层出不穷，只要你能想到的，过不了多久就会得到实现。下面还有几款青少年青睐的 APP，功能更加个性私密话，满足了各路"潮人"的个性化需求。

音乐雷达（Shazam），当你在公共场所听到一首自己很喜欢的歌时，打开音乐雷达软件，让软件听几秒到十几秒钟时间，软件会立马出现这首歌的歌名。

照片保险柜，有些私照不想别人在用你手机的时候看见，可考虑放进照片保险柜，伪装密码和登录密码的双用户的模式，不同的密码不同的内容，人性化地考虑到了用户对隐私空间的需求和想要完美伪装的心理。此外，APP 使用 iCloud 云备份的功能，也能让用户的资料更安全。

每日壁纸杂志，这是 One Day 公司研发的一个 APP，每天推送几张质量很好的壁纸。壁纸有世界的风景画、有名人格言、有汽车美女，也有清新小萝莉和正太等，涉及各种风格，将这样的不同风格的壁纸，不同颜色的壁纸按照自己的心情和当天的状态进行切换，必然会有一定的市场需要，让人爱不释手，深受青少年受众的青睐。

图 3-23 "照片保险柜"软件的使用截图

随着互联网在青少年群体中的普及，网络文化娱乐在青少年日常生活中扮演的角色越来越重要，其中以具有架空世界观的小说、漫画、动画、游戏作为主要载体"二次元"网络文化在过去几年中通过各类互联网娱乐应用在青少年网民中快速渗透。

此外，二次元文化传播载体的覆盖范围十分巨大。数据显示，截至2015年12月，作为二次元文化传播载体的网络小说、视频、游戏的青少年用户规模分别达到1.3亿、2.2亿和1.9亿。由于二次元内容主要表现漫画、动画、游戏中的架空世界，因此其世界观、人生观与现实生活必然存在某些差异，而青少年网民的世界观和人生观大多处于形成期，如果过于沉迷二次元内容，则可能对现实生活产生不良影响。因此应注重二次元文化对青少年网民的影响问题，尽量确保内容的积极健康，同时对青少年网民的世界观形成进行正向引导。

第四节 "宅"文化：青少年指上的流动家园

莱文森曾做比喻，手机像细胞，"无论走到哪里，它都能够生成新的社会，新的可能，新的关系"。在过去，我们交友基本是靠面对面的形式，两个站着面对面地进行说话，但是随着互联网的出现，青少年学会了上QQ，上论坛，进网络聊天室，那都是基于电脑平台的交友方式。而如今，随着移动互联网的普及，手机等移动互联网终端的普及更是打开了指上交友的功能：以微信、陌陌、QQ、Whatsup、Facebook为代表的即时性、分享性、社交性的通信工具成为一个个青少年手机群族的"流动的家园"。

笔者的调查问卷显示，大部分受访者对社交软件都持喜爱并支持的态度：53.44%的受访者认为通过手机平台与朋友互动带给他们一种很享受的感觉；59.38%的受访者很关心朋友们对于自己发的个人动态有何反应；60.31%的受访者在对朋友们的动态进行回复时会顾及他们的感受；30.31%的受访者认同在手机社交软件中与朋友们互动经常让自己感到很投入；49.06%的受访者感到在使用手机社交软件时觉得时间不知不觉就过去了。

选项	小计	比例
A. 通过手机平台与朋友互动带给我一种很享受的感觉	171	53.44%
B. 我很关心朋友们对于我发的个人动态有何反应	190	59.38%
C. 我在对朋友们的动态进行回复时会顾及他们的感受	193	60.31%
D. 在手机社交软件中与朋友们互动经常让我感到很投入	97	30.31%
E. 我在使用手机社交软件时觉得时间不知不觉就过去了	157	49.06%
本题有效填写人次	320	

图 3-24 问卷受访青少年使用手机社交软件的感受

笔者认为，手机交友和电脑平台的互联网交友完全不同，手机交友是基于互联网交友的基础之上，更加利用和发挥了手机的地理位置定位、移动小巧贴身、时间上碎片化的优势。

一、流动的随时随地

基于地理位置的定位功能，交友可以发挥"就近原则"，寻找附近的人，且在同一时间段打开"附近的人"这一功能的人。以上两点基本条件已经很大程度上满足了成功交友的基本条件：（1）对方就在你附近，因为你和对方所处的地理位置的就近性，或许彼此会有相同的生活圈，这会给彼此的交流带来话题。（2）对方也抱有交友的欲望，否则对方不会打开搜索"附近的人"该功能。笔者使用微信，打开"附近的人"，可看到按照地理距离远近的附近的人清单，具体到公里数，并实时刷新，永远按照距离远近显示好友,用户还可按照性别进行筛选,只看男性资料,或者只看女性资料,如下微信截图。

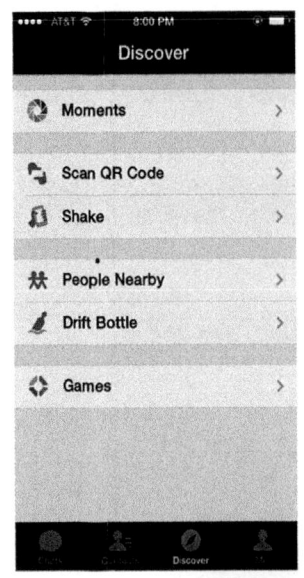

图 3-25 笔者使用微信"附近的人"交友功能手机截图

"陌陌"也同样如此,打开首页即完全按照地理位置的远近向用户显示周围好友信息,如下截图。此外,还会向用户推送附近的人的消息,

第三章 时尚与个性的狂热表达：青少年手机亚文化的风格解读

具体到他距离您的距离是多少 KM，对方上一次登录"陌陌"是在几分钟之前。"陌陌"更注重社交化的特征，通过设置"陌陌争霸""陌陌劲舞团""默默群组""陌陌吧"等，进一步细分且聚集了基于某一款游戏或线下活动的"陌陌"玩家。此外，陌陌团队还开发了更多吸引青少年的新功能，如发送 30 秒视频、给群组发一张图片、每人只能看 8 秒等。

图 3-26　笔者使用"陌陌"软件手机截图

二、小巧的人性化贴身

都说手机是人的手的延伸，是人的新器官，在交友现象中，手机的这一特征尤为明显。在过去，我们见到陌生人或许会通过招招手的方式，向对方微笑示好，如今有了手机，只需要打开微信，使用"摇一摇"功能，伴随着哗啦啦两声系统设置的摇一摇的声音，手机屏幕上立马刷新周围同时使用"摇一摇"功能的个人信息，其中也包括了好友距离你的距离。更直接的情况是，因为你使用了"摇一摇"功能，同时使用"摇一摇"功能的人能看到你的个人信息，对方立马对你发送加友邀请消息。从以往的招招手，到如今的"摇一摇"，笔者不禁感叹，手机真是的成了我们的新器官,同时也感叹微信设计者开发出这样简单快捷交友的方式。

除了"摇一摇",微信还有,"扫一扫",即每个微信账号都对应有一个迷宫一样的黑白小方块——"二维码",只要打开"扫一扫"功能,且扫描对方的二维码,立马可定位到该好友的信息,实现便捷的交友功能。除了加个人,通过"扫一扫"的方式,可加公共账号。

三、"碎片化"的见缝插针

基于手机的"碎片化"传播功能,"宅一族"的交友也见缝插针,无处不在。

曾有调查显示,基本上所有的手机用户都会在睡前的那一刻,以及第二天早上醒来的第一时间看手机,这显然已成为青少年逐渐养成的习惯。若不看手机,似乎就与世界失去了联系,被隔离在世界以外,被周围人所遗弃。看手机的目的大多不是检查是否有漏掉的电话或者短信,更多的情况如下:(1)最后查看一遍微信、微博、QQ、Facebook、邮箱,看看周围朋友的生活,检查自己之前发的内容是否收到了新的"赞",新的评论。再八卦上几句,来来回回评论互动,大半个小时已经过去。这一类主要是集中于使用手机的社交网络软件类的功能应用。(2)看新闻,学英语,看剧,听歌等咨询、娱乐、学习功能。这一类倾向于将手机作为贴身移动终端,满足咨询学习工具类应用类。笔者访谈显示,大部分青少年在睡前会使用手机,而早上醒来类似的行为会再现,似乎这种与睡眠相伴随的习惯,已经慢慢走出"碎片化",开始向比较完整的时间段发展。但其特点还是基于"碎片化",属于相对于睡眠行为下伴随的碎片行为。

访谈实例 3-2

(受访者:彭小姐,19岁,在校大学生)

笔者:晚上睡觉前您会玩儿手机吗?主要玩什么?大概花多长时间?

彭小姐:主要上QQ,也看看微博、微信,大概半小时到四十分钟左右,已经形成定式了,不看会儿手机心里就发慌得睡不着。我妈常常说我从"准备睡觉"到"真正入睡"之间有很长很长的时间,其实就是在玩儿手机，直到很困了才去睡。

访谈实例 3-3

（受访者：张小姐，15 岁，在校初中生）

笔者：晚上睡觉前您会玩儿手机吗？主要玩什么？大概花多长时间？

张小姐：肯定要玩儿啊。一般会刷一下微博、微信，随便看看，其实也没有非要跟谁聊天，就是习惯性地刷一下。或者进好友的 QQ 空间，看看好友近况，浏览完大概半小时。

访谈实例 3-4

（受访者：赵小姐，19 岁，在校大学生）

笔者：晚上睡觉前您会玩儿手机吗？主要玩什么？大概花多长时间？

赵小姐：会，看微博微信，或看下最新的新闻，然后打几次手机游戏，总共大概 1 到 2 个小时。具体我会玩儿腾讯在微博圈推荐的"天天酷跑""全名飞机大战""天天爱消除"之类的好友互动游戏，主要是因为可以和好友互动比较，有乐趣，因为有限制每天玩的次数（腾讯搞的是每天有几颗爱心，爱心用光了就不能玩了，只能等明天），让人有不甘心想要明天继续刷新纪录的欲望，且朋友一起玩比较亲切。另外我一般是从腾讯微信和微博上收到每天的新闻热点推荐和最新热门微博话题，我会选择性地点进去了解，如果看到感兴趣的我会专门从百度一类的搜索门户里面去看最新热点新闻。我用的是安卓的客户端，比较喜欢从网页版进入，因为感觉内容更全面画面感更好。

除了睡觉前，起床后的时间，其他"碎片化"时间还可做如下划分：（1）等人等车的时候，这种时候非常普遍，纯粹的等候时间是玩手机的名正言顺的时机，这个时候通常会看看微信，邮件，新闻等。（2）与自己无关的公共场合，这个时段可长可短，或许就是与人搭话的瞬间空白时间，或许就是在公共交通上的较长时间。既然周围的环境无法吸引你，或者让你想要逃离。（3）为了避免尴尬为了玩儿手机而玩儿手机的时间，要么是公共场合中，如聚餐吃饭，集体活动中，突然发现大家都在玩儿手机，为了避免尴尬,你也只好玩儿手机,至于玩儿什么软件,取决于自己。要么是两人单独相处,突然出现空白,找不到话题,两人都会拿起手机。

第五节 "迷"文化:生存体验中的狂欢与沉沦

基于手机网络生存的虚拟性、交互性、沉浸性和共享性等特征,带给青少年全新的生存体验和崭新的世界感受,网络化生存打破了传统主流社会中的谨慎、内敛的生活规范,迎合了青少年释放、青春、张扬的气息。在手机网络平台上,青少年得到空前的解放和愉悦,上演全新的生存体验带来的狂欢与沉沦。

麦克卢汉认为任何游戏像任何信息媒介一样,是个人或群体的延伸,是人内心生活的延伸。"我们之所以最喜欢那些模拟自己工作和社会生活场景的游戏,难道不是由于这个原因吗?游戏是像迪士尼乐园的一种人为的天堂,或者是一种乌托邦似的幻景,通过我们设计出的幻景,去满足和弥补日常生活我们无法去到的场景,满足我们的想象与需求,参与更加丰富的生活。

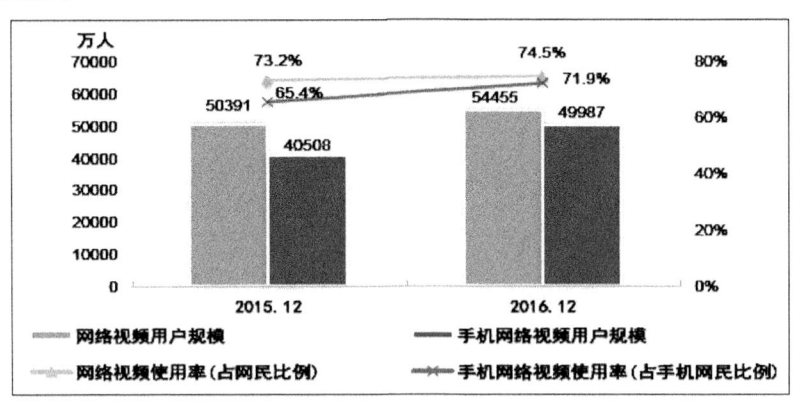

图3-27 2015.12—2016.12 网络游戏/手机网络游戏用户规模及使用率

据笔者调查问卷显示,43.75%的青少年受访者比较同意玩手机游戏是为了排解学习工作生活的压力;19.38%的受众认为在虚拟空间中能够实现自我角色,体验成就感;32.5%的受访者认为游戏本身很好玩且有趣;

40.94%的受访者玩游戏是为了打发时间；32.19%的受访者玩游戏是受到周围朋友同学影响。

表3-1 问卷受访青少年手机游戏使用原因

选项 题目	非常同意	比较同意	不太确定	比较 不同意	非常 不同意	（空）
A. 排泄学习工作生活的压力	101 (31.56%)	140 (43.75%)	36 (11.25%)	14 (4.38%)	6 (1.88%)	23 (7.19%)
B. 在虚拟空间中实现自我角色，体验成就感	48 (15%)	62 (19.38%)	78 (24.38%)	46 (14.38%)	32 (10%)	54 (16.88%)
C. 游戏本身很好玩且有趣	62 (19.38%)	104 (32.5%)	59 (18.44%)	34 (10.63%)	12 (3.75%)	49 (15.31%)
D. 打发时间	89 (27.81%)	131 (40.94%)	30 (9.38%)	21 (6.56%)	5 (1.56%)	44 (13.75%)
E. 受周围朋友同学影响	42 (13.13%)	103 (32.19%)	67 (20.94%)	30 (9.38%)	12 (3.75%)	66 (20.63%)

一、虚拟仪式的狂欢广场

作为一种特定的文化现象，仪式既是现实产生的模式，也是产生现实的模式，它不仅外在体现了一定的社会秩序与社会关系，而且也集中表征了一定时代人们的意识观念、思想情感等等。[①]

狭义的"仪式"主要是一个从宗教概念出发的人类学范畴，是指"那些具有高度形式性和非功利性目的的活动"（如发生在宗教崇拜过程中的正式活动，以及像节目、游行和问候等事件）。[②] 但从广义上看，任何人类行

[①] 吴晓群：《古代希腊意识文化研究》，上海社会科学院出版社2000年版，导言第1页。

[②] 黄平等主编：《社会学、人类学新词典》，吉林人民出版社2003年版，第191页。

为都有一种仪式的纬度，可以承载某种象征意义或是传达个体问候或社会地位信息。因此，"我们将所有由传统习俗发展而来、被人们普遍接受并按某种既定程序所进行的活动与行为都称为仪式"。① 并且随着仪式研究的领域从人类学延伸至其各个分支以及其他的人文社科领域，"仪式"的概念定义日益复杂，便捷范畴日益模糊，从宗教人类学、结构功能主义、文化阐释学、传播学等不同观点出发，都形成了自身体系的研究。②

电视机等大体积技术产品在家庭生活中充当了"社会整合"的作用。它们使家庭成员"一起"使用它们，"共同"消费它们，并通过这种"共同"消费而在或多或少的程度上加深了家庭成员之间的感情。在吃完晚饭之后全家人一起看电视，就是一种再生产家庭情感的社会仪式。③

手机平台每天都在上演着"狂欢的仪式"，网络虚拟社群指在网络媒体（包括全球咨询网、电子布告栏、电子邮件、新闻群组）中一群有共同兴趣，背景相同的人，因互动所凝聚成的团体。④ 在传统社会中，社群意味着一群具有共同地点（或某些范围的空间）、认同、特定规范、价值与文化实践的人，而且这种人通常人数很少，不足以彼此进行互动。⑤ 虚拟社区虽是社群，但不是实质意义上的社群，不会遵循实质社群的那种沟通和互动模式；但虚拟社群并非"不真实"，而是在不一样的现实层面上运作。⑥

俄国文学评论家巴赫金曾提出"狂欢节"和"广场理论"，指在狂欢节类似的场合中，人们犹如进入了一个狂欢的广场，摆脱现实生活中的等级制度、身份地位等限制。青少年摘下了现实生活中的真面具，带上了虚

---

① 黄平等主编：《社会学、人类学新词典》，吉林人民出版社2003年版，第191页。
② 刘燕：《后现代语境下的认同建构》，浙江大学博士论文，2007年，第151—154页。
③ 王宁：《消费的欲望》，南方日报出版社2005年版，第179—180页。
④ 陈东国主编：《传播媒介与生活》，台湾国立空中大学2005年版，第516页。
⑤ （英）丹尼斯·麦奎尔：《麦奎尔大众传播理论》，崔保国等译，清华大学出版社2006年版，第111页。
⑥ （美）曼纽尔·卡斯特：《网络社会的崛起》，夏铸九等译，社会科学文献出版社2003年版，第446页。

第三章 时尚与个性的狂热表达：青少年手机亚文化的风格解读

拟假面，或重新恢复到几乎原始的状态，追逐狂欢感受，尽情欢乐，每天上演着狂欢的盛宴。巴赫金认为这样的狂欢节日广场上，人们是全民地生活在其中，每一个人都没有可能躲避这样的狂欢，它是没有界限的，人们只能按照这样的规律去过狂欢的生活。巴赫金提出民间狂欢形式主要有三种：(1) 仪式化的奇观；(2) 喜剧式的语言作品，如模仿、倒装、亵渎、羞辱或喜剧式的加冕或废黜等；(3) 各种类型的粗言俚语，如脏话、发誓赌咒等、民间诗歌等等。①

而广场是一个开放平等的空间，人们在其中是平等的、自由的，彼此可以进行交流和对话。巴赫金认为，广场上的开怀大笑是一种"自由在笑"，显示了"人们从道德律令和本能欲望的紧张对峙中所获得的自由"。②从这种大众的欢乐中，我们可以嗅出狂欢的气息：在虚拟的手机网络平台上，基于互联网的匿名性，青少年可以不考虑对方的年龄、性别、种族、肤色、身份等在现实生活中无法回避的矛盾和摆脱不掉的限制，消除各种社会和物质上的表象的影响，从而自由平等地交流思想、表达感情、设计人生。不仅可以将自己在日常生活中的压抑的情绪宣泄出来，也能使自我得到充分的展示和挖掘，以大众狂欢的方式天马行空，任意东西，以各种身份出现，扮演不同的角色，尝试不一样的快乐生活。

如在"第二人生"游戏中，人们可以按照喜好虚拟进行约会、性爱、结婚、生子。人们完全不顾现实生活的种种限制，按照自己喜欢的身份、角色、职业和性格来塑造自己，选择交往对象，重新与人交往，一个现实生活中默默无闻的人在游戏中可能是一呼百应的将军，一个在现实中咄咄逼人的女强人或许是千娇百媚小鸟依人的小女生，尽情享受了在现实生活中得不到的快乐。

这是一种脱离了常规的"自由平等和富足的乌托邦王国的第二种生活形式"③。全民性参与，个体的平等，粗鄙、不登大雅之堂的言语与表达、

---

① 钱中文主编：《巴赫金全集》（第6卷），河北教育出版社1998年版，第5页。
② （俄）巴赫金：《拉伯雷研究》，河北教育出版社1998年版，第611页。
③ （俄）米哈伊尔·巴赫金：《巴赫金文选》，中国社会科学出版社1996年版，第104页。

行为与动作是狂欢文化的总体特色，诙谐与笑是狂欢文化的基本表现形态。在狂欢节的广场上，一切等级被废除，一切神圣、权威被"脱冕""降格"。所有的人都能够以一种随便又亲昵的平等、自由的关系参与进来，遵循着自由快乐原则，在普天同庆的欢庆活动中体验一种充满心灵的快乐和生活的激情的狂欢式生活[1]，这种"人民大众以诙谐的因素组成的第二种生活"[2]，进而发展成一种开放式结构。这是狂欢文化最具有超越性意义的地方，人们彼此之间更加亲密和接近，人们更加接近世界，世界也更加接近人，狂欢式世界感受正是从这种郑重其事的官腔中把人们解放出来。[3]

二、虚拟身份与后台角色："理想自我"的呈现

青少年通过对再生性文本的创造与呈现，实现了对自我的反思，以及与他人的互动，并且在与他人的互动和自我呈现的同时，获取他人对自身的评价，不断反观自我，完成对主体意识的建构和理想自我的想象。这种建立在新媒体虚拟空间上的，以青少年青春期风格为标签建立的自我和身份认同具有强烈的后现代特征：以新媒体空间为实践场域，建构起来的主体呈现出虚拟性、流动性、多重性、不确定性、去中心化、后台性、个性化等特征。

网络虚拟空间延伸了现实社会，开拓了新的人们社会化的场域，"社会化"是指"个人一生中在与他人以及社会的接触和互动中，形成个性，获得并履行社会行为规范以及社会角色，以不断适应和参与社会生活的过程"[4]。通过不同的手机平台，青少年在融入这个群体的过程中，展现自我，舒展个性，同时获得社会角色的认同，建立起个人主体性。手机平台的意义在于它突破了人际交流和大众传播在人的社会化过程中表现出来的

---

[1] 龚婷：《僭越与颠覆——狂欢化理论视野中的超级女声》，《安徽文学》，2008年第5期。

[2] 钱中文主编：《巴赫金全集》（第6卷），河北教育出版社1998年版，第8页。

[3] （俄）米哈伊尔·巴赫金：《陀思妥耶夫斯基诗学问题》，三联书店1988年版，第223—224页。

[4] 沙莲香：《社会心理学》，中国人民大学出版社1992年版，第360页。

第三章 时尚与个性的狂热表达:青少年手机亚文化的风格解读

局限性,更多地挖掘了青少年的个性,社会化的深度和广度。如"第二人生"等网络游戏,基于"模拟再现""虚拟真实"等技术,创造了一个突破时间、空间的互动场域。

手机平台正成为青少年进行社会化实践的一个重要的场域,青少年通过自我展演与互动构建起来的主体正是马克·波斯特所称的"新型个体"或"新型主体"。马克·波斯特认为,相对于播放型模式(如电视、广播等)占主导地位的"第一媒介时代"而言,以电子网络媒体为代表的"第二媒介时代"实现了"双向的去中心化交流","英特网和虚拟现实打开了新型互动的可能性",这种新型互动性在根本上改造着主体。①

这种虚拟的互动是以图片、影像、文字等一系列创造性的语言符号等为中介而在手机平台上展开的虚拟互动,这种主体是一种虚拟化的符号自我。青少年为自己设计的网络名字、头像、个性标签、发帖时附上的图片、个性签名、个性资料等,都是作为这个虚拟场域社交的个性化符号与面具;通过发言、关注、评论、转发使得这些虚拟互动深入展开,同时获取在该虚拟社区的等级与地位,从而建立虚拟的身份,获得在该社区的威望与其他社区成员的认可和崇拜,获得理想的身份与认同。这种虚拟化的互动呈现出的是一种去中心化的,极度碎片化的,多重化的特征。

手机平台青少年呈现出多元复杂的观点与行为特征,他们既是消费者,又是生产者;既是信息接受者,又是信息传播者;既是表演者,又是观看者,以此获得多元与不同的个体体验。"罗伯·杰·李夫登称之为无常;肯尼斯乔金将网络的多重面具描绘为饱和的自我;艾米莉·马丁则认为,弹性的自我具有有机体、人与组织的当代特性。"② 雪莉·特克将电脑称之为"第二个自我"(A second self),③ 雪莉认为人们能够通过移动互联网终端,将其变为中介,重新挖掘和发明自我,重新塑造新的认同与新

---

① (美)马克·波斯特:《第二媒介时代》,范静晔译,南京大学出版社 2001 年版,第 47 页。
② (美)雪莉·特克:《虚拟化身:网络时代的身份认同》,谭天等译,台湾源流出版 1998 年版,第 245 页。
③ Crispin Thurlow:《电脑中介传播:人际互动与网际网络》,谢光萍等译,台北韦伯文化国际出版有限公司 2006 年版,第 246 页。

的身份。

  1993 年 7 月 5 日的《纽约客》曾刊登过一幅著名的诙谐漫画《极端认同》：一只正在上网的狗，狡黠地笑着对蹲在一旁的另一同类得意地说道："On the internet, nobody knows you're a dog"（在线上，无人知晓你是一条狗）。这句话道出了网络为个体进行自我展现和身份认同所提供的无限可能性。手机平台的匿名、虚拟、平等、开放和多元化的特征，让青少年摆脱种族、肤色、性别、语言、年龄、外观、身份及地理等困扰，从固有的传统社会规则和社会认同中解放摆脱出来，获得平等开放的交往和互动的权利，充分展现日常生活中无法展现和暴露的一面，寻求个性化角色及身份的认同。同时也成功实现和塑造了他们所期待的自我及形象，弥补了内心的认可的欲望。

  在社会生活这个大舞台中，前台是个体在遵循社会的交往规则下，在遵循社会主流的秩序下，上演的角色"舞台表演"；而后台更多的是人们得到放松，追求个性与自由，充分发挥创造力和想象力，去做自己想做的事情，说想说的话，不用像前台一样正儿八经地表演。后台更多地体现为一种不被约束的自我释放，内心被压抑的自我也充分得到体现。

  如 C. 赖特·米尔斯所言，媒介带给了人们更多的可能性，如新的身份，新的渴望，新的潜能与创造。这些新的可能性打开了我们生活的方方面面，我们的喜怒哀乐与兴趣爱好，这些新的可能性确定了我们应该成为什么，或者我们应该喜欢变成什么样子。这些新的身份和渴望确定了我们应该喜欢成为什么，以及我们应该喜欢看起来是什么，在社会压力、传统习惯、外来文化、生活方式面前如何去保持个体的独立性和个性的要求。

三、青少年沉迷的精神家园

  手机游戏是以手机终端为平台，可以是一个人单独的单机游戏，也可以是多人同时参加，通过按照具体的游戏规则，进行闯关、竞技或升级，人与人之间的互动达到交流、娱乐和休闲目的的娱乐活动。娱乐是人们在社会生存与发展中的重要文化属性。作为提供娱乐的主要载体，游戏凭借其变化与互动的特点，让人们在模拟的体验中获得刺激和快感。PC 游戏带动了个人计算机的热卖，网络游戏的出现使得整个互联网产业再一次得到

第三章 时尚与个性的狂热表达：青少年手机亚文化的风格解读

飞跃。而在移动终端技术的催生下，手机游戏几乎复制了整个计算机游戏的发展历程。手机动漫也是手机新媒体内容形态之一。

"动漫"一词源自"动画"和"漫画"的缩写，随着现代传媒技术的发展，动漫已经从传统平面媒体延伸至电视媒体、网络媒体、手机，也产生了更为深层次的"二次元"文化。凭借手机终端便携性、私密性特点，手机动漫的诞生获得了大批青少年动漫的青睐，可爱的动漫形象、生动的表达方式也俘获了不少非动漫青少年手机用户。①

从内涵来说，手机游戏就是指运行在手机终端上的电子游戏。从外延来说，手机游戏的分类方式有很多。人们根据游戏的运行平台、游戏内容、游戏的接入方式、游戏的表现形态等不同的分类标准，进而多层次、多角度地认识手机游戏，寻求手机游戏创新发展的突破口。②

根据游戏的表现形态可将手机游戏分为文字类游戏和图形类游戏两种。根据游戏内容分类可分为动作类游戏、策略类游戏、角色扮演类游戏、模拟类游戏、冒险类游戏、解谜类游戏、体育类游戏等十余种，这些游戏大多源自于早期红白机游戏、PC游戏、街机游戏的内容。如果根据手机游戏是否需要或能够接入网络，可以将手机游戏分为单机游戏和网络游戏两种。根据游戏平台的不同，还可以将手机游戏分为JAVA、SIS、MGS、N-GAGE、BREW等。③ 当下几款比较受青少年喜爱的手机游戏如"捕鱼达人""天天酷跑""放开那三国""刀塔传奇""切水果"等。受欢迎的类型主要为动作类，卡牌类，策略类。如基于微信软件平台的"天天爱消除""天天酷跑"，"全民飞机大战"；基于苹果系统的"切水果""植物大战僵尸""愤怒的小鸟"；基于QQ即时通讯软件的"全民英雄""神魔之塔"等。

手机动漫是指采用交互式矢量图形技术制作多媒体动画内容，并通过

---

① 匡文波：《新媒体概论（第三版）》，中国人民大学出版社2012年版，第206页。
② 匡文波：《新媒体概论（第三版）》，中国人民大学出版社2012年版，第206页。
③ 匡文波：《新媒体概论（第三版）》，中国人民大学出版社2012年版，第208页。

移动互联网提供下载、播放、转发等功能的一种服务。① 手机动漫业务涵盖的种类非常丰富，主要有游戏产品、Flash、闪客杂志、手机动画短片、动画 MTV、手机动漫广告、彩信、屏保和其他漫画图片等。手机动漫业务面向 18 至 35 岁之间的成人用户群，其中涵盖学生、时尚青年和白领等。手机动漫一般在几分钟到几十分钟，符合手机屏幕较小，内存限制传输文件容量，不适宜播放大片、长片的特性。而手机动漫的传播者可以是业余的，受众也可以是传播者，因此手机动漫更像平民动漫，对于青少年来说是很好的一种娱乐方式。

游戏是人类的天性，关于游戏的历史由来已久。古希腊时期，人们通宵达旦地宴饮取乐，随时围绕某一话题开展辩驳争论进行语言游戏、戏剧表演，热烈地交换意见。在酒神狄俄尼索斯节日，人们会在傍晚烧起篝火，开怀畅饮，男欢女爱。在中国古人也同样具有游戏精神，煮茶博弈，听涛抚琴，对月吟诗，把酒言欢，方显文人雅趣。弯弓骑射，百步穿杨，金戈铁马，风驰电掣，方显武夫之乐，街头杂耍也是俗众游戏，可见游戏是人生中很重要的部分，获得放松愉悦的同时，也显示了生活的价值和意义。

手机游戏受到了越来越多的青少年的喜爱，玩手机游戏已成为手机应用的重要内容，发展势头迅猛，发展速度快，影响范围广，并对青少年价值观念和生活方式等方面产生巨大影响。其间不乏有意思的青少年亚文化现象，值得我们分析。曾有媒体采访报道，青少年主要沉迷于三类游戏：一类是角色扮演型，比如魔兽世界，这样的人在现实中性格都比较内向，柔弱，所以他们在虚拟游戏中就会选择扮演国王、法师、王子。还有一批孩子在现实中多动，冲动，脾气不好，就会玩竞技类游戏，譬如说 CS、英雄联盟。第三种是纯粹的社交型游戏，主要是女孩子玩的，比如找个异性在聊天室聊天，玩社交网站等等。在网络游戏中，绚丽的场景、多变的情节、多线式的结果，让玩家充满好奇与挑战，得到充分的狂欢体验。

当一个青少年在现实中达不到什么，就很容易去网上寻求现实中所缺乏的实现感、英雄感、满足感、成就感。设想一个青少年，如果他在网络

---

① 匡文波：《新媒体概论（第三版）》，中国人民大学出版社 2012 年版，第 214 页。

第三章 时尚与个性的狂热表达：青少年手机亚文化的风格解读

游戏中玩得很开心，回到现实以后就又回到了自卑，这样就开始变得很烦躁，逐渐形成一种"玩开心——不玩不开心"的心理状态。手机游戏越发得到青少年的喜爱，逐渐形成"迷"文化。

据笔者采访相关人士得到，一般手机游戏开发机构都将手机游戏受众定义为18周岁到40周岁之间的成年。因为青少年没有付费能力，所以不会成为目标用户。唯一的区分可能是，青少年更倾向于卡通风格的游戏，成年人更倾向于写实风格的游戏。如下图中，笔者采访到的cocos2d-x推出的小鳄鱼爱洗澡的喜羊羊版本，设计之初是用喜羊羊的IP来迎合青少年的。

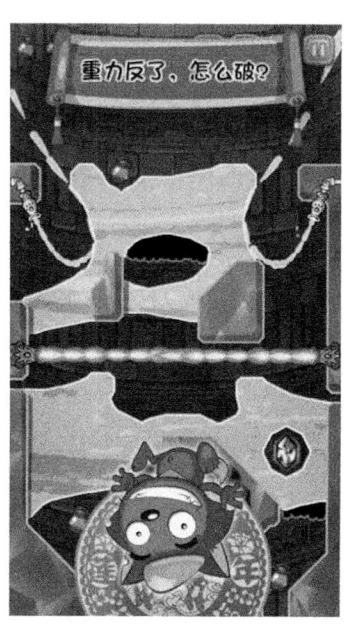

图3-28 《小鳄鱼爱洗澡》的喜羊羊版本手机游戏截图

针对青少年手机游戏群族的消费等情况，笔者深度采访了cocos2d-x手机游戏引擎的成都地区市场技术推广负责人杨先生。目前约70%的手游基于cocos2d-x进行开发；世界占有率约为30%，仅次于unity3d引擎，为世界第二大手机游戏引擎。他认为手游最大的特点就是碎片化，这也是手游爱好者的基本特征，因此"低头族"也就成了这一族群的特质。

访谈实例 3-5

（受访者：杨先生，25 岁，cocos2d-x 手机游戏引擎技术推广负责人）

笔者：青少年手游爱好者有什么样的身份特征？

杨先生：手游的最大特点是碎片式，即占用我们的碎片时间，根据日本游戏产业报告来看，手游付费高峰期为上下班时间，日本人在上下班时间花费最长，由此看出手游爱好者的特征是碎片时间多。

笔者：手游族群在玩手游的时候有何行为特征？比如在游戏过程中结识朋友？形成紧密的盟友关系？

杨先生：手游爱好者并不会在游戏中结识朋友，目前成功的游戏都属于"弱社交"范畴，也就是不会认识的朋友一起（同时上线）游戏，时间上是错开的。比如欧美流行的《clash of clans》。

笔者：在您来看，手游族群有无形成自己的特色文化？

杨先生：低头族算不算？这已经成为一个比较普遍的认知了。上个月我在路上边低头玩儿手游边走路，结果有个人力三轮车从后头擦身而过。三轮车师傅回过头来看了我一眼说"低头族，走路还是要看路！"我当时非常惊讶，连三轮车师傅也知道"低头族"。所以你看，"低头族"这个词都已经非常普及和被认可了，说明已经形成了以低头为标志的特色文化。

笔者：基于手机平台的游戏与基于互联网及传统街机相比较，差别在哪里？更吸引青少年的地方是哪里？

杨先生：手游对我最大的吸引是时间的碎片和空间的自由，anytime 和 anywhere，玩手游不用固定在某个地点（比如电脑前），时间也可以很随意，任何时间都可以玩儿手游，所以最初手机游戏被称为"厕所神器"。

笔者：您的受众客户或同事，对手游的偏好？

杨先生：吴静，喜欢 clash of clans，每场游戏只需要 5 分钟，一切闲暇时间都可以用来玩。

笔者：您公司（或您团队）目前正在做的这款游戏是怎样的一款游戏？当初在设计的时候有何考虑，尤其是在迎合青少年受众喜好方面有何设计考虑？

杨先生：小鳄鱼爱洗澡的喜羊羊版本，设计之初是用喜羊羊的 IP 来迎

第三章 时尚与个性的狂热表达：青少年手机亚文化的风格解读

合青少年的。

笔者：受众对于您这款游戏有何反馈？在使用表现上有何特征？

杨先生：目前裂变式推广的手游我见过的只有疯狂猜歌和疯狂猜图，利用微信做病毒营销，不过后来慢慢也就淡了。手游不会形成拉帮结派的情况，都是小规模、碎片式发展。

笔者：作为一个手游设计员，您在设计一款手游时，如何更好地去迎合青少年受众的喜好？换言之，青少年在选择一款自己喜欢的手游时，通常哪些因素会吸引他们？

杨先生：一般会购买当下流行漫画的IP改编成游戏。例如日本动漫里的海贼王啊、火影忍者啊之类的，国内可能喜羊羊比较多吧。

第二位采访的手机游戏设计者认为，手机游戏的爱好者玩游戏多是为了排解学习工作生活的压力，在虚拟空间中找到自己的成就感和存在感。而基于随身性、碎片的特征，手机游戏使用起来更加私人，更全天候。而当下时髦的《全民英雄》《神魔之塔》等卡牌动作类游戏，设计上考虑到更爽快的打击感，精美的美术风格，动感的潮流音乐，这些都比较适合青少年的胃口。

访谈实例 3-6

（受访者：韩先生，30岁，手机游戏设计者）

笔者：手游爱好者有什么样的身份特征？

韩先生：分布广泛，12—30岁，覆盖从初中生到白领，洗头工到投行经理的各种职业。玩游戏是排解学习工作生活中的压力，在虚拟空间中找到自己的成就感和存在感。成就感：在网络的世界里有权有钱有女人；存在感：在网络里，只要多花时间和钱，必然可以有一定地位。

笔者：手游族群在玩手游的时候有何行为特征？比如在游戏过程中结识朋友？比如线下勾兑？

韩先生：主要有控制游戏中的角色来升级，通关，以及和其他玩家的角色PK，并组织帮会来进行团队PK。在游戏中结交的朋友，有可能发展到用微信等APP来通信，甚至到线下聚会。如《逆转三国》中，玩家控制刘备、关羽、张飞，一路发展实力和壮大队伍。

笔者：手游族群在玩手游的时候有何言语特征？

韩先生：跟网络语言一样，追求精辟、潮流，基本上，网络上的最新语言手游语言里都有。同时手游语言里的一些词汇也会渗透进网络。当然也有吐槽和脏话，如"呵呵""脑残""傻x"等，这些词汇比较常见。

笔者：在您来看，手游族群有无形成自己的特色文化？

韩先生：当然有。因为在虚拟空间中，玩家有归属感，他们在游戏里可以有钱、有权、有朋友，还有可以接近的女神，所以更容易在现实生活的困难前避让，形成他们独特的文化氛围。

笔者：基于手机平台的游戏与基于互联网及传统街机相比较，差别在哪里？更吸引青少年的地方是哪里？

韩先生：手游更便捷、更私人、更全天候，覆盖面更广。

笔者：请举几个您受众客户或同事喜欢手游的案例？为什么喜欢？

韩先生：renkai，程序员，23岁，《全民英雄》，游戏中的打击感，以及对英雄的组合和进化；Yanlong，美术，27岁，《神魔之塔》，游戏的策略性，以及对英雄的组合和进化。

笔者：您公司（或您团队）目前正在做的这款游戏是怎样的一款游戏？您当初在设计上在迎合青少年受众喜好方面有何设计考虑？

韩先生：正在开发一款卡牌动作类游戏。设计上考虑到更爽快的打击感，更动感的美术风格和音乐，这些都比较适合青少年的胃口。

笔者：据您了解，有无一款成功的游戏个案？这款游戏在设计上是如何吸引青少年群体的？

韩先生：QQ的《全民英雄》《神魔之塔》。如《神魔之塔》的卖点就是畅快的打击感，精美的画面，炫酷的特效，动感的音乐，以及经典的卡片收集玩法。

笔者：作为一个手游设计员，在设计一款手游时，如何更好地去迎合青少年受众的喜好？换言之，青少年在选择一款自己喜欢的手游时，通常哪些因素会吸引他们？

韩先生：玩法上更新颖，美术上更精美，音乐上更动感。

第四章　从文化消费到文化生产力：青少年手机亚文化的生产研究

在《消费文化与后现代主义》一书中，费瑟斯通曾指出，我们已进入了一个文化与消费两者都在社会组织内起着更为关键作用的新阶段，消费文化是时代的产物，不同群体所处的时代受到不同消费文化的影响，不同群体在消费行为上也体现着差异。[①] 布尔迪厄（P. Bourdieu）把消费文化看作用于连接主观存在与社会结构，联结符号体系与社会空间的重要桥梁，是具体的社会实践。

我国的青少年群体刚好出生在我国社会经济转变的历史时代，从"短缺经济"向"相对过剩"过渡的时代。作为家里的"独生子女"相对以前的人们来说物质基础基本得到满足，生活相对充裕，传统的勤俭节约消费观念已经不能够完全代表当代的青年群体。他们热衷于美食休闲、明星崇拜、名牌情结、同龄攀比等，消费观念也与上一代不同，青少年群体成为受消费文化影响比较大的一代。他们更注重感官、审美、时尚与个性化，更容易被广告吸引，更容易被广告商上宣传的光怪陆离的世界所吸引及影响，同一个群体之间体现出不同程度的攀比性、自我性、不稳定性等特点。

"互联网＋"相关政策的支持，促进了网络购物的快速发展，带动了其他行业升级转型。2015 年 3 月，政府在工作报告中提出"互联网＋"概念，旨在通过互联网带动传统产业发展，而网络购物作为"互联网＋"切

[①] 邱韵：《消费文化影响下的群体手机使用情况分析》，四川社会科学院硕士毕业论文。

入口，能够带动传统零售、物流快递、交通、生产制造等其他行业升级转型。随后，商务部发布的《"互联网+流通"行动计划》，进一步明确了网络购物与其他产业深度融合、转型升级的任务部署。①

在笔者的问卷调查中，有81.56%的青少年受访者表示会从 App Store（苹果应用商店）或 Android Market（安卓应用商店）下载并使用 APP 手机软件，其中57.5%的受访者每月手机付费项目花费占其总体生活开支的5%以内，29.06%的受访者每月手机付费项目占总体生活开支的5%—10%。

据笔者调查问卷显示，44.69%的受访青少年比较同意手机帮助他们获取了更多的消费资讯；22.81%的受访青少年认为手机培养了他们的消费习惯；27.81%的受访青少年认为手机促进了他们更多的消费行为。

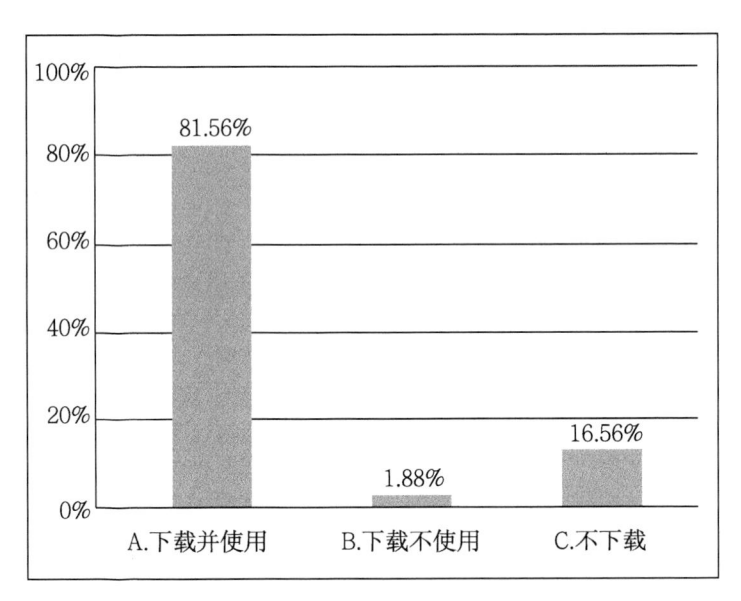

图4-1 问卷受访青少年下载并使用 APP 手机软件的情况

---

① 中国互联网信息中心：《互联网发展状况统计报告（2015年7月）》，2015年7月。

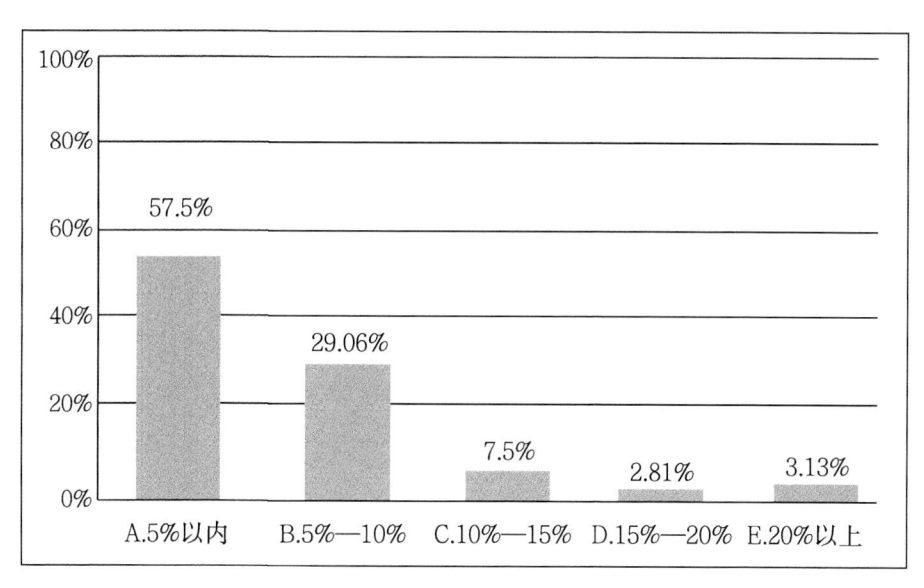

第四章 从文化消费到文化生产力：青少年手机亚文化的生产研究

图 4-2 问卷受访青少年每月手机付费项目花费占总体生活开支的百分比

表 4-1 问卷中手机对青少年个人消费影响的认知陈述

选项 题目	非常同意	比较同意	不太确定	比较不同意	非常不同意	（空）
A. 手机帮助我获取了更多的消费资讯	94 （29.38%）	143 （44.69%）	37 （11.56%）	20 （6.25%）	3 （0.94%）	23 （7.19%）
B. 手机培养了我的消费习惯	47 （14.69%）	73 （22.81%）	78 （24.38%）	58 （18.13%）	10 （3.13%）	54 （16.88%）
C. 手机促进了我更多的消费行为	65 （20.31%）	89 （27.81%）	55 （17.19%）	46 （14.38%）	17 （5.31%）	48 （15%）

青少年群体受后现代消费文化影响较多，青少年手机亚文化的形成与消费文化互生互构，从文化消费到生产实践，青少年手机亚文化究竟是如何产生的？生产维度和生产模式分别是怎样的？

第一节　青少年手机消费文化的特质

消费文化指影响人类消费行为的文化，以及消费领域中的文化存在形式，消费文化是物质文化和精神文化的总和；也是人们对消费在观念上的反映，是人们在具体的实践中对消费行为的特征和理解观点的总和。而高科技产品的手机，目前已经远远拓展了最初的通信工具这一功能，更多的表现为移动终端的特征，屏幕越做越大，速度越来越高，更加高清晰，更加智能。基于技术发展下的手机升级换代的速度越来越快，年轻人在选择一款手机的时候，选择和体现出的不仅仅是一部手机的使用，而更多是体现了基于消费主义背后的消费特征，以及消费特征背后的符号象征和消费文化的体现。

一、炫耀消费

经济快速增长的中国被认为是最具潜力的奢侈品消费大国，奢侈的动机不在于追求稀罕之物本身，而在于炫耀财富造就的社会印象。炫耀也已经成为许多国人消费行为的重要动机。[①]

以"果粉"为例，对于"果粉"群族而言，使用苹果对他们而言是追求"唯我独尊"的身份认同。"果粉"一词经国家语言资源监测与研究中心等机构专家审定入选2010年年度新词语，并收录到《中国语言生活状况报告》中。"果粉"指苹果公司数码产品的狂热爱好者。一旦苹果公司发布某种产品即将上市，"果粉"一定会知道；如果你要是了解苹果的功能，"果粉"一定耳熟能详。[②]《纽约时报》将苹果的总市值超越微软视为美国科技界和商界10年来最重大的事件。"果粉"族现象为我们展开了一幅手机消费与身份认同，消费主义与青少年手机亚文化互构的景观。

---

① （法）孟德斯鸠：《波斯人信札》，罗大冈译，人民文学出版社1984年版，第183页。
② 徐永忠：《手握 iPhone4 的感觉》，http://blog.qq.com/qzone/627098922/1299933472.htm，2011年3月21日。

第四章 从文化消费到文化生产力：青少年手机亚文化的生产研究

人见人爱的外形，够硬的品牌，不菲的价格，这三点足够让拥有iPhone的潮男潮女享受普通人"异样"的眼神。对于每次苹果新产品全球发布通宵排队购买的狂热"果粉"一族而言，选择苹果这个品牌的手机，对于他们来说意味着时尚、新锐，甚至是"极客一族"的象征。正如乔布斯帮主广告词所描述的那样："全球科技含量最高的产品不在你的桌上，而在你的手中。"拥有了苹果手机，身份也"唯我独尊"了。

访谈实例 4-1

（受访者：韩先生，26岁，公司职员，果粉一枚）

笔者：你是怎么开始慢慢成为一名"果粉"的？苹果品牌对你的吸引力在哪里？

韩先生：我看中它极简的设计、贴心的功能，以及高大上的品牌文化。最初看到别人用的时候觉得设计真好看，萌生了买来用用的念头；后来自己用的时候觉得确实好用，就越来越忠实了。到现在，每次苹果有新产品出来，我都会很期待。

虽然现在乔帮主不在了，但毕竟苹果公司技术底子在那里，做出来的东西肯定也不会差。

访谈实例 4-2

（受访者：齐先生，20岁，公司职员，果粉一枚）

笔者：你是怎么开始慢慢成为一名"果粉"的？苹果品牌对你的吸引力在哪里？

齐先生：我觉得作为我个人回答这个问题，需要梳理一下我认识苹果这个公司，购买使用苹果产品的过程，我觉得在过程之中会有答案。我是先知道苹果的产品，再知道苹果公司的。起因是在2007年，我看一本书，叫作《墨迹》，是凤凰卫视的主播曾子墨的自传，里面有个小细节，说她的男友去美国给她带回一个iPod，作为圣诞节礼物，她非常欣喜。就这个小小的细节，我记住了iPod这种貌似很高档的音乐播放器。后来断断续续有一些认识，但是都不深刻，真正让我想去买Apple的东西是因为我的一个朋友，她在上海读书，放假回来，带回来一个 iPod touch，感觉特别漂亮特别洋气，当时就觉得想拥有一个，就开始在网上查关于 iPod touch 的价格，这才知道苹果公司。知道 iPod 分为 shuffle、classic 、touch 和 nano，知道苹果还生产手机，当时是 iPhone 3Gs（就是最老那款），知道还生产电脑。了解了各种产品过后，我第一件入手的苹果产品是 shuffle。

笔者：当时购买它的动机是什么？

齐先生：一是觉得音质很好。二是有小小的虚荣，觉得我也有 iPod 了。三是一个小夹子音乐播放器，携带方便，运动赶车什么都能听，感觉很酷。而现在想想动机，我会觉得当时的产品制作广告宣传视频也影响了我，我身边很多喜欢苹果的人都会这样说，看了苹果的新品广告，会觉得生活原来可以这么方便和美好。

使用 shuffle，必须使用 iTunes，那时是 2009 年，使用 iTunes 的人并不多，会觉得自己有优越感。其次 iTunes 上面会把歌曲按专辑或者曲风来排列，我很喜欢这个功能。还要说一个很重要的是 App Store，买了 shuffle，虽不能在 App Store 里面下东西，当时进去逛了几次，都会对那一个个软件心驰向往，这个是一个原动力让我继续买 iPod touch。买 touch 的时候 iPhone4 刚上市，市场好评可以用爆炸来形容，因为当时是学生，并没有那么多钱买 iPhone，就打个擦边球，买了 touch。因为学校覆盖 Wi-Fi，所以 touch 除了不能打电话外，其余功能和 iPhone 一样，真正成为果粉就是这个时候。感觉苹果首先是外观简洁大方美观，貌似乔布斯对美学很有研究，iPhone 的设计融入了他的美学观。其次从 iPhone4 开始，苹果的产品就有了 FaceTime 功能，这个功能我不经常用，但是不得不提它给了你一种科技上的优越感，藐视其余手机的功能。

我个人认为新浪微博的发展也大大促进了 Apple 在中国的传播。很多明星在微博上玩，他们的粉丝应该遍布中国所有的角落，明星发微博下面的来自 iPhone 客服端，大大增强了对苹果的宣传。并且很多明星自拍都会照出那个苹果标示，大大地给苹果做了宣传。类似情况也有手机 QQ 的"来自 iPhone"。

还想说一点就是 App Store 里面的软件，真的是应有尽有，只有想不到的，没有你找不到的，像 Instagram 这样的软件，刚开始也是 Apple 独享

第四章　从文化消费到文化生产力：青少年手机亚文化的生产研究

的，过了好久才在安卓系统出现。还有很多开发商首次软件开放都会选择 ios 系统，App Store 的成功也是我成为果粉的一个重要原因。

就在这个时候，有个新闻其实也大大地宣传了苹果，就是某市的一个年轻小伙子，卖肾买 iPhone，这个段子把 iPhone 和卖肾联系在一起，卖肾买 iPhone，加大了对 iPhone 的宣传。

笔者：你怎么看待果粉极端追求苹果产品的行为？如通宵排队，如持续购买所有的苹果产品，这是一种什么心理？

齐先生：我觉得 iPhone4 的时候是最多果粉横空出世的时候。到了 iPhone4s，技术上面的革新是 iCloud，它让手机、平板和电脑完成了无数据线联系。手机上的照片、短信以及文件可以同步到平板或者电脑里面，这种独有的技术为果粉一直追求使用苹果的产品提供了条件，太独有性，不兼容其他公司的产品，一家为大是成为果粉的充分条件。iPhone5 变大了，iPhone5s 增加了指纹的功能，感觉都是人性化的设计。其实 iPhone 还传递一种价值，就是把 iPhone 拿来装面子，能不能买上 iPhone，和有没有钱，炫富之类的词语在 iPhone4 刚出来的时候特别明显，那个时候 iPhone 像是一个身份的象征，这也是有一部分果粉的心态。

通宵排队什么的可以理解为极端的喜爱，对于每个人来说，喜爱的东西会不同，而对于 iPhone，大家的意见都是一样的，这肯定是 iPhone 迎合了大家的共识。iPhone4 出来的时候带来了手机市场的革命性变化，因为绝大多数果粉就是这个时候上瘾的，一直买 Apple 的东西，养成了使用惰性，也懒得换了。

除了手机以外，频繁换机、换壳、换彩铃、换界面、换屏保和手机吊链，这都是不同的方式来炫耀他们的独特风格和品味。单纯以手机吊链为例，就细数出很多商机，如世界一线的品牌 Dunhill、Louis Vuitton、Parada、Bally、Gucci 纷纷推出手机吊饰，且配合动容的广告词与宣传理念，深入人心。Dunhill 声称："展现一种独到的气质，即使是手机吊饰，一样彰显你的创意与品味。"Parada："展现创意与低调的摩登品味。"Bally："汇集经典与时髦于一身。"Gucci："即使是一块小小的手机吊饰，也要展现不同凡响的品味。"小小的手机吊饰仿佛能传递出一线品牌奢华的气息。

对于消费的转向，英国社会学研究的重要代表人物之一西莉亚·卢瑞认为，人们对物品本身的审美和需求消费成为当今的主流，越发丰富和包装精美的消费品不仅极大满足了人们的需求，且刺激了更多消费者的消费欲望，激发了消费者的消费潜能，使得消费行为本身发生了变化：消费者本身购买并不是为了消费品的使用价值，而更多的是为了寻求消费品的审美价值，以及消费品背后所代表的符号意义，凸显象征消费者身份和地位的符号。

"认同乃关于隶属（Belonging），即关于你和一些人有何共同之处，以及你和他者（Others）有何区别之处。从它的最基本处来说，认同给你一种个人的所在感，给你的个体性（Individuality）以稳固的核心。认同也是有关于你的社会关系，你与他者的复杂牵连。"[1] 应该特别指出的是，在消费社会，从某种意义上说，传统的"根据获得有价值物的方式来决定人们在社会位置中的群体等级或类属"[2] 的社会阶层分类模式被打破，社会群体认同更多地是指对用生活方式划分的族群的认同。

二、符号化消费

产品编码成为符号象征：你拥有的物，代言着你是谁，这是商业社会的逻辑。当商品社会进化为景观社会，形象在消费社会与视觉文化合谋之下获得了霸权地位，消费者便转变为观者。"消费不仅是物质性的消耗，在景象的社会中，更是一种对景象的符号价值的占有。"[3]

手机形状、手机外壳与手机吊饰、显示屏图案、背景颜色、问候语乃至手机携带的方式都可以看成手机使用者身体的延伸，在一定程度上形成机主自我形象和人格的外化。大多数消费者现在通过表现与众不同来体现

---

[1] Weeks Feffrey. The Value of Difference, In Identity: Community, Culture, Difference, ed. By Jonathan Rutherford. London: Lawrence & Ishart, 1998.

[2] （美）戴维·博普诺:《社会学》（第十版），中国人民大学出版社1999年版，第238页。

[3] 周宪:《视觉文化与消费社会》，《福建论坛（人文社会科学版）》，2001年第2期。

第四章　从文化消费到文化生产力：青少年手机亚文化的生产研究

个性，而不是传统的那种模仿与身份相配的行为的方式来表现。① 消费社会里，物品和广告系统，作为社会地位的编码，在历史上第一次成为普遍的符号和解释系统，成为占据统治地位的、对人们的地位和身份加以区分和辨认的符号系统。②

（一）身份标识和群体认同

在社会中每一个个体都拥有自己的社会角色期待和自我的生活地位，如何去认同和表现这样的社会角色期待和生活地位，通过什么样的渠道和途径去实现这样的角色和地位，使之获得认同？消费品无疑是体现角色和地位的途径之一。消费符号成为当今时代的"社会识别系统"，替代了过去的传统的个人识别系统，也成为当今消费社会的特征和时代的进步。人们越发依赖消费品来表达和塑造形象，消费的符号功能也越发受到人们的重视。当能够通过消费能力来显示一个人的财富并显示出自身的社会价值时，消费文化就具有了社会分层意义。因为"消费文化诚如它一贯的承诺，能更明显地养成人们的个性与他人的差异"③。而且齐格蒙特·鲍曼认为："后现代消费社会是一个阶层化的社会，消费者社会的'上层'与'下层'的划分范畴是消费者'流动程度'，即选择何处去的自由度。"④

如腾讯 QQ 基本是和当下青少年一代共同成长起来的，笔者的 Q 龄已经有 13 年之久。在原始的普通 QQ 业务基础上，腾讯就开发了现实尊贵身份需要额外付费的 QQ 会员、超级会员等业务。

QQ 会员的收费是 3 个月 30 元，一年 118 元。一旦激活了 QQ 会员，就能享受 76 项特权，如"皇冠提醒"：会员和超级会员发送的消息享有皇冠提醒特权，在你 QQ 头像的右上角有一顶象征尊贵身份的皇冠。"个性名片"：会员用户享有资料卡设置个性名片特权，QQ 会员可设置 VIP 专属个

---

① （英）弗兰克·莫特：《消费文化——20 世纪后期英国男性气质和社会空间》，余宁平译，南京大学出版社 2001 年版，第 118 页。
② 王宁：《消费社会学：一个分析的视角》，社会科学文献出版社 2001 年版。
③ （美）费瑟斯通：《消费文化与后现代主义》，刘精明译，译林出版社 2000 年版，第 87 页。
④ （英）齐格蒙特·鲍曼：《全球化——人类的后果》，郭国良等译，商务印书馆 2001 年版，第 83 页。

性名片，超级会员可设置全场个性名片，彰显自我，尊贵无限。非会员用户点击"开通会员"，成功开通后即可设置 VIP 专属个性名片。"长语音"：普通的 QQ 用户时长不能超过 60 秒，而 QQ 会员支持发送 3 分钟以内的语言消息，超级会员支持发送 5 分钟以内的语音消息。"等级加速"：面向 QQ 会员和超级会员，可享受等级加速的成长特权。QQ 会员可享受 2 倍加速，超级会员最高享受 2.5 倍加速。其他还有诸如创建 QQ 群（可创建 4 个

图 4-3 手机 QQ 会员、超级会员特权业务介绍的截图

第四章 从文化消费到文化生产力：青少年手机亚文化的生产研究

普通群，开通会员可创建或升级高级群）、好友上限提升（提升至 900 人，开通会员可提升至 2000 人）、离线下载使用礼包、QQ 秀礼包、QQ 截图滤镜、超级表情（开通会员可尊享全部超级表情）、炫彩字（开通会员可尊享全部炫彩字）、魔法表情（开通会员可尊享全部魔法表情）、上传自定义头像、聊天助手（SOSO 特色签名一键同步至 QQ）等。①

（二）生活方式的选择

产品变成了一种生活方式，一种符号的象征。在人们消费令人着迷的媒介文化产品的过程中，产品起着思想灌输和操纵的作用，越来越多的人在体会到新的产品给人们带来便利的同时，自然也就接受了由产品所主导的生活方式。产品的广告词不再是广告词，而成了自然而然的理念深入消费者人心。

这样的过程可以用消费文化的风格化过程来形容，商品如同艺术品或者符号被设计和制作，这样的一个风格化的过程也就是一个美学化的过程，更多地超出了商品本身的使用价值而被赋予了文化意义，成为生活中的艺术品。如乔布斯关于产品的人文艺术理念早已植根于"果粉"的内心，大部分"果粉"都是从使用 iPhone 开始接触苹果这个品牌，通过情感认同延伸消费到苹果的电脑、iPod、iPad，同时再用这种对苹果的认可去感染周围的人群。这也就不难理解"果粉"的心声。每一次苹果产品的发布都如同神秘的明星见面会，引发全球关注。英国演员史蒂芬·弗莱就曾说道："iPad 当然有它的功能：日历、浏览网页、视频……但当我最终接触到这款发明时，发现它绝不只是一个工具，而像是接近了一个生命体。"这位苹果拥趸的描绘不知击中了多少"果粉"的心。不同商品的消费，代表的是不同的生活方式的选择，这是符号化消费的重要特质之一。

（三）自我形象的展示

"现代社会是靠消费、休闲和日常生活的风格的区分化，来完成其社会区别和重构的。生活风格、品味和生活方式的不同模式，既是个人和社

---

① 参见腾讯 QQ 手机移动端业务的相关介绍说明。

会集团自我区分和自我表演的方式,也是社会区分化的原则。①

正如戈夫曼戏剧理论中很关键的两个概念"遭遇"和"表演",所谓"社会互动,就是所有参与者在公众场合中'相遭遇'。在互动中,每个人对于他人而言,都是呈现出由他自身所规定的某种事物;同时每个人又为他人而重视自己。行为角色在表现属于其主观性的某些事物的同时,又希望观看他的公众能够接受这些事物并有效地观察到它们"②。

在手机微信、微博、QQ等社交网络上,青少年网友们选择不同风格的个人头像和个性签名,向大众呈现不同风格的自我形象。如热恋中的情侣会将在一起的合影作为手机屏幕的屏保图案;喜欢手机游戏的人会选择游戏人物角色为屏保图案;热爱大自然的人会选择花草风景做手机背景;追星的粉丝会选择自己喜爱的明星作为个人头像等;开机问候语的设置,闹钟提示语等小细节也都彰显了机主不同的个性特征和爱好。"keep smiling""心中太阳永不灭"等就成了励志好心情的开机问候语,这都是自我形象的不同展示。

三、快速消费

对国内的青少年群体而言,手机为"时尚品",时尚的内核就是快速且多变。如奈杰尔·斯里夫特所发现的,商品的设计师、生产者和营销商"现在永远生活在紧急状态之中;在一个变化莫测的世界里,他们随时处在混乱的边缘。因为所有的优势都是临时的"③。

(一) 手机作为消费品的更新换代越发快速

手机厂商本能的逐利欲望驱使其与广告商携手,通过媒介制造消费气氛,使消费者永远都处于"欲购"情结之中。④ 波德里亚指出:"广告唯一目的不是增加而是去除商品的使用价值,去除它的时间价值,使它屈从于

---

① La distinction. *Critique sociale du jugement.* Paris:Editions de Minuit. 转引自高宣扬《布迪厄的社会理论》,同济大学出版社2004年版,第78页。

② 高宣扬:《当代社会理论》,中国人民大学出版社2005年版,第450页。

③ Nigel Thrift, Performing cultures in the new economy, *Annals of the Association of American Geographers*, 4 (2000), p. 674 – 92.

④ 王萍:《传播与生活:中国当代社会手机文化研究》,第170页。

第四章　从文化消费到文化生产力：青少年手机亚文化的生产研究

时尚价值并加速更新。"① 手机厂商为了推陈出新，不断研发所谓的"新功能"，正是手机令人难以想象的研发、倾销和更替的速度，而不是其经久耐用和持久的可靠性给厂商带来利润。

如苹果手机，每一年甚至是每半年就会推出更新的手机产品，从 iPhone4、iPhone4s 到 iPhone5，再到刚刚推出的 iPhone6、iPhone7。苹果公司在屏幕更大、机身更加轻薄、摄像头像素更高、机身外壳颜色更丰富、性格更独特等方面不断做文章。每一次的升级差别不是很大，新机型只是在原来机型上的小小改进，增加一点无足轻重的"新功能"。但在广告的鼓吹下，它代表的就是最新的潮流和技术，代表的就是更好的性能和更漂亮的外观，那一点点细微的差别，却代表着"果粉"的自信与骄傲，牵动了每一个果粉的心。每一次的苹果产品全球发布会，如同是一次科技与艺术相结合的奇观呈现，神秘而高端；每一次苹果新产品的推出，都会引发专卖店门口彻夜的长队，这都是手机更新换代对粉丝散发的独特魅力。

另一方面，由于消费产品的价值不再像以前一样是由其使用价值决定，而更多赋予了符号意义和文化意义，消费更多的是非理性的，冲动主观、快速多变的特征。消费者的消费行为特征很大程度上改变了消费品生产和市场循环的速度与节奏。

（二）基于手机平台上的各种 APP 促进了快速消费

根据中国互联网信息中心调查报告显示，在互联网应用业务中，商务类应用持续领先，网购成为理性发展的"逆转"增长，尤其是手机端的网购，手机购物，手机平台的电子商务发展迅猛。在基于日常生活服务与手机定位功能的契合方面，如地理定位、旅行出游、美食咨询、优惠券、电子购票等服务领域的深度融合，推动了团购向网民群体的快速渗透，整个行业也在不断地向线下生活服务领域纵深发展。

网络购物的兴起与稳步发展，网上支付用户规模的快速增长离不开基于手机平台的支付渠道的拓展，用户付费更加便捷方便安全多元化。如用微信可支付滴滴打车费用等，不仅使用起来便捷，还能享受折扣。又如，

---

① （法）让·波德里亚：《消费社会》，刘成富、全志钢译，南京大学出版社 2001 年版，第 29 页。

旅游预订等网站推出手机 APP 应用，随着用户互联网使用程度的深化，提供丰富的景区信息，实用的媒介旅游攻略，配合便捷的手机支付，极大提升在线旅游预订的用户体验。基于手机的网上支付及购物越发稳步发展。

手机平台的娱乐产品及节目有着狂欢节的广泛群众基础，移植了原来固定时间的传统媒介节目，使得仪式奇观成为媒体奇观。手机夸大快感的商业化意图很明显，媒体在民粹主义的旗号下，吸引越来越多的受众参与其中，越来越多的眼球在不知不觉中转嫁给了广告商。在影视剧、动漫、游戏等流行视觉文本中，风景本是作为故事的背景与包装呈现，但随着后现代消费社会的发展以及视觉技术的支撑，媒介的呈现中心从"叙事"向"景观"偏移，为我们提供了一场场"视宴"，触发了我们内心的视觉体验欲望，甚至上演"买椟还珠"的视觉消费，进而也培养了能够"深刻感受视觉文化的新一代的精神贵族"。①

尽管手机消费对促进我国国民经济发挥着举足轻重的促进作用，对满足青少年日益增长的精神文明需求起着积极的作用，但过度的快速消费、浪费、一次性消费、超前和炫耀性消费都是不值得提倡的。不良的消费观会对青少年的健康成长带来负面影响，应促进正确的价值观消费观的形成。我们应该对此积极引导和教育，培养他们积极正确的消费道德和消费心理，让他们塑造起更加和谐的消费品味和消费审美。破坏环境、浪费资源的各种消费是应该被抵制的，应提倡可持续消费，增强可持续消费的理念，在提供服务及相关的产品以满足人类的基本需求，提高生活质量的同时，减低自然资源和有毒材料的使用，实现可持续发展。

最后，正如大众文化研究学者约翰·费斯克所说，我们生活在一个商品化全盘笼罩的时空中，但是为了在其间生活，我们必须学会如何处理这种商品势力。②笔者认为，尽管消费可以看作是一种个人的行为，但是这种个人行为具有公共意义，对周围环境也会带来相应的影响，个人在消费

---

① 蔡贻象：《影视消费的文化美学意味》，《北京电影学院学报》，2003 年第 4 期。

② 王萍：《传播与生活：中国当代社会手机文化研究》，华夏出版社 2008 年版，第 172 页。

第四章　从文化消费到文化生产力：青少年手机亚文化的生产研究

满足自身需求，获取欢娱以外，也应该尽量去构建群体生活的价值和理想，和谐健康的消费文化，理性消费，才能真正让青少年收获欢乐。

第二节　手机与青少年消费文化的互构

一、手机对青少年消费文化的推动作用

（一）从获取消费资讯到为知识付费

媒介最基本的一大功能就是帮助获取消费资讯，手机通过在手机平台上传播和介绍不同类别商品的信息，包括价格、外形、性能、折扣信息，甚至是不同商家之间的对比，帮助消费者在了解商品信息的基础上做出决策。

如专门帮助受众购买书籍的 APP 软件"豆瓣购书单"，它能帮你搜索到同样的一本书在当当、亚马逊卓越、京东、淘宝上不同的价位和是否有货的信息，帮你做出比较，便于你买到最便宜的书。

又如，"大麦网"手机客户端，这是中国最大的票务 APP，所有你想看的明星演唱会、音乐会、话剧歌剧杂技魔术，甚至是世博会等信息都能在上面查询到，用户可直接通过手机支付购买，并能在线选择你想要的具体的座位。

还如，淘宝的手机客户端，很多时候受众只是因为打发碎片化的时间，打开客户端随便看看，可就在无意中就发现了自己想要的宝贝，赶紧下单购买。更有一些来自电商手机客户端的推送服务，根据您之前的浏览和购买记录，点对点地推销您感兴趣的商品。这种基于客户兴趣爱好的精准定位，加上手机终端移动贴身的特性，无疑是"见缝插针"，最大化地激发了受众的消费潜能。

而现如今随着知识共享时代的进入，越来越多受众愿意用不太高昂的费用，去购买他们想要获取的知识，解开心中的疑惑，这也为"分答"等知识付费平台迎来了发展契机。而知识分享类的自媒体如"罗辑思维""吴晓波频道"，阅读类公众号还有"果麦文化""十点读书""帮你读书"

"为你读诗""女人要多读书"等,也很好地为青少年起到了知识普及和文化传播的正面作用。

"罗辑思维"下的"得到"公众号,通过电子书、每天听本书(大约4.9元左右的价格)等干货浓缩和语音概况的方式,将一本书浓缩到1万字左右的干货,或者20分钟以内的语音,让读者去掌握这本书的精华。

(二)展开消费教育

借助手机平台培养受众的消费习惯和行为,对消费受众展开消费教育,把传媒的广大受众培育成消费社会所需要的消费行为主体,大众的参与才能体现出现代的消费文化,是公众而不是某一阶层在从事享乐性的消费。福特主义的基本理论之一就是大批量生产,大批量生产意味着大众的消费。为此,需要把传统社区的公民培养成现代意义上的消费者。[①] 通过广告刺激大众的消费欲望,将大众的理想与追求与广告所推崇的商品符号相契合,大众将消费变成一种追求个人梦想和理想生活方式的途径,消费文化就有了生根发芽的大众土壤。

销售领域中的"饥饿营销"也在手机平台上屡试不爽,我们以当下最受青少年群体喜爱的新浪微博这一手机产品来做说明。新浪微博针对会员有一项置顶功能,用户可选择一条微博,作为个人页面的置顶微博。这项功能允许每位普通会员试用一次,置顶微博最大的功能在于可以抵抗微博本身发布更新的速度,因为微博的显示都是根据你发布的时间先后顺序显示。当你不停地想吐槽,但又不想将你觉得很重要的某条微博淹没时,当你希望每一个你的好友在浏览你的微博主页时,都能关注到那一条重要微博的时候,置顶功能就能满足你的这个需求。当普通会员体验到置顶微博的妙处的时候,自然就会尝试付费去成为新浪会员,随心所欲地使用微博的置顶功能。

除了置顶业务以外,新浪微博还设计了其他新浪会员的专属服务,广告语如"精彩你的微博生活""炫彩装扮随意换,我的主页最绚烂!加速升级显神奇,账号安全更放心!个性勋章添闪亮,语言微博开口讲!专属

---

① 张允若:《西方新闻事业概述》,新华出版社1989年版,第229页。

第四章　从文化消费到文化生产力：青少年手机亚文化的生产研究

身份非梦想，更多特权等你抢"等，多层次多样化地尽可能吸引普通会员成为付费会员。

图 4-4　新浪微博会员 33 项特权介绍

为了促使大家长时间地使用付费会员，新浪微博推出了"年费会员专属特权"，包括独享 15 点/天成长值、额外 200 点成长值奖励、专属年费勋章和标识、每天最高 0.8 个等级活跃天奖励等特权。为了鼓励用户每天尽可能多地使用和登录微博，多发帖，多加好友，加强产品的黏连度，新浪微博制定了相关的鼓励制度，如设置"微博达人"称号，按照积分分为初级达人、中级达人、高级达人、白银达人、黄金达人、白金达人、星钻达人、晶钻达人、璀钻达人。①

达人积分	有效互粉	达人等级	达人特权		备注
0-199	30人	初级达人		颁发初级达人勋章	通过达人申请即可获得
200-999	30人	中级达人		颁发中级达人勋章	通过人工审核，点亮达人标识
1000-2999	50人	高级达人		颁发高级达人勋章	自动升级
3000-4999	100人	白银达人		颁发白银达人勋章	自动升级
5000-6999	150人	黄金达人		颁发黄金达人勋章	自动升级
7000-9999	200人	白金达人		颁发白金达人勋章	自动升级
10000-14999	250人	星钻达人		颁发星钻达人勋章	自动升级
15000-19999	300人	晶钻达人		颁发晶钻达人勋章	自动升级
20000分及以上	400人	璀钻达人		颁发璀钻达人勋章	自动升级

图 4-5　新浪微博达人等级及规定介绍

用户每天登录微博能看到自己的达人积分及账号在所在地区的排名，全站的排名，账号积分，有效互粉数，下一等级所需有效互粉数，击败所在地区和全站其他达人用户的百分比等数据。

---

① 新浪微博会员特权介绍：http://vip.weibo.com/privilege?classid=10。

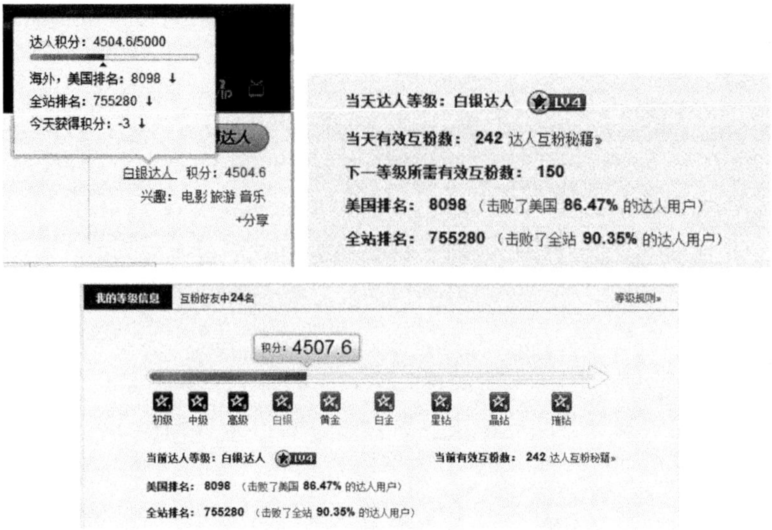

图 4-6　新浪微博达人显示手机截图

此外，若用户连续登陆、发表原创微博、转发微博、连续发表原创微博、发表位置微博、完成达人任务、邀请好友成功申请达人等，也有相应的奖励政策，如：加分的政策，连续登陆三天，每次加 1 分，连续登陆 5 天，每次加 2 分，连续登陆 10 天，每次加 5 分等。以及当天未登陆、系统删除微博、长期不登陆用户、刷 APP 通知警告无效、滥发广告链接，警告无效进行扣除积分处理。①

图 4-7　新浪微博会员奖励积分规定政策

---

① 新浪微博会员特权介绍：http：//vip.weibo.com/privilege? classid = 10。

第四章 从文化消费到文化生产力：青少年手机亚文化的生产研究

扣除积分			
当天未登陆	-3分/天	-3分/天	
系统删除微博	-4分/条	无	
刷app，通知警告无效	-5分/次	无	
滥发广告链接，警告无效	-5分/次	无	
长期不登陆用户	-5分/次	无	
仅设置单项积分上限规则，不设定总积分上限			

图 4-8 新浪微博会员扣除积分规定政策

（三）塑造消费主义意识形态

媒介文化不是仅仅为市场制作类似广告这样的消费神话而存在，有不少亦步亦趋为具体的资本和商品销售服务，它更多的是开拓消费社会的整体意义空间。① 手机将大众尤其是出生在手机一代的青少年群体引领进入了一个符号化、影像化的物质世界，消费、审美幻想、享受，这一切都基于媒介本身的功能。对青少年精神生活的全面占领，对各种消费观念、品味等意识形态的推销，打造了一个光怪陆离，既虚幻又可实现的世界。

二、消费主义对青少年手机亚文化的催生

手机能够在个人安全、归属、自尊的生理和心理需求方面，在自我实现、认知需求、审美需求和表现欲望等层面上满足人的需求。"无论书籍、广播还是电视，大众媒介最大的幻象是：它们所发送的信息本来并不是针对某个特别的人，但其意图却是让世人觉得，它们是专门为我们每个人制作的。"②

消费主义促进了社会区隔，在消费社会中，虽然消费主体在主观动机和内心需求上渴望的是个性化和自我实现，强调不属于任何别的集体，但从社会整体状况来看，个性化消费遵循的还是一种区分的结构逻辑，区分的结果还是会将个人纳入一定的集体中。③

青少年的手机消费促进了多元的价值观念形成，消解了文化的精英气，越发丰富的文化产品内容很大程度上把文化真正还原为大众的，多元价值下的文化促进了多元价值观念的形成。但同时，青少年手机消费的发

---

① 蒋原伦：《媒体文化与消费时代》，中国编译出版社 2004 年版，第 144 页。
② （美）保罗·莱文森：《手机——挡不住的呼唤》，何道宽译，中国人民大学出版社 2004 年版，第 51 页。
③ 姚建平：《消费认同》，中国社会科学文献出版社 2006 年版，第 110—111 页。

展也越来越呈现出各种问题：内容的泛娱乐化，过分地强调娱乐和消遣，带来负面影响。

三、青少年群体主体对手机消费文化的促进

作为青少年手机亚文化的主体，青少年群体越发充当着文化消费的生产者，发挥着主体作用。以青少年为团队创作和研发出来的手机产品也越发受到青少年群体的喜爱。青少年群体在手机消费文化方面越来越发挥着重要的促进作用。

2014年5月端午节期间，一款名为"脸萌"的制作漫画头像的APP开始在社交平台上火爆，6月2日成为苹果应用商店免费总榜的榜首，每天以新增100万用户递增。笔者明显发现微信圈里全是用该款APP的青少年朋友在发各种动漫。这款软件可简单制作出跟自己或他人形象很相像的漫画形象，用户可选择不同的发型、发色、脸型、肤色、五官、特征、衣服、帽子、爱好、背景、表情、气泡等不同元素，如今的年轻人越发喜欢呆呆的、萌萌的、贱贱的漫画，脸萌由此充满乐趣。

如下图笔者登陆微信，在朋友圈看到的好友使用脸萌软件发布状态的截图：有根据自己的爱好特征发自己的自画像的，还配合"像不像我？"之类的文字。有帮自己朋友、父母、男（女）朋友制作漫画头像的，配合"猜猜是谁？"之类的说明，还有夸张自己个人形象，气泡上写上"no zuo no die"类似发泄情绪、恶搞娱乐的各种版本。

图4-9　笔者微信朋友圈内好友使用"脸萌"的截图

第四章 从文化消费到文化生产力：青少年手机亚文化的生产研究

该款深受青少年喜爱的 APP 的创始人是 1989 年出生的郭列，他的团队则是 9 个"90 后"。据媒体报导从 6 月初开始，他每天至少要接触十多个风险投资机构，甚至还有投资人"打飞的"从北京飞到深圳。"投资人首先看团队，他们认为 90 后的团队才能真正了解年轻人的想法。"因为 90 后了解用户的爱好，了解他们的兴趣，热爱漫画，不喜欢规规矩矩的东西，喜欢好玩轻松无厘头的东西，喜欢无节操的恶搞。比如摸脸、拔腿毛、甩乳等，该团队甚至在新的版本里面加上了黑自己的一副头像，叫作"脸萌滚出盆友圈"，以调侃最近很多用户吐槽被刷屏的感觉。

图 4-10 笔者手机显示"脸萌"团队介绍截图

如同 2048、魔漫相机、疯狂猜图一样，尽管"脸萌"内容比较单一，属于一次性玩够就可以删掉的软件，没有互动功能，前景也不明朗。但笔者仍然认为作为青少年手机消费的主体，青少年团队的创造力为手机消费文化贡献了新鲜的血液和能量。

无论哪一款 APP 的受欢迎程度如何，创造了怎样的神话，带来了多少的消费收益，他们都在不断地调整定位与策略，都为青少年群体的精神娱乐生活带来了更多尝试，使青少年一代在自我表达、勇敢做自己、亮出自己、个性鲜明等性格特征方面有机会在 APP 里充分展现，满足用户的参与感、成就感、归属感。不少产品唤起了用户的认可度和同理心，如在脸萌用户中，有用户自发组织脸萌表情大赛、脸萌粉丝会，主动在社交网站里回应那些恶意攻击该软件的人。而不少女粉丝甚至表达了对团队成员的爱意。在适应消费文化本身，适应消费群体的喜好，适应整个手机 APP 市场的同时，他们与青少年群体共同进步，其主体作用正面且功不可没。

第三节 手机平台下的青少年亚文化生产力

厘清手机平台下青少年亚文化生产力的内涵及特点，是学术研究的前提。手机平台下的青少年亚文化生产力，是一个外延比较广泛的概念，是基于网络产业与文化产业、信息产业与内容产业、手机文化与文化生产力的跨越和融合发展的产物。它既包括原有文化产品和服务在各种手机平台上的传播和延伸扩展，又包括基于手机平台而产生的新的独特的文化产品种类的生产。①

一、青少年手机亚文化生产力界定

从传播技术的角度看，手机平台下的青少年亚文化生产力是信息时代的产物，以信息技术为基础并以信息产品的生产和传播为主要经营方式，属于信息产业范畴；从传播载体的角度看，手机平台下的青少年亚文化生产力是基于继报纸、广播、电视、网络之后的"第五媒体"这一平台，具备传统媒体的政治的、社会的、文化的属性，也具有经济的、产业的、商品的属性，属于传媒产业范畴；而从传播的内容看，它与通信业、IT 行业、网络基础设施建设等技术部门相区别，以生产内容产品为主，属于数字内容产业范畴。②

其中，"互联网文化""文化产业""生产力"三要素缺一不可。因此，要阐述什么是手机平台下的青少年亚文化生产力，需从以下三个维度

---

① 江凌、李丹：《论网络文化生产力》，《编辑之友》，2012 年 12 月 20 日。
② 江凌、李丹：《论网络文化生产力》，《编辑之友》，2012 年 12 月 20 日。

第四章 从文化消费到文化生产力：青少年手机亚文化的生产研究

进行理解①。

（一）互联网文化

1. 互联网文化的定义

手机文化与互联网文化有着一脉相承的承接关系，不能简单地说手机只是互联网的延伸，手机只是工具，只是上网的终端。手机在充当工具的同时，也显现了媒介的功能，从这个意义上讲，互联网文化是研究手机平台下的青少年亚文化生产力的起点。

文化是指人类在社会历史发展过程中所创造的物质财富和精神财富的总和，互联网文化，最早译为"Cyber culture"，有广义和狭义之分。广义的互联网文化是以网络技术广泛应用为主要标志的信息时代的文化。狭义的互联网文化仅指建立在网络技术和网络经济基础上的精神创造活动及其成果。互联网文化又称赛伯空间文化，美国科幻作家威廉·吉布森（William Gibson）在他1984年的科幻三部曲小说里，创造了这个词语：cyberspace（赛博空间），意指电子媒介无边无际的虚拟空间。② 互联网文化是以网络技术为支撑的基于信息传递所衍生的所有的文化活动及其内涵的文化观念和文化活动形式的综合体。③

2. 互联网文化的特征

随着新媒体技术的日趋完善，全媒体时代来临并迅猛发展，网络已经成为人们日常生活中获取和发布信息不可或缺的重要平台，作为一种新兴事物，互联网文化以其开放性与共享性、虚拟性、多元竞争性等特点为人们所广泛关注和认可。

（二）手机平台下的青少年亚文化生产力

1. 手机平台下的青少年亚文化生产力定义

手机平台下的青少年亚文化生产力指互联网作为网络文化的载体所具

---

① 江凌、李丹：《论网络文化生产力》，《编辑之友》，2012年12月20日。
② 戴维·冈特利特：《网络研究：数字化时代媒介研究的重新定向》，新华出版社2004年版。
③ 冯永泰：《网络文化释义》，《西华大学学报（哲学社会科学版）》，2005年4月。

备的生产力,能够衍生多少文化形态、生产多少文化产品、创造多少互联网平台下的文化产业的能力。这一方面是互联网直接具有的生产力,另一方面是其他文化生产力在手机平台上的实现。这不仅取决于网络的技术容量,也取决于基于手机的互联网企业的多少。①

2. 手机平台下的青少年亚文化生产力的内涵

总的来说,手机平台下的青少年亚文化生产力包括:以互联网技术为代表的信息产业与传统信息服务业、传统的媒体出版、教育融合的成果,主要形式体现为手机互联网服务、手机动漫、无线内容服务、手机出版、手机游戏、手机在线教育、手机数字图书馆等。

从产业角度看,手机平台下的文化生产包括:一是传统文化产业的网络化和数字化,如手机数字图书馆、手机数字电影等;二是以信息网络为载体,形式和内容都有别于传统文化的新型文化产品,如手机游戏、移动短信等。

从盈利性的角度也可以分为两个部分:一是盈利性产业,如娱乐、旅游、广告等;二是公益性产业,如政务、教育、卫生、科普等内容。②

每天我们用手机登录搜狐、新浪、网易等移动客户端,可以看到丰富多彩涵盖了新闻、体育、文化、娱乐、游戏、教育、生活、健康、股票、天气、旅游、交友、聊天等内容,这些都是日常生活中最常见的手机文化生产的范畴。微信、微博、直播、APP、二维码等也都属于手机平台下的文化生产内容。③ 在未来,基于手机发展技术的互联网内容和服务产业边界将会越来越扩大,我们还将享受到更加完善的手机文化服务。

3. 手机平台下的青少年亚文化生产力分类

从手机平台下的青少年亚文化生产力的定义和内涵出发,可将手机平台下的青少年亚文化生产力分为以下五类。

(1) 为消费者提供各种网络文化消费品的直接的手机平台下的青少年亚文化生产力,其具体种类很多:手机游戏、手机视频、手机阅读、新闻

---

① 江凌、李丹:《论网络文化生产力》,《编辑之友》,2012年12月20日。
② 江凌、李丹:《论网络文化生产力》,《编辑之友》,2012年12月20日。
③ 江凌、李丹:《论网络文化生产力》,《编辑之友》,2012年12月20日。

和信息、聊天室服务等。

（2）为用户提供获取各种文化产品的能力，具体包括文化产品的电子商务、下载和搜索引擎的能力。用户从中获得的信息产品可能是消费品，也可能是用于生产领域的信息。

（3）手机文化资源的复制能力。

（4）手机出版能力。

（5）除了由手机直接产生的文化生产力以外，还有来自互联网文化资源的生产力。有些文化生产力，没有手机互联网时，早已存在，比如出版业的生产力，但是互联网对它发挥着多方面的作用。还有一些文化资源的生产力，在没有互联网的情况下根本发挥不出来，手机互联网使其生产力从潜在的形态转化为现实生产力。[①]

二、青少年手机亚文化生产力的特征

历史一再表明，文化产业总是随着技术的发展而不断发展。印刷术的发明催生了报刊出版业，无线和有线传输技术的发展促进了影视产业的发展。而当今数字技术、网络技术和无线通信技术的融合发展又为手机文化产业开辟了一个新的广阔天地。[②] 手机及互联网的广泛应用促进了手机平台下的文化产业的发展，造就了新的文化生产者，扩大了文化产业和文化产品的范畴，实现了文化产业的网络化，以及网络文化的产业化。

随着电子计算机和互联网应用的日益普及，其市场不断扩大，因而也赋予了手机平台下的青少年亚文化生产力与传统生产力不相同的发展特征和规律。

（一）新技术成为手机平台下的青少年亚文化生产力升级的重要载体和手段

信息和互联网新技术的发展为网络文化生产力的发展提供了全新的条件和手段，并引领产品形态持续创新，主要体现在以下几方面。

---

① 江凌、李丹：《论网络文化生产力》，《编辑之友》，2012年12月20日。
② 江凌、李丹：《论网络文化生产力》，《编辑之友》，2012年12月20日。

1. 新技术将文化资源转变为数字化资源

网络平台扩大和改变了文化产业的资源基础,和其他各种经济资源相比,文化资源本身具备可数字化的特征。相比较以前没有网络的时代,一些文化资源虽也被用于经济生活领域,但是其被应用的广度和深度都受到很大的制约。比如网上图书馆和远程教育所用到的文化知识,在没有网络之前,也同样服务大众并发挥作用,但是其发挥的功能和效果却受到空间的制约。① 而如今借助网络平台,就能全天候地发挥出其功效,网络在使文化资源转变为数字化资源方面具备深远意义。

2. 传统文化产业在网络的作用下适时创新与升级

网络成为传统文化产业发展的全新平台。无论是广播、报纸、电视、电影、书籍、杂志等传统媒体,还是互动娱乐、音乐、游戏等传统文化产业,都在手机平台上展露新颜,并在网络技术的保障下适时创新与升级。从时下最火的直播、微信、微博、博客,到被受众所热衷的手机游戏、手机小说、手机视频、在线阅读等,无不是对传统产业的颠覆。

除了给予传统文化产业新的平台外,网络还使得一些过去基本上不发挥作用的文化资源变成现实的发挥作用的能够创造价值的文化资源。如手机游戏,像五子棋、象棋这样的文化资源,在现代的网络上成为大众娱乐的重要资源,大众消费的重要资源。② 又如手机小说或电子书,以前的小说都是由出版社出版发行,读者在市场上购买书籍后,以白纸黑字的方式去阅读。而进入手机客户端,我们可根据自己的喜欢在线选择或直接阅读。

3. 新技术引领产品形态持续创新

随着流媒体技术、宽带技术、视频处理等技术的逐渐成熟,手机直播、移动视频、手机广播、微博、二维码、播客、嵌入式游戏广告、RSS等新兴业态层出不穷,并以独特而新颖的传播形式、门类和品种为受众所喜爱,其代表的新的文化形式,给手机平台的文化业注入了新的活力,手机文化生产由此呈现出新兴化的趋势。

---

① 江凌、李丹:《论网络文化生产力》,《编辑之友》,2012年12月20日。
② 江凌、李丹:《论网络文化生产力》,《编辑之友》,2012年12月20日。

第四章 从文化消费到文化生产力：青少年手机亚文化的生产研究

由于手机独具的传播优势，因而能为客户提供个性化、全面化、点对点的服务，尤其是手机上网、手机电视等热门业务，从而成为网络文化服务业，也成为移动通信业一个新的重要的经济增长点，被人们称之为"拇指经济"。网络电视（IPTV）也慢慢进入我们的视野，它集互联网、多媒体、通信技术于一体，向用户提供直播电视、视频点播、上网浏览等多种交互服务。电信企业、传统媒体、IT 企业、网络媒体也都迅速融入新兴媒体的发展之中。[1] 这些新兴业态为网络文化产业的发展注入了活力，极大地带动了网络文化产业的发展。

（二）创造了全新的盈利模式——用信息生产信息

网络生产的本质就是用信息生产信息，网络由此创造出一种全新的盈利模式。网络生产技术主要依靠提供信息和信息交换，如我们熟悉的搜索引擎，通常是不断地在互联网上搜索信息，建立庞大的数据库，才能在极短的时间里给客户提供大量信息。[2] 另一种网络信息产品是由用户互相提供的，服务商只是提供使用者相互沟通的平台。用户如何沟通，或者在沟通中获得什么，服务商完全不需要参与，网络信息产品由信息构成，利用信息进行生产和传递，信息共享是网络创造价值的真正本源。

由于在互联网上实现信息共享是如此容易和难以控制，以至于生产信息产品和提供信息服务平台的商家，在许多情况下并不是靠出卖信息来赢利，而是搭建全新的网络平台，以此创造全新的网络盈利模式。[3]

（三）消费生产一体化

网络大量的娱乐和信息，既由手机用户提供，也由用户消费，广大消费者参与到信息产品的生产中来，实现了消费生产一体化。

许多手机文化产品的消费者与生产者都是同一的，消费者的参与导致手机互动生产模式的产生，不仅增加了客户与服务商的互动性，同时也使

---

[1] 刘立波：《网络文化产业发展现状、问题与对策》，《产业与科技论坛》，2011年第10卷。

[2] 李新家：《网络经济条件下生产力发展研究》，广东省出版集团2009年版，第241页。

[3] 江凌、李丹：《论网络文化生产力》，《编辑之友》，2012年12月20日。

客户之间的互动性大大加强。如大量的手机网络论坛,运营商只是提供了一个客户之间互动的场所,提供了一个交流信息的平台,不需要制作和发布任何信息,就可以获得很好的商业效益,网络的互动生产模式创造了大量个性化的网络产品。①

如新浪微博写手在消费网络微博平台的同时,也成为其他粉丝阅读的对象。140个字以内的一条微博,对于微博发布者而言,满足了他们情感倾诉、情绪宣泄、表达观点的诉求,对于粉丝评论和转发者而言,这条微博就成了他们消费的商品。而他们评论和转发行为本身,又成为下一轮的生产,在此过程中,消费和生产的界限日益模糊,消费生产一体化。

(四) 生产形式多样化

因基于互联网平台,手机平台下的青少年亚文化生产力注定具备生产形式多样化的特征。在门户网站、网络游戏、网吧这些互联网及相关行业的带动下,网络文化已经形成了丰富多彩的具体的文化形态,且实现了产业化。从经营模式来说,既有代理型也有原创型,既有服务型也有综合型。各基于手机平台的文化企业作为手机文化产业链上一个个节点,其产品和服务广泛地渗透到了人们学习、工作、生活、娱乐等方方面面,满足着人们对文化不断增长的多样需求。②

从微观而言,手机平台上内容的表现形式可以是文本、图像、音频、视频,甚至是软件或数据库等多种形式,涉及领域从经济、科研、教育、艺术,到具体的行业和个体等。网络创造的是一种传统文化信息化、数字化的文化产业,包括信息技术产业,包括所有的数字化终端设备;信息技术服务产业,远程医疗、教育以及电子商务;另外还有通信业、信息内容业。③

(五) 生产方式动态化

互联网环境下,信息的传递和反馈快速灵敏,具有动态性和实时性等

---

① 江凌、李丹:《论网络文化生产力》,《编辑之友》,2012年12月20日。
② 江凌、李丹:《论网络文化生产力》,《编辑之友》,2012年12月20日。
③ 赵辰光:《网络文化产业发展研究综述》,《边疆经济与文化》,2010年第4期。

特点。信息在网络中的流动性非常迅速,电子流取代纸张和邮政的物流,加上无线电和卫星通信技术的充分运用,网上的任何信息资源,都只需要短短的数秒钟就能传递到世界各地的每一个角落。①

"魏则西事件""女子虎园下车事件""洪荒少女傅园慧""罗一笑,你给我站住""车主掌掴快递小哥""女孩蹲着等地铁没教养""王宝强离婚案""支付宝社交圈子功能"等事件在网络平台中的传播和生产,不仅迅速,且实时得到更新,呈现出生产方式动态化的特点。

(六)生产源头复杂化

由于互联网的网络共享性与开放性,使得人人都可以在手机上获取和发布信息,手机平台下的青少年亚文化生产力生产源头的复杂化也因此得以体现。

例如,同一个媒介事件,受众既能从主流媒体上获得正面报道,也能从博客、微博、论坛、网页等网络媒体上获得不一样的报道。前者的信息发布者,代表权威,且具备专业和主流发布的特征。后者中即有权威人士,也有民间草根,即有目击者,也有打酱油的路人、炒作者,甚至是丧失理智群起而攻之的网络暴民。由于缺少有效完善的管理机制,这些信息没有经过严格编辑和整理,良莠不齐,各种不良和无用的信息大量充斥在网络上,形成了一个纷繁复杂的信息世界,给用户选择,利用网络信息带来了障碍。②

---

① 江凌、李丹:《论网络文化生产力》,《编辑之友》,2012 年 12 月 20 日。
② 百度百科:互联网产业,http://baike.baidu.com/view/5555042.htm

第五章 反思：青少年手机亚文化的问题及思考

如同硬币具有两面性，在手机给我们带来便利和积极意义的同时，也出现了很多问题。青少年手机亚文化的问题日渐暴露，由于手机无处不在，无所不能的特征越发成为青少年生活中的重要部分，对手机的依赖也越发强烈，引发我们的思考。

据笔者的调查问卷显示，在青少年对手机正面影响的认知陈述中，大部分青少年受访者都认同手机的正面功能，如"使用手机让我更好地认识这个社会"（"比较同意"选项的占比为40%）；"使用手机增强或拓宽我了的社交联系"（42.81%）；"使用手机增进了我对朋友们的了解"（45.63%）；"使用手机有助于增进朋友们对我的了解"（38.44%）；"使用手机让我学到很多有用的知识"（41.25%）。

表5-1　问卷受访青少年对手机正面影响的认知陈述

选项 题目	非常同意	比较同意	不太确定	比较 不同意	非常 不同意	（空）
A. 使用手机让我更好地认识这个社会	80 (25%)	128 (40%)	54 (16.88%)	14 (4.38%)	5 (1.56%)	39 (12.19%)
B. 使用手机增强或拓宽我了的社交联系	80 (25%)	137 (42.81%)	50 (15.63%)	17 (5.31%)	5 (1.56%)	31 (9.69%)
C. 使用手机增进了我对朋友们的了解	70 (21.88%)	146 (45.63%)	35 (10.94%)	19 (5.94%)	4 (1.25%)	46 (14.38%)
D. 使用手机有助于增进朋友们对我的了解	60 (18.75%)	123 (38.44%)	62 (19.38%)	24 (7.5%)	4 (1.25%)	47 (14.69%)

续表

选项 题目	非常同意	比较同意	不太确定	比较不同意	非常不同意	（空）
E. 使用手机让我学到很多有用的知识	56 (17.5%)	132 (41.25%)	59 (18.44%)	16 (5%)	3 (0.94%)	54 (16.88%)

在青少年对手机负面影响的认知陈述中，大部分青少年受访者也都承认了手机的负面功能，如："手机在不知不觉中浪费了我很多时间"（"比较同意"选项的占比为：41.25%）；"自身对手机的依赖加剧让我身心疲惫"（31.56%）；"手机上的海量和虚假信息影响了我的判断"（30.31%）；"过多使用手机影响了我的正常作息"（33.75%）；"过多使用手机导致我精神空虚、情感麻木"（18.44%）。

表5-2 问卷受访青少年对手机负面影响的认知陈述

选项 题目	非常同意	比较同意	不太确定	比较不同意	非常不同意	（空）
A. 手机在不知不觉中浪费了我很多时间	110 (34.38%)	132 (41.25%)	28 (8.75%)	12 (3.75%)	4 (1.25%)	34 (10.63%)
B. 自身对手机的依赖加剧让我身心疲惫	70 (21.88%)	101 (31.56%)	51 (15.94%)	38 (11.88%)	8 (2.5%)	52 (16.25%)
C. 手机上的海量和虚假信息影响了我的判断	57 (17.81%)	97 (30.31%)	63 (19.69%)	37 (11.56%)	12 (3.75%)	54 (16.88%)
D. 过多使用手机影响了我的正常作息	81 (25.31%)	108 (33.75%)	39 (12.19%)	35 (10.94%)	11 (3.44%)	46 (14.38%)
E. 过多使用手机导致我精神空虚、情感麻木	44 (13.75%)	59 (18.44%)	59 (18.44%)	54 (16.88%)	47 (14.69%)	57 (17.81%)

第一节　手机依赖症

一、思维停滞，情感空虚，精神疾病

在网络与手机现代传媒中长大的一代人，普遍失去了政治热情，缺乏对人类和社会的文化关怀。他们的生活圈子看上去是更大了，但实际上现实生活中变得更加狭窄与虚拟，他们强调自己的个人生活感受，追求刺激的信息消费方式。于是，媒体就迎合他们的需求，用强大的、高密度的视听形象冲击人的视听感官。传统的审美方式被颠覆，在强大信息的刺激下，思维实际上处于一种停滞状态，这对人的想象力的开发无疑是一种桎梏。[①]

有网友分析说微信就是一个综合型的"精神病院"。仔细观察微信朋友圈的状况基本是以下特征：上午：基本没动静；中午：各种晒、晒幸福、晒方向盘、晒衣服、包包；傍晚：各种饭局、酒吧、夜店、求陪同、求偶遇、求带走；午夜：各种饿、各种再也不吃宵夜了；凌晨：各种哭、各种闹、各种歌词、感悟、各种胡言乱语。以上特征具有普遍意义上的代表性，对任何事物的喜爱都应该有一个度，如果超出了度，就势必走向另一个极端。

据笔者问卷调查显示，青少年在微信、微博、QQ空间等社交软件上发布动态的一般频率不一，有54.06%的受访青少年一天不足一次，更多地看周围人发布的内容和动态；23.75%的受访青年至少一天发布一次动态；13.13%的受访青少年一天约发布三次动态；更有甚者一天发布超过三次的动态，这部分青少年占到8.13%；而有9.38%的受访青少年表示自己随时都在刷屏。

[①] 陈龙：《传媒文化研究》，中国人民大学出版社2009年版，第273页

第五章　反思：青少年手机亚文化的问题及思考

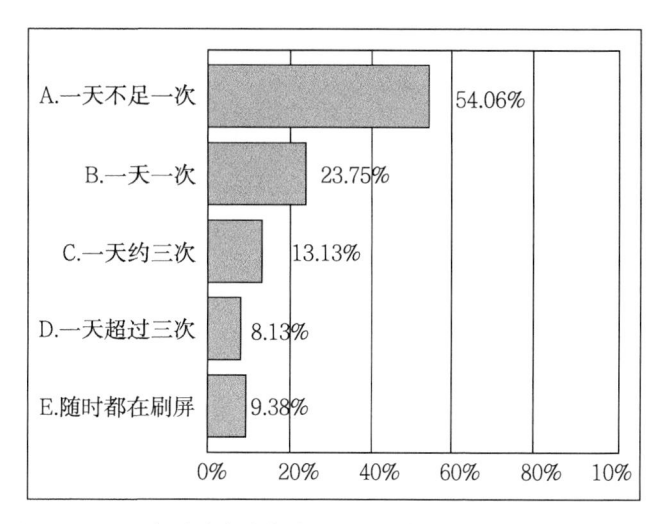

```
A.一天不足一次    54.06%
B.一天一次        23.75%
C.一天约三次      13.13%
D.一天超过三次    8.13%
E.随时都在刷屏    9.38%
```

图 5-1　问卷受访青少年在手机社交软件上发布动态的频率

当一个青少年在现实中达不到什么，就很容易去网上寻求现实中所缺乏的实现感、英雄感、满足感、成就感。设想一个青少年，如果他在网络游戏中玩得很开心，回到现实以后就又回到了自卑，这样就开始变得很烦躁，逐渐形成一种"玩开心—不玩不开心"的心理状态。

二、时间失控，影响健康

据笔者采访了解，身边的同龄人基本都因对手机的极度依赖，失去对时间的把控能力，严重影响身心健康。以下是笔者从被访者处得到的心声。

"我觉得自己患了手机躁狂症，就是当手机不在身边时，会非常焦虑，觉得自己无法做任何事情，这也是我已经高度依赖手机的表现。"

"我觉得手机影响了我的生活，当我在每天上班没工作的时候，我肯定会掏出手机来玩，先是看微博、微信，然后看新闻，看优酷等视频软件下载好的视频，看累了，又回到微博、微信看有没有更新，就是这样一个循环，一天都处于这样循环。回到寝室，空闲了还是看手机，打盘游戏，看集美剧之后时间又过去了。晚上上床睡觉之前，也是拿着手机玩，玩着玩着，以前规定的晚上 11 点睡觉的规矩也被打破了。第二天早上，醒来第一件事也是批阅奏章（微博、微信回复，打望等），批阅完才起床。上个星期我把手机还原了，把所有应用程序都删了，觉得生活好难过，又慢慢地下载、还原了一些，我明确地觉得应该减少手机使用时间了，不应做它的奴隶，越发觉得手机就像鸦片一样，好容易沉迷。"

已有不少权威机构通过研究发布了过度使用手机带来的危害。如美国肯尼迪睡眠中心研究发现：喜欢睡前躺在床上玩手机的人，白天会出现认知或情绪问题，如多动、焦虑等，还会影响皮肤健康。人们在睡前玩手机，频繁发送电子邮件和短信会影响睡眠质量，使第二天情绪变差，易焦虑、沮丧。

韩国专家透露，过度依赖智能手机的结果，会使右脑退化，造成削弱集中注意力、记忆下降，最终连认知能力也退化，出现记忆力下降，称为"数码痴呆症"。这种情形对脑部正处于发育阶段的青少年影响最严重。整天跟手机生活在一起，一切喜怒哀乐都跟网络绑在了一起。

除了影响青少年正常的学习和工作外，频繁使用手机还会危害身体健康，如频繁摁动手机按键或者滑动手机屏幕造成的"手指过劳症"，手机辐射也会引发头痛或恶心。而越来越多的青少年在坐车或者睡前进行手机阅读，这样对他们的视力也有很大影响。

而对于"果粉"一族而言，对于苹果的痴迷程度也造成了不少麻烦，其中就有所谓的"iPad2 症候群"。其特征如下：对任何印有苹果标记的东西异常痴迷；在苹果发布会前失眠、焦虑或烦燥不安；视 iPhone 为自己的性命、怕撞、怕摔、怕磨花；一日见不到苹果产品就引起咽喉肌肉痉挛，吞咽困难，痛苦万状。

访谈实例 5-1

（受访者：王先生，24 岁，国企员工）

笔者：手机给你带来哪些影响？

王先生：我越来越觉得手机对我产生了负面的影响，其实归根结底这并不是手机带来的，正确良性地使用手机，生活、学习等质量都会提高和改善，生活的美感也会增强。但是有时（准确地说是大部分时间）确实是控制不住，在手机上耗费的无用时光变得越来越多。

第五章　反思：青少年手机亚文化的问题及思考

举个例子，我们上班等待工作的时间很多，在这个时间里面99%的人都在玩儿手机，其实这样一种趋势是我们这批年轻的员工进入单位和智能手机的普及带来的。我发现在我们刚进入单位的时候，那些老同事的手机都还停留在一般的翻盖啊，直板啊等塞班的手机。我们这批年轻的员工进入单位后，加之智能手机的普及，老员工在看见我们上班空闲的时间就掏出手机看新闻、耍游戏、斗地主、打麻将、听歌、看电视后，慢慢地一个一个都换成了智能大屏手机。

在去年，基本上每天上班，都有老同事过来问这个怎么使用，帮我下个××游戏，帮我下点歌，帮我把这个游戏打过关这类的。上班的空闲时间，也是整齐地低头玩手机，相比起我最初上班的时间，同事之间交流少了大半，交流的部分也总和手机有关。

比如，前段时间天天跑酷很流行，每天上班就是讨论你买没买狮子（游戏人物的坐骑），你今天的任务做没做，我昨儿挑战他失败了这类的。最近好像有个打飞机的游戏很流行，一上班就开始打飞机了。有时候自己也觉得很惊讶，手机的魔力真的好大啊。

访谈实例 5-2

（受访者：张小姐，24岁，大四学生，兼某报实习记者）

笔者：手机给你带来哪些影响？

张小姐：与其说是不可或缺，毋宁说手机成了我的第六器官，已经无法想象与之分开的生活。我依靠手机来感知整个世界，来工作和学习，它就像神经末梢或者八爪鱼的爪子一样，从更大范围内拓展了我的生活。

至于好的影响，我想最重要的那就是让我更方便和快捷地工作，比如我现在在报社实习，可以在突发事件发生后，用手机写稿并传到qq上给报社，这点非常便捷，因为对于新闻工作者来说，时间就是生命线。在工作上还需要用录音和拍照、摄像功能，目的是为了保留采访证据，这些都能通过手机完成，而且也只有手机才能不引人注意地完成这些任务。所以手机对记者来说真的太重要了，而且将越来越重要。

但是同时，手机对我也有负面影响，比如所谓的手机狂躁症，就是当手机不在身边时，会非常焦虑，觉得自己无法做任何事情，这也是我已经高度依赖手机的表现。高度依赖任何东西都是危险的，但是有时候就是真的无法离开，这就是第六器官的感觉。

三、社交方式变化对社交能力的影响

青少年若沉迷于移动互联网，非常容易导致现实生活中面对面交流的降低，据调查表示，目前有77%的青少年认为自己已经无法离开手机。

在现在都市青少年聚餐的时候，很普遍的一个现象就是，大家坐下来之后，各自掏出自己的手机，埋头玩儿。上一道菜之后，大部分人对准菜肴开始拍照，然后发布到各自的微博、微信好友圈里，再分别@在坐的每位好友。之后出现的情况更奇怪，各位被@的好友相继转发，开始在该条微博、微信下面留言、调侃、嬉笑怒骂，现实中的一桌子人面对面的不交流，反而同一时间都在微博、微信里回复得沸沸扬扬。这是很好的一个例子，为什么同样的一帮朋友，在同样的生存空间里，社交的方式和互动的平台却发生了如此大的变化？

由此，又诞生了一项名为"手机叠叠乐"的游戏，聚餐时，所有人将手机叠放在一个空餐盘中，谁先忍不住拿出自己的手机，谁就成为聚餐的付费者。这项"手机叠叠乐"游戏，设计初衷是在聚会中拒绝使用手机，让社交回归到面对面，从这项游戏本身的设置也可以看出青少年对手机的依赖不仅普遍存在，且深入骨髓。

由于各种社交软件的便利，我们已经更多地通过社交软件形象交友，现实生活中的社交和过去相比已经发生明显变化。在笔者的调查问卷中显示，大部分青少年都承认了对手机社交的肯定：61.88%的青少年受访者认为通过陌陌、微信、人人等手机社交软件，拓宽了他们的人际圈；37.5%的受访青少年承认手机社交让他们克服了羞涩心理，建立了更多的自信，增强了社交能力；但也有一部分青少年并不认同手机社交：32.81%的受访青少年认为手机社交降低了他们面对面的交流能力，导致社交能力退化；12.19%的受访青少年也承认手机社交让他们性格孤僻，且更多依赖于虚拟社交。笔者认为，很难一味地去判断手机对青少年社交能力的影响，是社交能力的退化，还是社交能力的增强，应从两方面来分析。

选项	小计	比例
A. 通过陌陌、微信、人人等手机社交软件，我拓宽了人际圈	198	61.88%
B. 手机社交让我克服了羞涩心理，建立了更多的自信，增强了社交能力	120	37.5%
C. 手机社交降低了我面对面的交流能力，导致我社交能力退化	105	32.81%
D. 手机社交让我性格孤僻，且更多依赖于虚拟社交	39	12.19%
本题有效填写人次	320	

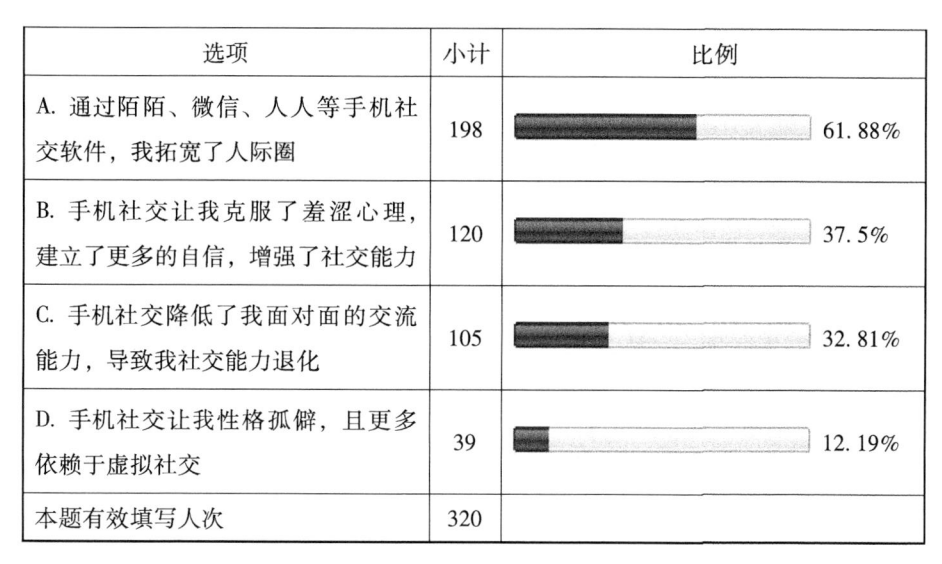

图 5-2　问卷显示手机社交对青少年社交习惯和心理影响的陈述

（一）社交能力的退化？

由于手机平台社交，机主对社交对象和社交内容有自主性和选择性，产生了手机社交中的简单化和片面化，导致手机社交与现实生活中社交的差异，这种差异从某种程度上而言是社交能力的退化。

1. 手机社交中的自主性和选择性

首先在使用短信、微信、微博等基本的社交软件和即时通讯服务时，我们不是面对面的沟通交流。与现实生活的面对面交流相比，基于手机的交流方式使我们在心理上更加放松，去除了当面交流的紧张、多虑和畏惧。在言语方式上，我们也会有更多的时间去思考怎么回答对方，在回答问题时有更多的回旋和思考余地。若是在现实生活中，两个人若面对面相遇，迫于环境，必须寒暄几句，才显得比较正常，而这样的场合在手机社交上就完全不存在了，你可以自主性地去选择自己想要社交的人，自主筛除和屏蔽掉那些你不想面对的人。

2. 手机社交中的简单化与片面化

由于上述手机社交的自主性和选择性，其交流是以有共同话题，或者至少单方面的兴趣为标准的。在上述谈论中，必然是缺少不同观点的感官刺激，这种情况也会导致青少年在人际交往中的简单化、片面化，只接触自己感兴趣的话题，而避免自己不熟悉的话题，只选择自己喜欢的人，或者谈得来的人。那么当在现实世界中，遇到自己不喜欢的，谈不到一起的人，该如何面对呢？生活本身是需要与各种不同层次、不同观点的人交流合作的，在青少年从手机社会回到现实生活中后，往往会因此而感到茫然和无所适从。

（二）社交能力的增强？

手机平台社交也给那些原来不爱在公共场合说话的、性格内向者，自闭者，现实生活社交中受到挫折从此心理留下阴影的青少年人群打开了不同的社交活动，手机给他们带来了社交的希望、空间和平台。

1. 心理方面

手机的私密性、贴身性为青少年用户提供了一个私密的交流空间，便于在公共场合私下沟通。这种极其私人化的传播媒介，创造了完全私密的沟通方式，别人不仅看不到你们在沟通什么，甚至连你们在沟通这种行为都无法得知。

从人际传播角度来看，当双方选择不面对面的直接交流时，反而更容易放开交流，达到更好的人际交往和表达情绪的目的。这就不难解释从最基本的手机通信功能手机短信到基于手机平台上诸多交友软件风行的原因。

青少年借助这种公共性表达模式，可以同时达到既沟通又隔离，既表达又掩盖的双重效果，实现传播者有限表达和可控沟通的传播意图与目的。私密的情感表达和沟通方式更加适合感情表达讲究内敛、含蓄的中国人。

2. 行为方面

在现实中社交不适应的这部分青少年，会逐渐将社交活动转移到手机平台上，并从中获取社交的快乐，弥补了现实社交中的诸多问题。从这个角度来看，这部分人群对手机的依赖只会越发增强，他们将更多地依赖手机社交，这或许是恶性循环，导致现实社交更加失败。因此，对于这部分人群在手机社交上的使用引导非常重要，也引发我们的思考，并需引起重视。

第二节 手机传播内容的缺失

一、手机传播负面内容的影响

手机文化的传播内容并非都是优秀和正面健康的内容，青少年可能会过早接触到并不适宜他们了解和阅读的成人、暴力内容，从而影响到青少年的身心健康发展，影响他们的正常学习，并容易沉迷其中造成负面的影响。

由于任何信息基本都能在手机上搜索找到答案，这既为生活带来了便利，也因为让青少年有机会过早接触和了解一些本不属于他们年龄应该知道的信息，带来了隐患。课堂上，手机铃声此起彼伏；上课时间发短信，用手机聊QQ，玩游戏；不分昼夜地利用手机上网、玩游戏。网络暴力、色情的冲击，对不谙世事的青少年产生了极大的负面影响。

以讹传讹、违法乱纪、垃圾信息等类型的短信造成了严重的信息污染和不良社会效应①；短信作为一种新媒介在给我们的生活带来了便利的同时，"黄色短信""诈骗短信""骚扰信息"等垃圾短信也给我们的生活带来了诸多负面影响。

二、手机传播的安全隐患

（一）手机网络色情暴力信息严重损害身心健康

在经济全球化背景下，信息技术日新月异。手机文化一方面映射着现实社会，另一方面也深刻地反作用于现实社会。特别是随着2013年6月5日英国《卫报》披露美国"棱镜门"监听控制用户信息事件，手机上网、手机拍摄、隐私保护等手机的安全性与幸福危机瞬间让全世界瞠目结舌。由此看来，手机问题不仅是技术信息革命的大浪潮，而且更是关乎民族、关乎国家、关乎世界的安全性与幸福感。

---

① 李瑞、高菲：《手机媒介文化综述》，《山西广播电视大学学报》，2008年7月。

（二）诈骗信息和虚假购物广告造成经济损失

通过手机新媒体传播的还有不少诈骗信息和虚假购物广告，或交友软件中的不正当交友，会给青少年造成不同程度的经济损失。由于青少年特殊的身心特点，既对事物有着强烈的好奇心，又缺乏对事物的判断和鉴别能力，很轻易相信手机上收到的诸类诈骗信息和虚假购物广告。比如，经常就听见周围的朋友收到诸如"开发票""日兼职，高收入"等等这样的虚假欺诈广告，如果真的当真了，联系对方，你会发现其实就是一个骗局。

（三）短信文化暴露的问题思考

以短信文化为例，需要反思的问题还有很多。比如垃圾信息泛滥，有调查显示每人每周收到的垃圾短信平均为8条左右，很大部分浪费了我们的精力和碎片化的时间；短信文字非常不规范，容易误导青少年，而在短信当中出现的错别字、同音、谐音，代表青少年创意的一些网络语言，如符号、图标代替中文汉字等现象，这些都会导致汉语语言表达的失范，长期以往对于青少年的规范言语表达会造成负面影响；助长攀比之风，同学之间很容易形成互相的攀比，因此进入恶性循环，形成不良的消费习惯，增加家长和家庭的经济负担。对于以上问题，我们都应当进一步反思，进一步加强对青少年受众的积极引导，让他们拥有一个更好的短信文化生态圈和优良的传播氛围。

（四）传媒文化暴力

根据信息—模仿理论，对于社会上一些心智不健全的、非理性的人，他们从媒介中获取各种信息，然后进行简单的模仿，这样传媒文化中的暴力内容往往成为他们模仿的对象。于是虚构世界的行为搬到了现实生活中来，这一现象引起了家长们的担忧，也引起社会大众的普遍关注，他们呼吁政府加以干预限制传媒文化中的暴力内容。[①]

[①] 陈龙：《传媒文化研究》，中国人民大学出版社2009年版，第210页。

第三节 泛娱乐化

手机的泛娱乐化是科技发达、信息泛滥、消费至上时代的一种大众审美趣味，是一种以新型技术拓展想象空间的狂欢体验。在市场经济条件下，它与消费文化同气相求，同声相应，在世俗化的文化氛围和生活化的审美环境中，表现为对时尚审美的追求，对自由个性的张扬，隐藏自我的失落和意义的虚无。手机凭借现代高科技的强力支持，在扩大市场以赚取更大利润的功利主义操纵下，推动人们走向消费化的轻松体验，进而促成了手机泛娱乐化的生成。

"媒介是一种隐喻"，用一种隐蔽但有力的暗示来定义现实世界。如我们每天早上醒来，第一件事：开眼；第二件事：开手机。开手机的这个动作就是一个隐喻（metaphor）：一开机我们就取得了与这个世界的联系，如QQ在线现身，我们不再孤独，我们可找到别人，也能被别人找到。麦克卢汉曾幽默地说，以前人类部落时期，小贩（传播者）在村口吆喝，所有的人都听得到。现在再度部落化的社会，犹如地球村，一开机大家就都在一个村子里。一关机，你就走出了村子，或者隐匿在村子的某个角落。

一、从手机传播主体看泛娱乐化

当今时代空前复杂地交织了多种文化因素，大众群体的审美标准开始转向自由选择的个人趣味，使得生活与艺术的边界变得模糊，世俗消费和快感体验、找寻乐趣、宣泄情感凝成一种文化聚合力量，向社会展示出自己的存在价值。

青少年群体利用手机，在挑战主流、消解精英、结构传统中获得自主创新的快乐，不断展示自己的个性和才华，在虚拟的空间中使感官的享乐代替了审美的崇高，使欲望的满足代替了对文化意义的追索，即时的欢乐想象肆无忌惮地铺张、宣泄，促使消费时代的大众娱乐达到一个前所未有的高度。

娱乐明星的微博就成为一大奇观，在网红兴起的时代，娱乐明星越发认识到与网友们打成一片，占据他们的注意力，塑造亲和力圈粉的重要性。他们纷纷走下神坛，把自己的日常生活、工作点滴、所思所想有选择性地呈现出来，如薛之谦、范冰冰等，引发粉丝与他们进行交流，让网友们获得现实世界中无法实现的对话快感，拉近与网友之间的距离。

二、从手机的应用形态看泛娱乐化

手机的功能日益娱乐化是一个不争的事实，从3G进入现在的4G时代，手机的各种应用形态的娱乐功能得到了极大开发。如手机游戏，它就是一种文化工业制造出的审美麻醉品，它不仅不能为人们提供美的享受，反而钝化了人们的艺术感觉力和审美想象力。手机微视频、手机直播、手机广播、手机阅读、手机游戏等等，不同形态的手机娱乐功能为大众提供了丰富的选择。

三、从手机的传播内容看泛娱乐化

内容的泛娱乐化和传播主体的传播动机、审美趣味、手机的应用形态密切相关。借助手机传播功能无厘头地展示幽默、表现智慧，对某些社会现象进行非理性反讽、嘲笑，以滑稽的、莫名其妙的表达来解构正常、解构经典、嘲讽神圣，借以宣泄情绪、寻求刺激，故意引发大众围观，就具有泛娱乐化的性质。手机泛娱乐化的表现形式有人肉搜索、与媒体的互动、网络恶搞等，越来越多的表现都体现出了传播内容的泛娱乐化特征。

四、对手机泛娱乐化的反思

尼尔·波兹曼在其1985年的《娱乐至死》中，从新闻、宗教、政治、教育的角度，深入剖析了以电视为主的新传媒对人们的思想、认知方法，乃至整个社会文化的发展趋向的影响。

英国学者尼古拉斯·阿伯克隆比在其《电视与社会》一书中指出，"电视主要是一种娱乐媒体，在电视上亮相的一切都具有娱乐性"[1]。

---

① 尼古拉斯·阿伯克隆比：《电视和社会》，南京大学出版社2001年版，第6页。

尼尔·波兹曼也在《娱乐至死》一书中有如下表述："娱乐是电视上所有话语的超意识形态。不管是什么内容，也不管采取什么视角，电视上的一切都是为了给我们提供娱乐。"

康德认为："感觉与愉悦的大厦包括了两个层面，处于底层的是感官趣味层，处于上层的是反思趣味层。"手机的泛娱乐化，如果把它看成是处于感官趣味层多少还有些苛刻的话，那它充其量也就是关注了生活的审美化，但是这种生活的审美化同时也很可能导致文化艺术的商业化、人的内在性价值的虚幻化，而随之可能泛滥为一种无节制的消费享乐欲望，应该受到质疑。手机的泛娱乐化终究难逃商业化的宿命。娱乐只有与文化精神结合起来，最大限度地弥合浅表化的审美泛化、即时性的快感体验与审美批判、文化反省之间的鸿沟，才能获得真正的审美愉悦。

第四节　手机阅读对青少年的影响

按照用户获取阅读内容的方式包括手机客户端阅读软件（如百阅、GGBOOK、3GVS等）在线阅读、手机客户端阅读软件下载离线阅读、直接登录WAP或W3（万维网）在线阅读、通过数据线将内容由PC传输至手机进行阅读，通过收取短信或彩信（如手机报）获取阅读内容。

按照内容形式主要包括手机报、手机图书、手机杂志、手机动漫、新闻资讯、博客、微博等。按照内容呈现形式主要包括纯文本阅读、图片阅读（如漫画）、文字＋图片（如彩信报）的阅读等等。按照内容题材可将手机阅读分为：学术类、教材类、交流类、手机文学等。

手机阅读内容的丰富性、信息获取的便捷性以及信息呈现的直观性大大提高了人们的阅读兴趣。同时其共享性、开放性和互动性的特征也满足了青少年交流沟通的需求。然而手机新型阅读方式一方面使得青少年的阅读呈现出了浅阅读、杂阅读，这种重信息获取，轻批判性阅读思维能力培养的阅读习惯，严重制约了青少年的精神成长和个体的终身发展。①

另一方面，手机平台的虚拟性等特征容易使青少年思维与现实生活产生矛盾，甚至行为方式走向畸形发展；手机阅读方式会淡化青少年的政治意识、扭曲道德观念、消解理性思维；手机阅读使青少年的行为产生异化、消费观念扭曲。②

一、青少年手机阅读对传统阅读的替代效应

替代效应是一项描述媒介间竞争形态的概念。媒介之间的替代效应分为功能替代和时间替代两个方面。功能替代指一种新的媒介能以更好更有效的方式提供现有媒介正在为人们提供的功能。一旦一种媒介的功能被另一种媒介替代，则前者很有可能被受众抛弃，退出媒介市场。③

施拉姆曾指出："仅就大众传媒占据阅听人大量的时间本身即构成大众传播虽难以理解不易察觉，但却是一个重要的效果。"④ 人们每天的媒介接触时间是有限的，根据媒介学者麦库姆斯提出的"相对恒定原理"，⑤ 一种新媒介出现后，人们不是通过增加总媒介接触时间，而是通过减少其他媒介的使用时间来接触新媒介。人们的休闲娱乐方式也愈发丰富，媒介选择也越来越多，但可供消费的时间却是稀缺的。

事实上一种媒介为受众提供的各种功能很难被另一种新媒介完全取代，所以媒介之间的功能替代通常表现为时间替代，即人们越来越倾向于使用功能更强的新媒介，以致人们使用其他媒介的时间越来越少，从而产生了时间替代。相对于传统媒介，手机提供给人们的媒介使用体验更加人性化，为了获取更好的媒介体验，受众会将原来用于传统媒体的时间用于

---

① 孟丽娟：《新媒体阅读对青少年精神成长的影响——以中学生为例》，杭州师范大学硕士论文，2012年5月。

② 孟丽娟：《新媒体阅读对青少年精神成长的影响——以中学生为例》，杭州师范大学硕士论文，2012年5月。

③ 张悦：《新媒体对传统媒体的替代效应研究》，《新闻与写作》，2014年3月。

④ 施拉姆：《传播学概论》，陈亮，周立力，李启译，新华出版社，第248页。

⑤ McComb, M.. Mass media in the marketplace. *Journalism 3 Monograph*. 1972, 24, pp. 1—102.

手机。

随着青少年成为手机阅读的主流人群，手机阅读方式对青少年群体阅读方式的影响与改变值得我们深入探索。对我国国民倾向的阅读形式的研究发现，9.0%的国民倾向于"手机阅读"。[1]

"手机阅读"的发展成为当下青少年阅读的主流与手机出版多元化有关，手机出版，就是以手机为媒介的出版行为，是网络出版的延伸与组成部分。[2] 手机出版，是指将已加工后的数字作品以无线通信技术为手段，按照特定的付费方式向手机用户发布的一种出版形式。手机出版是借助手机移动信息平台，将文字、图片、视频等信息数字化，按照特定的付费方式传递给信息终端用户使用的新型出版方式。[3] 由于手机移动阅读的形式十分多样，体现出了快餐式、浏览式、随意式、跳跃式、碎片化等特征，丰富了阅读的形式，让阅读变得更加便捷，同时也满足了不同读者的需求。

二、青少年手机阅读特征

从手机本身的传播特征来看，手机阅读内容存在局限，碎片化、浅层化都是手机阅读的特点，因此也注定了手机阅读内容的局限性。对于手机阅读对于传统阅读的部分替代，我们不能简单地判断手机阅读扩大了青少年的阅读量，丰富了知识面，因此值得充分肯定。同时，我们也不能一味地认为因为手机阅读的碎片化、浅层化导致了青少年阅读和思考能力的下降，带来负面的效应。

2016年4月18日，中国新闻出版研究院发布《第十三次全国国民阅读调查报告》数据显示：0—17周岁未成年人图书阅读率为81.1%，较2014年显著上升；未成年人的人均图书阅读量为7.19本，较2014年减少了1.26本。

---

[1] 中国新闻出版研究院：《第十次全国国民阅读调查报告》，2013年4月18日。
[2] 匡文波：《手机媒体概论》，中国人民大学出版社2006年版，第80—81页。
[3] 匡文波：《新媒体概论（第三版）》，中国人民大学出版社2012年版，第183页。

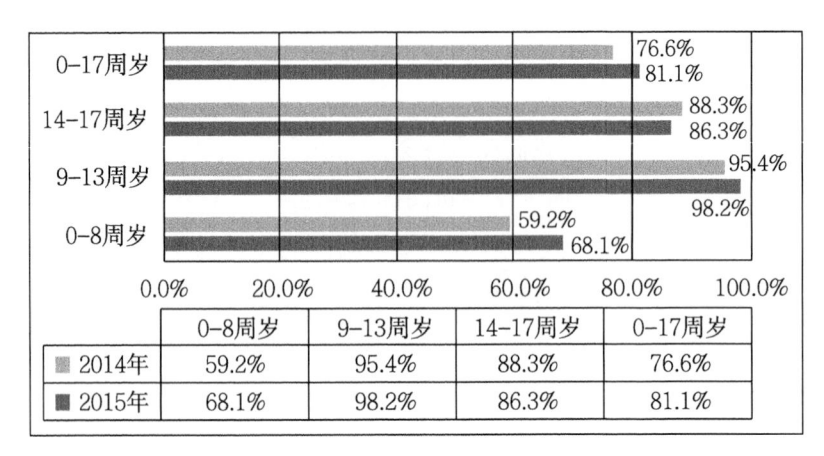

	0-8周岁	9-13周岁	14-17周岁	0-17周岁
2014年	59.2%	95.4%	88.3%	76.6%
2015年	68.1%	98.2%	86.3%	81.1%

图 5-3　未成年人图书阅读率

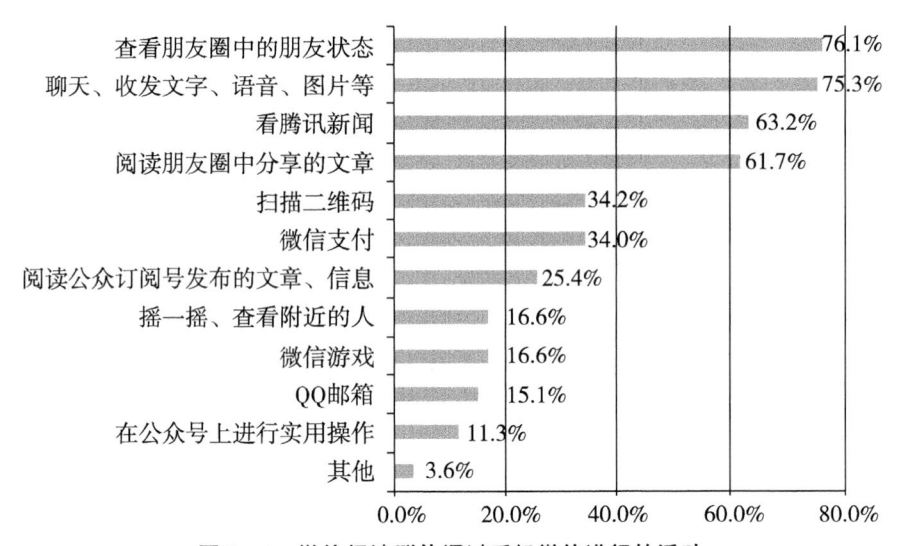

微信阅读群体通过手机微信进行的活动：
- 查看朋友圈中的朋友状态 76.1%
- 聊天、收发文字、语音、图片等 75.3%
- 看腾讯新闻 63.2%
- 阅读朋友圈中分享的文章 61.7%
- 扫描二维码 34.2%
- 微信支付 34.0%
- 阅读公众订阅号发布的文章、信息 25.4%
- 摇一摇、查看附近的人 16.6%
- 微信游戏 16.6%
- QQ邮箱 15.1%
- 在公众号上进行实用操作 11.3%
- 其他 3.6%

图 5-4　微信阅读群体通过手机微信进行的活动

下图是笔者问卷调查中关于青少年对手机阅读内容的偏好的结果显示，比重最高的是"我用手机阅读朋友圈和微博的动态分享"（79.69%），比例远远超过了"我用手机阅读手机小说"（50.63%）和"我通过手机阅读相关学习材料的电子版"（37.81%）。可见从阅读内容来看，青少年在非正式的阅读和学习材料内容上投入了更多的时间。

第五章 反思：青少年手机亚文化的问题及思考

选项	小计（人）	比例	
A. 我用手机阅读手机小说	162		50.63%
B. 我用手机阅读新闻资讯	172		53.75%
C. 我用手机阅读娱乐八卦	146		45.63%
D. 我用手机阅读朋友圈和微博的动态分享	255		79.69%
E. 我通过手机阅读相关学习材料的电子版	121		37.81%
本题有效填写人次	320		

图 5-5　问卷受访青少年对手机阅读内容的偏好

在笔者的调查问卷中，笔者设置了"A. 手机阅读让我思维方式更加灵活""B. 手机阅读让我思维方式更加全面""C. 手机阅读让我思维方式更加创新""D. 手机阅读让我思维方式更加深入""E. 手机阅读让我思维方式更加独立"五个层次，对青少年使用手机阅读对思维影响的陈述进行了考察。五个选项中，青少年更加认可"手机阅读让我思维方式更加全面（B）"及"手机阅读让我思维方式更加创新（C）"两个选项，"比较同意"的百分比分别为 34.06% 和 31.25%。对于"手机阅读让我思维方式更加灵活（A）""手机阅读让我思维方式更加深入（D）""手机阅读让我思维方式更加独立（E）"三个选项，青少年受访者更多地选择了"不太确定"，百分比分别为 35.63%、30% 和 32.81%。

表 5-3　问卷显示手机阅读对青少年思维影响的陈述

题目＼选项	非常同意	比较同意	不太确定	比较不同意	非常不同意	（空）
A. 手机阅读让我思维方式更加灵活	44（13.75%）	89（27.81%）	114（35.63%）	25（7.81%）	12（3.75%）	36（11.25%）
B. 手机阅读让我思维方式更加全面	48（15%）	109（34.06%）	92（28.75%）	21（6.56%）	13（4.06%）	37（11.56%）

选项 题目	非常同意	比较同意	不太确定	比较不同意	非常不同意	（空）
C. 手机阅读让我思维方式更加创新	51（15.94%）	100（31.25%）	85（26.56%）	28（8.75%）	15（4.69%）	41（12.81%）
D. 手机阅读让我思维方式更加深入	41（12.81%）	67（20.94%）	96（30%）	49（15.31%）	24（7.5%）	43（13.44%）
E. 手机阅读让我思维方式更加独立	36（11.25%）	57（17.81%）	105（32.81%）	52（16.25%）	23（7.19%）	47（14.69%）

在笔者的调查问卷中，笔者设置了"A. 手机阅读扩大了我的知识面""B. 手机阅读扩大了我的阅读量""C. 手机阅读减少了我的知识面""D. 手机阅读减少了我的阅读量""E. 和没有手机阅读的时代相比，我的知识面和阅读量没有太多变化"五个层次，对青少年使用手机阅读对知识面和阅读量影响进行了考察。五个选项中，青少年更加认可"A. 手机阅读扩大了我的知识面"及"B. 手机阅读扩大了我的阅读量"两个选项，"比较同意"的百分比分别为45.31%和40.94%。对于"手机阅读减少了我的知识面""手机阅读减少了我的阅读量"两个选项，青少年受访者更多地选择了"比较不同意"，百分比分别为30.63%和29.69%。26.25%的受访者比较不同意"没有手机阅读的时代相比，我的知识面和阅读量没有太多变化"，也就是大部分的青少年认为手机阅读扩大了他们的知识面和阅读量，尤其是和没有手机阅读的时代相比，大部分青少年认为他们的知识面和阅读量有了更多的增加。

表 5-9　问卷显示手机阅读对青少年知识面和阅读量影响的陈述

题目＼选项	非常同意	比较同意	不太确定	比较不同意	非常不同意	（空）
A. 手机阅读扩大了我的知识面	113 (35.31%)	145 (45.31%)	25 (7.81%)	6 (1.88%)	5 (1.56%)	26 (8.13%)
B. 手机阅读扩大了我的阅读量	89 (27.81%)	131 (40.94%)	53 (16.56%)	12 (3.75%)	7 (2.19%)	28 (8.75%)
C. 手机阅读减少了我的知识面	21 (6.56%)	35 (10.94%)	62 (19.38%)	98 (30.63%)	43 (13.44%)	61 (19.06%)
D. 手机阅读减少了我的阅读量	19 (5.94%)	46 (14.38%)	54 (16.88%)	95 (29.69%)	44 (13.75%)	62 (19.38%)
E. 和没有手机阅读的时代相比，我的知识面和阅读量没有太多变化	17 (5.31%)	39 (12.19%)	73 (22.81%)	84 (26.25%)	41 (12.81%)	66 (20.63%)

访谈实例 5-1

（受访者：王同学，21 岁，在校大学生）

手机阅读对我的影响是分为两个方面而言的：一个是我对文学作品的阅读，第二个是我对社会新闻的阅读。对于文学作品，我认识很多朋友都是在用网页浏览电子书。我手机里下载了一个超星的 APP，非常好用，也是因为我在学校的缘故吧，可以用我的学生证账号登陆超星，就可以直接在它里面下许多文学名著的全文。目前我在超星里面读过的电子书包括渡边淳一的小说、安意如的小说以及一些学术论文，从文学上帮我拓展了很多知识，增加了较多阅读量。

其次是社会新闻的阅读。要了解社会新闻，我手机里有澎湃新闻、搜狐新闻、华西都市报、南方周末等若干个新闻类专业 APP，还有微博、微信等即时通讯工具可以看社会热点，因为有自动推送功能，所以我从一个对时事并不敏感的人变成了可以和大家一起，第一时间了解当下发生了什么新闻的人，我觉得还是很惊喜的。每晚看微博和澎湃新闻极大地拓展了我的阅读量，要是没有这些手机应用，我可能就玩玩儿电脑、聊聊QQ就睡了。从这个意义上而言，我觉得手机拓展了我的知识面。

笔者还得出如下结论：

（一）移动化、碎片化的阅读时间总量增多

总的来说，通过手机阅读，青少年阅读的时间比没有手机的时候更多了。《第十三次全国国民阅读调查报告》数据显示，2015年我国成年国民图书阅读率为58.4%，同比上升0.4个百分点；数字化阅读方式的接触率为64.0%，同比上升了5.9个百分点。

	网络在线阅读	手机阅读	电子阅读器阅读	光盘读取	pad（平板电脑）
2015年	51.3%	60.0%	8.8%	2.1%	11.3%
2014年	49.4%	51.8%	5.3%	2.0%	9.9%

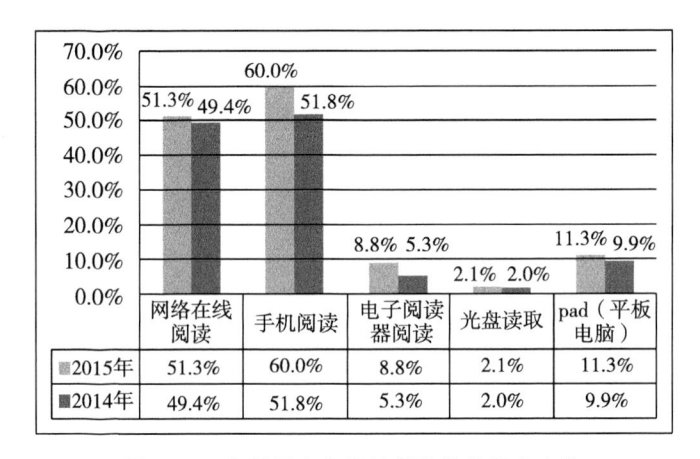

图5-6 各类数字化阅读载体的接触率变化

数字阅读首次明显超过纸质阅读，其中成年国民网络在线阅读阅读率首次过半，达到51.3%，同比增长1.9%；成年国民手机阅读率最高，达到60.0%，同比上升高达8.2%个百分点；电子阅读器阅读、Pad阅读及光盘阅读等都呈增长态势。在数字阅读中，微信阅读最为普及，据统计，有51.9%的成年国民在2015年进行过微信阅读，同比增长17.5个百分点，增幅超过50%。数字阅读尤其是手机阅读发展迅速，移动阅读、社交阅读成为未来的发展趋势。①

---

① 中国新闻出版研究院：《第十三次全国国民阅读调查报告》，2016年4月18日。

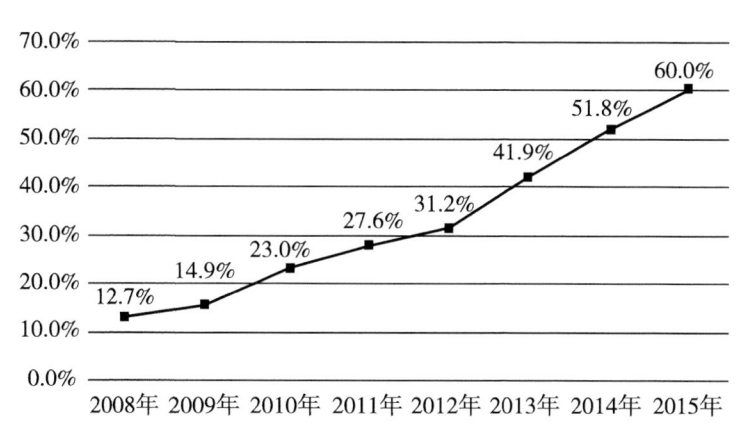

图 5-7　历年手机阅读接触率

从新兴媒介来看，人均每天手机阅读接触时间最长。我国成年国民人均每天手机阅读时长为 62.21 分钟，同比增了 28.39 分钟，其中微信阅读时长为 22.63 分钟，同比增加 8.52 分钟；电子阅读器阅读时长为 6.82 分钟，同比增加 3.03 分钟；Pad（平板电脑）的时长为 12.71 分钟，同比增加 2.02 分钟。

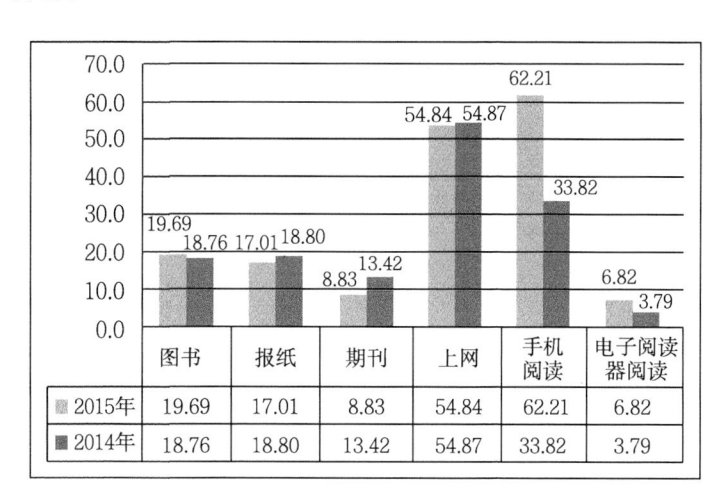

	图书	报纸	期刊	上网	手机阅读	电子阅读器阅读
2015年	19.69	17.01	8.83	54.84	62.21	6.82
2014年	18.76	18.80	13.42	54.87	33.82	3.79

图 5-8　各类媒介阅读时长对比

可以看出，手机阅读对传统阅读的替代效应明显存在。但是，由于基于手机的阅读时间是零散碎片的，阅读的效果究竟如何？阅读的内容是否优良？阅读对青少年带来的改变究竟有多大？这只能取决于每一个青少年本人。

(二) 传统媒体手机平台内容匮乏

如手机报原创内容匮乏,照搬报纸内容。笔者以《新华手机报》为例,手机文化的传播内容不丰富且原创内容少,照搬照抄,没有亮点也没有文采,最重要的是没有信息的纵深感,缺少深度而难以形成深度阅读。同时致命的短板是没有受众的互动,却有老爷办报的傲气。所以构筑深阅读,破解手机浅阅读危机的主要矛盾是编者是办报人。从编辑手法看基本遵循"先是中央,后是地方,然后国际,其次其他"通行编辑原则,不客气地说它就是一个主流报纸的浓缩版,即使是有看点的消息,但当你想看下去时,消息却有头无尾,让人真有击鼓传花的感觉,当人高度观注时,它却戛然而止。其次是信息量少且单一,时效滞后的惰性也时有表现。时效滞后的惰性,一般出现在周六和周日,头天晚间发生的消息即使重大,也很难在周六和周日出刊的《新华手机报》看到,这就是说周刊早就做好了的。再就是文风呆板,突出数字技术图形表现优势不够。

(三) 动感阅读成为手机阅读的主要特征

在信息爆炸的时代,人们的生活方式越来越动感,按照用户的个体差异,你所得到的信息内容与信息量,直接与你所关注的人及关注的数量有关。每位用户每一分钟刷新一次新浪微博或许就能刷出一条最新的新闻,一条生活小贴士,可以是减肥、健身、养生、健康饮食等等;一条与你工作研究领域相关的学者观点;一条与你近期消费相关的折扣广告;或许还有励志小故事、你关心的明星八卦动态、你正在追的美剧韩剧最新剧透等。如笔者的新浪微博上一共关注了499个人,可将这些关注对象做以下分类。

导师类:主要包括与我所在的新闻传播学科研究相关的学者、研究机构及组织的公共账号,包括"喻国明""张志安""程曼丽""张颐武""胡泳""范以锦""吴飞微议""杜俊飞""邵培仁"等。

重要咨询类:在新浪微博上极具人气、关注度较高的名人,或极具影响力的舆论领袖,包括"李开复""杨澜""葛剑雄""于建嵘""韩寒""陈坤""何三畏""俞敏洪""徐小平""孟京辉"等。

媒体公共账号类:包括一些按我喜好关注的国内外媒体公共微博账

号,如"新闻晨报""成都商报""凤凰卫视""新周刊"等。

有专业领域的官方公共微博,如"中国网络视听产业论坛官方微博""钛媒体""中广互联""无微不至新媒体""中国新媒体传播""北大新媒体评论""易观智库""艾瑞咨询集团""尼尔森市场研究""百视通研究院""文化创意壹分钟"。

……

剩下的是笔者的亲朋好友、同事同学们。

以笔者亲身经历为例,早上醒来,躺在床上通过登录新浪微博在六分钟内刷出了如下几条内容,分别来自笔者的朋友、魔鬼经济学、潘石屹、励志精彩语录、张颐武、飞机的坏品味、正和岛标准等。

这些信息在笔者刚醒来的一刻就进入了笔者眼帘,其内容涵盖生活的方方面面,这样的阅读量是以往没有手机和微博时无法想象的,似乎给人一种"坐地八万里"的"一指掌控乾坤"的感觉。从以上五分钟手机阅读的内容形态上来看,包括图片、来自网页的新闻链接、夹杂博主评论的转发新闻、附带着图片的长微博、附带视频链接的微博。

笔者认为要仔细阅读以上五分钟的微博内容,需要远远花上五分钟以上的时间。具体的时间取决于受众对这些内容的感兴趣程度,如果感兴趣点击网页上的相关链接,由此展开一个更加丰富的对于该事件的背景解读和全方位剖析,如果再由此顺藤摸瓜点击查看其他人对此事的关注及转发评论,那花在上面的时间简直就是一个无底洞。问题就在于这只是我们在五分钟内刷出的内容。第六分钟、第七分钟你还会刷出更多的或许更加吸引你的内容,由此得出的结论是:微博上我们所阅读到的内容远远大于我们的消耗量,如果拿一天时间任何事情都不做,只是看微博,都不一定能全部阅读透彻每一条微博。因此不难看出,我们对微博的信息阅读是浅层的。

浅层的阅读带来最大的危害就是阅读的被动性,一旦养成了被动阅读,被动接受信息,被动跟着微博走,我们就会越发丧失自己对阅读内容的主动选择权,而在每天早上醒来的头五分钟就被各种信息淹没。在以往,我们称赞网络的各种曼妙,是因为我们可以在海量的互联网内容中去主动"拉"出我们想要的内容,我们是具有主动选择性的。而如今,随着各类手机平台客户端的发展完善,人性化的设计,让受众越来越懒地依赖于客户端所提供的信息,或者在不知不觉中,不由自主地将时间消耗在一条又一条自己原本没有意愿阅读的手机内容上。并且在这样的不知不觉中,变得越发的被动、依赖,丧失深层次的思考能力。

(四)爆炸信息让人更加饥饿

信息爆炸时代人的思考能力的平面化、碎片化、肤浅化、无脑化将有可能成为一种我们不得不面对的新现象和新趋势。这感觉就如同一个饥饿的人走进了自助餐店,面对满桌子的盛宴,一时半会反而找不到自己该吃什么,反而更加饥饿。

美国哈佛终身教授穆来纳森(Sendhi Mullaninathan)团队调查认为,注意力被稀缺资源过分占据,会导致其认知和判断力下降。长期的资源稀缺培养出了"稀缺头脑模式",导致失去决策所需的心力——穆来纳森称之为"带宽"(Bandwidth)。我们每天都处于信息过剩、信息爆炸、信息过载中,面对着来自铺天盖地、见缝插针的微信、微博信息的轰炸,却导致了信息过剩,无法真正获取自己想要的"有效信息"。互联网带来的信息开放,造成的结果就是"饿汉吃自助餐不知如何选择"。我们的头脑还处在有效信息缺乏的时代。一个非常有趣的现象就是微信的使用率已慢慢超过了微博,因为是朋友、同事间的互动,微信起到了一定程度上的信息筛选作用,筛选之后的信息更加迎合了受众对有效关注信息的需求。

(五)对深层阅读的诉求

告别深层阅读,对青少年而言意味着很多。传统意义上的阅读不断被手机阅读逐渐替代,而深层的阅读和思考将越来越成为稀有之物。在此背景下,青少年对深层阅读的诉求越发增强,而着力于手机文化生态平衡和文化生态建设也是一项具有深远意义的议题。

第五节 手机原住民:"童年的消逝"?

手机使我们的数字化生存进入一个崭新的阶段,手机上的创新已经远远超过了以往任何一种媒体,在诸多方面都逐渐成为当代社会与人们的日

第五章 反思：青少年手机亚文化的问题及思考

常生活相关度最高的一种媒体。当下时代的儿童似乎一出生就自然而然被手机所包围，耳濡目染成为手机的主人，成为手机新媒体的原住民。

据笔者的调查问卷显示，在问到"试想如果从明天开始您的生活中没有了手机，您的心情是？"一题时，大部分青少年受访者对失去手机表现出不适应或不开心，25.31%的受访青少年表示"非常不开心，完全无法想象没有手机的生活"；39.06%的青少年受访者表示"一般不开心，但可以尝试去适应没有手机的生活"；32.19%的青少年受访者表示"能够接受，并慢慢去适应没有手机的生活"，如下表：

表5-5 问卷受访青少年对"若明天开始生活中没有了手机"一题的回答

选项 题目	非常同意	比较同意	不太确定	比较 不同意	非常 不同意	（空）
A. 非常不开心，完全无法想象没有手机的生活	64 (20%)	81 (25.31%)	64 (20%)	42 (13.13%)	18 (5.63%)	51 (15.94%)
B. 一般不开心，但可以尝试去适应没有手机的生活	51 (15.94%)	125 (39.06%)	52 (16.25%)	17 (5.31%)	10 (3.13%)	65 (20.31%)
C. 能够接受，并慢慢去适应没有手机的生活	62 (19.38%)	103 (32.19%)	62 (19.38%)	23 (7.19%)	11 (3.44%)	59 (18.44%)
D. 开心，我终于摆脱手机了	24 (7.5%)	31 (9.69%)	69 (21.56%)	56 (17.5%)	56 (17.5%)	84 (26.25%)

尼尔·波兹曼在《童年的消逝》的引言中认为：童年和成年的分界线在电视的猛烈攻击下变得越来越模糊。"儿童是我们发送给一个我们所看不见的时代的活生生的信息。从生物学的角度来看，任何一种文化忘却自己需要再生繁衍都是不可想象的。但是，没有儿童这样一个社会概念，文化却完全可能生存。书中运用了大量的历史学和人口学的资料，指出童年

是个相对近代的发明。它的诞生，是因为新的印刷媒介在儿童和成人之间强加了一些分界线。"

在没有手机的时代，电视是最完美无缺的传播媒介，电视对儿童影响深远。青少年与媒体的研究起源于西方的媒介与儿童研究，已有80多年的历史，其中最早且最有影响力的是1929—1932年由美国佩恩基金会资助的电影与青少年研究。

英国伦敦经济学院的希尔德·希梅尔韦特对电视与儿童这一课题进行研究的同时，日本布琉也于1957—1959年做了电视与青少年关系的研究，开始关注媒体对青少年生活和学习产生的影响。① 而美国也在20世纪展开了基于《芝麻街》等电视节目与儿童获取知识，以及来自不同层次家庭，能够收看电视节目与否的"知沟"问题研究。可见"电视是一种敞开大门的技术，不存在物质、经济、认知和想象力上的种种约束。6岁的儿童和60岁的成年人具备同等的资格来感受电视所提供的一切"②。而不同的是，在报纸、书本等其他的媒体面前，成人可以规避儿童，毕竟儿童并不识字，不知道具体的传播内容是什么，看不明白。可是在电视面前，声情并茂的画面加上音频的字幕解说，对儿童而言没有丝毫的秘密可以隐藏。相比之上的这段论述，手机似乎更加天然地接近儿童。

一、手机成为儿童的新玩具

手机本身的全天候、私密性和贴身性，超越了之前一切的传播媒介。"玩具、镜子和艺术"媒介招摇进入社会时多半是以玩具的方式出现。它们多半是一种小玩意。人们喜欢它，是因为好玩，而不是因为它们能够完成什么工作。③

麦克卢汉的媒介三阶段论指出，任何技术刚开始时都具有玩具的功能，其次才开发镜子即工具的功能，最后它就演变为艺术。如今，以五花

---

① 孟丽娟：《新媒体阅读对青少年精神成长的影响——以中学生为例》，杭州师范大学硕士论文，2012年5月。
② 尼尔·波兹曼：《童年的消逝》，何道宽译，广西师范大学出版社。
③ 保罗·莱文森：《数字麦克卢汉——信息化新纪元指南》，何道宽译，社会科学文献出版社，第200页。

八门的时尚外形,承托着各种身份角色象征的广告出现在人们面前的时候,手机早已不再是简单的通信工具,更成为一种艺术,成为如同时装、首饰一般可以为不同场合、不同心情而精心搭配的生活情趣。此外,青少年在手机上所花费的时间也越发不可控制。

通过笔者的问卷调查,大部分青少年平均每天使用手机的时间已超过一小时,尤其有在起床或者是睡前躺在床上使用手机的习惯,花费在手机上的时间加起来也非常的壮观。在过去,这些时间可以用来睡前阅读,甚至更小的孩子可以选择听妈妈讲故事,但是如今这些时间却被手机完全占领,当然也有妈妈拿着手机亲子阅读的。由于手机私密性和贴身性是相辅相成的,一部手机拥有太多个人隐私,包括了个人的每日日程、兴趣爱好、朋友圈信息、个人照片、显示个人喜怒哀乐的各种信息等,正是由于手机的贴身性,导致了其私密性特征更加明显。因此,从手机本身的特征来看,手机更加天然地成为儿童的新玩具。

二、手机传播对"成人阴谋"的瓦解

让成人单独知道某些信息的传播手段和渠道在手机的出现后早已不复存在。萧伯纳曾经说,一切职业都是针对外行的阴谋。我们可以扩展这个说法,任何一个群体都是针对不在这个群体里的人的"阴谋",因为"局外人"由于这样或那样的原因,无法获得"局内人"所拥有的信息。

手机能够迅速、普遍地揭示成人世界的全部内容,从而导致羞耻概念被冲淡。"电视把成人的性秘密和暴力问题转变为娱乐,把新闻和广告定位在10岁孩子的智力水平。"儿童不仅懂得他们与成人不同的价值所在,还关心二者需要有个界限,他们也许比成人更明白,如果这一界限被模糊,那么一些非常重要的东西就会随之丧失。手机时代的情况就更加恶劣了,以下笔者通过中国成人网民代表的"天涯社区"和青少年的百度"早恋吧",及青少年"作业帮"手机APP两个例子加以说明。

(一)案例一:从"天涯社区"到百度"早恋吧"

手机传播的普遍性,使得儿童逐渐成为和成人一样得知某些信息的群体。以天涯社区为例,天涯社区可以说是国内成年网民的一个精神家园,是以人文情感为特色的综合性虚拟社区和大型网络社交平台。天涯创立于1999年3月，几乎成为自从互联网普及以来，国内主流网民的生活缩影，天涯社区每月覆盖品质用户超过2亿，拥有上千万高忠诚度、高质量用户群。笔者进入天涯社区的情感天地版块，看到如下标题的帖："请把我给你的还给我""久与君逢，暗恋的滋味，很安静""请问大家怎么看待相亲认识的人的心态问题""情人节，我却不能和男友一起过""多年暗恋加倒追，我终于和我家大叔在一起啦""10年后再遇见的爱情""我以为有一天，你会懂得珍惜（转载）""男朋友和闺蜜好像说不清"等话题，从不同的标题来看，侧面反映了当下成年网民的情感话题。

笔者通过深度访谈，从同学们那里了解到百度有一个叫"早恋吧"的贴吧，人气很高，颇得青少年学生群体的喜爱。笔者打开手机在百度首页输入"早恋吧"，网页出现了"早恋吧百度贴吧""00后早恋吧百度贴吧""学生早恋吧百度贴吧""中学生早恋吧百度贴吧""初中生早恋吧百度贴吧""90后早恋吧百度贴吧"，甚至还发现了"小学早恋吧"等。

笔者进入"早恋吧百度贴吧"，网页显示该贴吧的关注数是69036，帖子有2705298，而显示在首页的几条帖子的标题有如下："00后，想找个男闺蜜""如果你初恋回来找你，你们还会在一起吗？""进来说说你的初恋在几岁好吗？看看有没有比我小""小学同学和我表白了，怎么办？""他不过是给了你一朵枯萎的花""你和你的他/她身高各有多少？你们是最萌身高差吗？""每天在这里写下你们爱人的名字和一句话吧，我们一起坚持。""我和男神表白，遭拒绝全过程。""如果你现在和男（女）友约会，很巧地遇到了前男（女）友，你会怎么样？"发帖的作者清一色皆为在校初高中生，甚至是小学生。

如账号"漓徜愫_怀汐殇"发布了一条"爆照求组团，评论猜年龄"的帖子，并晒出了自己的素颜照。从照片看话题作者不过初中生的样子，帖子引发了较高的关注与人气，不少网友紧接着晒出了自己的素颜照，下面则是清一色"好可爱的样子""么么哒～好可爱""好有感觉的呀""萝莉你好""好清纯的妹子"等回复。

从天涯社区情感天地上的成人情感话题到青少年学生群体的"百度早恋吧"，似乎我们得到这样的一个结论："百度早恋吧"看似很像天涯社区

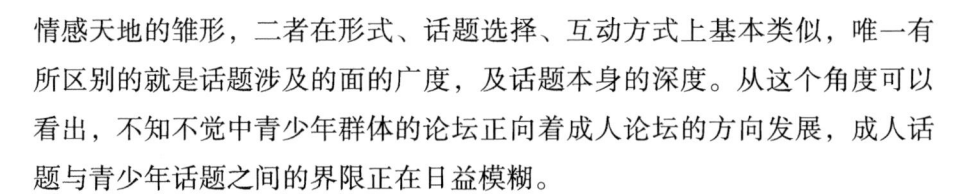

情感天地的雏形,二者在形式、话题选择、互动方式上基本类似,唯一有所区别的就是话题涉及的面的广度,及话题本身的深度。从这个角度可以看出,不知不觉中青少年群体的论坛正向着成人论坛的方向发展,成人话题与青少年话题之间的界限正在日益模糊。

(二)案例二:"作业帮"手机APP

青少年对新鲜事物有着天然的好奇心,愿意积极尝试不同的事物,"作业帮"的出现无疑成了互联网上对青少年跑马圈地的一个软件。在迎合从在校小学生到高中生完成作业,提供答疑需求的同时,也出现了类似于成人BBS的情感娱乐交流平台,成为青少年的精神家园。

"作业帮"中的"学生圈"功能的设置主要是用来交友的,其内容类似于大学的BBS,在"学生圈"里,大家可以发表自己的心情,或者八卦一些学校里的奇闻异事等等。有发起兴趣爱好话题社交类的:"碎觉觉咯,妹妹们怎么美容的啊""今日热帖:用一句话证明你看过某部动漫!""大家喜欢什么歌,推荐一下。""大家喜欢什么组合""大家在学校里的状况:1.被别人欺负 2.你欺负别人 3.……""有木有扣扣后面第三位数是一样的,一样的做十天情侣";有自恋扮萌的自我情感倾诉类:"可爱吗?是我,可爱请评论,不可爱的话勿喷";有娱乐测试游戏类:"测智商,低于120的不要来了";还有直接晒自己照片说想找对象的情感需求类;有打听兴趣爱好的;有自爆糗事的;有分享娱乐八卦好玩的好吃的有意思话题的,顿时感觉展开了初高中生青少年成长的世界,从各个维度剖析了他们内心世界的喜怒哀乐与语言方式,可谓五花八门,光怪陆离。

(三)对手机传播瓦解"成人阴谋"的反思

G. K. 切斯特顿曾说过:一切健康的人,无论是在古代还是现代,在东方还是西方,都知道性里面包含着某种怒意,谁也不敢肆意煽风点火。如果我们要保持清醒,就必须对它保持一种神秘感和敬畏的态度。[①] 这种对成人世界的全盘传播瓦解了"成人阴谋"。

尼尔·波兹曼在《童年的消逝》中对此也表现出了沮丧,他认为不得

---

① 尼尔·波兹曼:《童年的消逝》,广西师范大学出版社2004年版。

不眼睁睁地看着儿童的天真无邪、可塑性和好奇心逐渐退化，然后扭曲成为伪成人的劣等面目，这是令人痛心和尴尬的，而且尤其可悲。[1]

美国学者梅罗维茨早在20世纪80年代就提出了"媒介情境论"，他认为电视这一大众传播形式促进了社会情境交融，最突出的一点是公私情境的合并，那些原本属于私人的领地，渐渐暴露在公共的视野里。成年人生活中本来属于对于儿童是"秘密"的那一面在很大程度上被"公开"了。[2]

如《传媒文化研究》一书所指，传媒文化对社会化具有消极影响。随着传媒文化的普及，儿童接受传媒文化的时间越来越长，收看传媒文化成了他们接受知识的重要渠道，原先的一些传统风气消失了，人们因为传媒文化而变得彼此之间隔膜起来。更多人认为对手机的长期依赖是一种被动的、消极的娱乐方式。如同"电子麻醉剂"，人们被动地接受手机平台所灌输的文化，而很少独立思考，那些爱看电视且长时间沉迷于电视的人被戏称为"沙发上的土豆"。这一针见血地揭示出传媒文化把人异化为没有思维能力的蔬菜，看电视、上网成为一种反智力的活动。[3] 基于手机的私密性和贴身性，家长们并不知道孩子们在看些什么，而随着手机产品和内容的不断丰富，大量成人节目对青少年而言不一定健康和有益，因此从手机上接受到的社会化教育往往存在着严重的缺陷。

---

[1] 尼尔·波兹曼：《童年的消逝》，广西师范大学出版社2004年版。
[2] 陈龙：《传媒文化研究》，中国人民大学出版社2009年版，第272页。
[3] 陈龙：《传媒文化研究》，中国人民大学出版社2009年版，第209页。

第六章 展望：青少年手机亚文化的后现代创造力、意义及其未来

技术文明催生着一个又一个新的媒介和传播方式，而这种传播方式又催生着不同的主流文化和流行文化，形成文化再生产的创造力。创造力研究是一个交织融合了心理学、组织行为学、教育学、历史学和社会学等多个学科的综合性研究领域。当然，狭义的创造力研究侧重于"创造心理学"的范畴，这种秉承个体心理学传统的研究一般以 J. P. Guilford 于 1950 年发表的著名的"创造力"演说为始创标志。[①]

有学者将创造力视为一种体现人类智慧、灵感、意志的传奇而又复杂的心理现象，心理学家们形成了多样的定义描述、理解角度以及研究方法，在众说纷坛中较公认的是四个"P"的创造力定义与研究框架：

（1）创造性的个人（person），即注重创造者的研究，研究哪些人，什么样的人格特征有利于创造力的产生；

（2）创造性的过程（Process），即研究创造力产生的过程；

（3）创造成果（product）注重创造成果的研究，根据成果判断创造力；

（4）创造性的环境（environment 或 place），注重创造者所处环境的研究，研究创造力产生的有利与不利环境。[②]

Csikszentmihalyi 提出了"创造力系统观点"，认为在回答"创造力在

[①] Shane S, Venkataraman s. The promise of entrepreneurship as a field of research *in Academy of Management Review*, 2000, 25 (1).

[②] 王忠：《后现代主义视野中的创造力理论研究》，东南大学硕士论文，2004 年，第 12 页。

何处"这一问题时,不能孤立地去考虑个人以及个人的工作,"个体问题解决这一个孤独的骑兵已经死去"①,更多的创造行为是发生在合作情景下,是社会、文化与个人相互作用而产生的现象,即将个人置入社会文化情景与团体背景中,将创造力作为一种社会文化现象来看待。"创造力并非在人的头脑中发生,而是在人的思想和社会文化环境的相互作用中发生。它不是一种个体现象,而是全方位的现象,只有在一个系统的内部因素的相互作用中才能观察到"②。

对于手机平台的青少年而言,青少年在文本再造与传播中展现的创造力,是上述创造力研究的一个典型。衍生文本的创造与表达、传播与共享的过程,自我角色的呈现与群体的认同,审美愉悦的获取与提升,使得手机亚文化彰显出独特意义及魅力。手机平台的青少年亚文化不仅仅是简单的个体劳动,而是一系列复杂的社会文化现象,是更多的与情感体验、过程意义相关联。尤其是在新媒体技术、虚拟环境下,青少年以他们这个年龄独有的激情与创意、前沿的爱好与执着,孕育了更多草根化、多元化的创造性成果。

第一节 青少年手机亚文化的后现代创造力

一、两个驱动因素:"手机"与"青少年"主体

(一)"手机"是青少年手机亚文化的主角的土壤

"手机"是实现青少年手机亚文化后现代创造力的平台与土壤。

首先,媒介技术成为青少年手机亚文化的后现代创造力驱动的重要外部环境和平台保障。手机是基于新媒体技术横空出世的伟大发明,手机对于传统媒介的超越性,拓展了手机发展的潜力。手机贴身性、移动性的工

---

① 王亚男、张景焕:《创造力研究的新领域:合作创造力》,《心理科学进展》,2010 第1期。
② 邓雪梅:《试论团体创造力研究与创造心理学的理论转向》,《心理科学》,2005 第5期。

第六章　展望：青少年手机亚文化的后现代创造力、意义及其未来

具特性，结合手机私密性、个性化、多元化，以及手机传播的即时性、便捷性特征，最大化地拓展了手机的创意空间。

其次，手机提供了青少年进行创作和表达的技术平台与智能环境，媒介技术提供了催生创造的外部环境，情感因素与群体认同则是驱动创造的内在动力。青少年对于自身群体的爱好把握清晰，参与自身文化创造活动本身能获取一种满足感，获得别人的羡慕或赞许的目光，获得认同感和成就感，这都得到一种愉悦和刺激，即使没有外力的推动，也能获取心理上极其愉悦的体验。

正如爱因斯坦所言："可以引起惊奇和好奇且难以解释的经历是世界上最美妙的经历。"内在动机驱动下的创造行为与过程本身就是目的，就是价值的体现，而不是手段。[①] 而与此同时，群体对于个体的认同，也成了青少年创造力的外部动机。他人的注视目光与反馈意见对于个体的创造产生着重要的作用，合作者之间彼此形成一个互动的过程，更多伴随着友谊与情感，个体间联结的增强，互动友爱，智慧叠加，灵感激发，互补互助，带来群体的强大合力，成为青少年手机亚文化后现代创造力的巨大驱动。

最后，手机为青少年创意灵感的激发创造了可能性。自由表达权利的赋予使得每一个青少年都获得了创造者的身份，较高的自主性和相对开放的平台使得个体追求理想与真实的自我，实现在虚拟世界中的角色转换与弥补。这样一个寻求自我与表达的过程，成为释放创造能量的过程。个体与周围环境，所在群体，身边同龄受众的往来互动，进一步激发了灵感，叠加了智慧，某种程度上形成集体协作，从而超越了个体行为，成为一个系统、复杂、良性循环的文化现象。

创造性的个体与群体，叠加的智慧与迸发的灵感，构筑了新媒体空间的创造力形态。这是一个刷新了传统知识概念的多元化智能网络。农业时代的自然知识是"经验"，是不离生命的个人知识；工业时代的社会知识是"知性"，是割裂生命来催发的对象化知识；信息时代（或称为知识经

---

① 王秋波、罗玲玲：《群体创造动机的激发》，《发明与革新》，1999年第12期。

济时代）的网络知识是自然理性,是复归于生命,从而实现创新的智能。①所谓"智能",是具有生命性、整体性、能动性的,动态地与主体精神融为一体的知识,是麦克卢汉所言的超越分工个体的"生命智慧"——机械世界的特点是分工,生活世界的亮点在融合,分工时代的专有制度带来的是摩擦与效率,而网络时代的共享文化带来的是融合与创新。②因此,从这个意义上说,新兴媒介技术下的手机平台实现了融合汇集的合力。

(二)"青少年"是实现青少年手机亚文化后现代创造力的主角

"青少年"是实现青少年手机亚文化后现代创造力的主角,从上述所提的四个"P"的创造力定义与研究框架来看,青少年构成创造性的个人(person),这样的主体角色可以从以下几个方面来说明。

首先,青少年本身是青少年手机亚文化创造的主体。基于手机平台的草根性、平民化和扁平化,青少年很容易就在自身感兴趣的论坛或APP软件上注册和登录某个账号,获取发出自己声音的权利,对自己感兴趣的话题和文化进行重新的创造加工再生产,转发、点赞、收藏等行为都是青少年进行文化再加工,通过自身分享和评论行为丰富文化,都是为青少年手机亚文化贡献智慧的行为。甚至还可以像APP软件"脸萌"团队创立的初衷一样:青少年群体自身喜爱动漫与幽默,而市场刚好缺乏这样的一款新潮APP,何不自己担任起设计开发师,创立这样的一款软件呢?从该意义上讲青少年很容易变成了文化创造的主体。

其次,青少年本身是青少年手机亚文化消费的主体。这里的消费,一方面指的是对文化现象进行关注,对手机相关软件的接受与使用,手机平台的相关事件及产品本身吸引了青少年的注意力,从而引发了青少年的参与,积极互动,甚至深入地影响到文化现象,总之就是将自身投入到相关的文化中去的行为。而另一方面消费也指基于手机平台上的青少年电子商务及相关买卖行为,手机QQ会员,新浪微博会员,手机淘宝,京东购物,滴滴打车,优步,手机支付宝,微信余额宝等,都将手机平台变成了最为便利的支付平台和随时随地见缝插针的购物渠道。青少年群体本身对新鲜

---

① 鲍宗豪:《网络与当代社会文化》,三联书店2001年版,第308页。
② 鲍宗豪:《网络与当代社会文化》,三联书店2001年版,第308页。

事物的好奇感，对广告较为容易的认同感，对符号消费的无抵抗性，使青少年无疑成为手机亚文化消费的主体。

最后，青少年群体是青少年手机亚文化意义的主体，青少年手机亚文化由青少年创造产生，由青少年参与互动并消费，青少年群体是手机亚文化后现代创造力的参与主体，并成为手机亚文化后现代创造力的驱动因素之一。青少年对文化与创造力的理解、表现、运用，无不呈现出异于传统创造力的前沿性，成为创造性的形成与表达。

二、青少年手机亚文化作为产业生产力：创意与颠覆的引擎

由新媒体技术、青少年群体驱动下的个体创造与集体智慧，在手机平台上展开了文本的二次生产，并在青少年群体的回馈下展开一轮轮新的生产与消费循环，在这样的循环生产过程中，生产者（呈现者）、消费者（观看者）、群体、衍生作品、创造力相辅相成，共同构成了环环相扣、承前启后的亚文化循环体系。将青少年手机亚文化产业生产力置于广阔的社会经济文化背景下，将青少年手机亚文化放入文化产业的链条中，我们能看到亚文化对母体文化的反作用，与文化产业展开互动对话，实现文化的循环与创新发展。

（一）青少年手机亚文化催生丰富的手机平台产品与经济

从 1983 年 10 月 13 日，由摩托罗拉生产的第一台手机在美国问世，1987 年摩托罗拉 3200 第一台手机进入我国，短短二三十年间，移动手机成为人类历史上被接受最快的技术产品，同时更是人类历史上推广使用最普及的技术产品。到 2011 年，全球手机达到 59 亿，我国手机用户达到 10 亿。几乎是一夜之间，地球真得变得像小村子了。智能移动手机的普及以及由此带来的巨大效应，再次引发了人们的关注：我们不得不去接受和传播那些"信息爆炸"，我们不得不时刻去适应这一媒介生态圈中不断繁衍的文化。随着智能手机的迅速普及，每个人的生活都因为移动手机的变化而悄然改变。

美国趣味科学网站 2013 年 6 月 12 日载文说：到 2018 年的智能手机将是一个全新的面貌，到 2020 年，可穿戴式设备将会琳琅满目。如 google 眼

镜等，通过眼睛和声音识别的设备；可计算的摄像头；可语音进行控制和操作的设备；可弯曲的电子屏幕；折光液晶屏等等；到2018年，全天候电池续航都成为可能。

手机将最终成为物联中心，在任何地方，都可以用手机来代替目前使用的卡和钥匙。沿袭几千年的语言、文化、人际关系、公共关系、阅听习惯、日常生活，无一不在发生深刻的变化。手机与现实社会生活的互动，移动改变了生活。手机为王、移动为王的时代的确已经到来，并将创造和带动互联网经济的进一步发展。

1. 手机阅读

以手机阅读为例，越来越多的人利用零碎的时间全神贯注地用手机阅读各种信息。如手机报、手机广告、手机短信、手机彩铃、手机游戏、手机微信等。

手机阅读内容的丰富性、信息获取的便捷性以及信息呈现的直观性大大提高了人们的阅读兴趣，同时其共享性、开放性和互动性的特征也满足了青少年交流沟通的需求。然而手机新型阅读方式一方面使得青少年的阅读呈现出了浅阅读、杂阅读，这种重信息获取，轻批判性阅读思维能力培养的阅读习惯，严重制约了青少年的精神成长和个体的终身发展。[①]

另一方面，手机平台的虚拟性等特征容易使青少年思维与现实生活产生矛盾，甚至行为方式走向畸形发展；手机阅读方式会淡化青少年的政治意识、扭曲道德观念、消解理性思维；手机阅读使青少年的行为产生异化、消费观念扭曲。[②]

随着青少年成为手机阅读的主流人群，手机阅读方式对青少年群体阅读方式的影响与改变值得我们深入探索。对我国国民倾向的阅读形式的研究发现，9.0%的国民倾向于"手机阅读"。[③] "手机阅读"的发展成为当下青少年阅读的主流与手机出版多元化有关，手机出版，就是以手机为媒

---

① 孟丽娟：《新媒体阅读对青少年精神成长的影响——以中学生为例》，杭州师范大学硕士论文，2012年5月。

② 孟丽娟：《新媒体阅读对青少年精神成长的影响——以中学生为例》，杭州师范大学硕士论文，2012年5月。

③ 中国新闻出版研究院：《第十次全国国民阅读调查报告》，2013年4月18日。

第六章 展望：青少年手机亚文化的后现代创造力、意义及其未来

介的出版行为，是网络出版的延伸与组成部分。① 由于手机移动阅读的形式十分多样，体现出了快餐式、浏览式、随意式、跳跃式、碎片化等特征，丰富了阅读的形式，让阅读变得更加便捷，同时也满足了不同读者的需求。

2. 微信连接千万家

微信作为国内首款手机应用产品和即时通信平台软件，凭借其功能强大、使用便捷已经成为广大青少年即时通信，甚至是手机微店、电商、公众号变现或内容创业、性价比最高的不二之选。

在继过去风靡全国的腾讯 QQ、新浪微博、腾讯微博、飞信后，继美国的 Facebook、snapchat、Twieer、WhatsApp、Instagram、LinkedIn、Tinder 等社交软件后，微信用户异军突起，成为时下青少年的最爱以及流行的生活方式，甚至对传统的中国移动、中国联通、中国电信等三家移动运营商带来了极大的挑战。

在笔者的调查问卷中，当被问及一组关于使用微信功能的陈述，请选择与您情况相符合的选项时，58.13% 的受访青少年表示经常在微信里跟朋友聊天，75.06% 的受访青少年表示经常在微信朋友圈里浏览朋友们发出的动态，65.63% 的受访青少年表示经常对朋友们发出的动态作出点赞、回复、转发或收藏等反应，30% 的受访青少年表示经常在微信朋友圈发原创动态，5.63% 的人经常使用微信里的理财、消费或支付等功能。

（二）青少年作为具有行动力与创造性的消费者

1. 作为具有行动力的消费者

青少年群体具有强烈的颠覆反叛性、自我性和个性化色彩，基于该群体本身的个性色彩及性格特征，他们在手机平台上实现印象管理的"自我呈现"，群体效应的认同需求，偶尔的自我逃避与屏蔽，以及对偶像的追求。

青少年思想先进，易于接受新鲜事物，很容易成为新兴事物的消费者。而随着青少年成长进入社会，他们会分散到各行各业，通过他们更能

---

① 匡文波：《手机媒体概论》，中国人民大学出版社 2006 年版，第 80—81 页。

带动和影响更多的社会消费者。同时，在社会里自上而下的各种商业经营活动中，他们被锁定为消费品的目标市场，他们是具有行动力的人群，是未来手机消费的主体及潜力群体。作为青少年群体中的重要组成部分，在校大学生又成了手机消费的核心人群。不难理解移动通信商的考虑，若将在校大学生作为目标消费者，既可以争取到现有的市场份额，又极大地开拓了未来广阔的潜在市场，何乐而不为。这也不难解释为何各大通信移动运营商纷纷走进校园，将大学生作为他们瞄准的行销主体和重要客户群，并为大学生量身打造"动感地带""飞信"等业务套餐背后的原因。

以我国移动通信商的巨头中国移动为例，为了牢牢抓紧青少年群体市场，移动公司不时通过发送扇子、笔记本、日历、小挂件等小礼物获得在校学生的好感。同时针对不同层次的高校消费者，有的放矢地对新业务进行宣传。从中国移动在大学校园用到的行销组合策略方面，我们也能看出中国移动对大学生群体的重视，如设置户外广告就是一个很好的办法。为了增强在校大学生潜在消费者的注意力，形成对公司良好印象的积累效果，中国移动在大学校园的主要食堂、阅报栏、校园主干道、草地、球场等人流集中的地方设立户外广告牌、灯箱、霓虹灯等，以及冠名移动杯足球赛、文艺巡回演出、设立奖学金等，拉近公司品牌与大学生之间的距离，获取他们的认可和好感。

2. 作为具有创造性的消费者

作为创造性的消费者，青少年在利用新媒体技术积极地进行创造与表达，成为富有创意的消费者的代表。如以果粉为例，在他们看来，他们的购买行为并不是他们群体的唯一标签，使用苹果产品也并不全部构成消费的意义，在购买行为之外，彼此之间感情与意见的交流，观点与趣味的分享，思想与行为的碰撞才是更加有意义的行为与内容。从这个意义上讲，果粉重新定义了消费，或者说果粉重新给消费者加入了更丰富的内容。消费在他们看来绝不仅仅只是占有，还需要去体验、去分享、去创造、去表达、相互帮助和交流，然后共同的分享成果，这样的一个过程是愉悦的。果粉以自身的创造力改造了消费的过程，而这反过来也形成了创意产业所提倡的"消费者创新"，创造性的消费行为在此意义上变成了原创行为，消费者成了创意者，消费者与创意者两者之间的角色不断转化更替。

第六章　展望：青少年手机亚文化的后现代创造力、意义及其未来

粉丝们略带偏执的情感与认同体验衍生出无数消费内容与商业契机，进而撬动一个潜力巨大的"粉丝产业"，形成一种新兴的"粉丝经济"。这种粉丝经济是典型的情感经济、认同经济、规模经济，一件文化产品（例如经过商业包装的明星偶像或故事文本）一经推出，其符号体系中某个关键意象触动了粉丝的神经，便具有了转化为消费行为的可能。① 文化研究学者陶东风指出："粉丝经济"与"明星经济"一起，共同组成了当今娱乐经济中相辅相成的"两翼"，粉丝的消费行为扩展到各个消费领域，形成一个巨大的产业。"与明星沾边的一切全部变成了粉丝追逐的商品：明星的演唱会、电影电视作品、光盘、明星写的书或者写明星的书、明星的画像、印有明星的照片或者明确签名的各种商品（上至名车名表，下至内衣内裤，总之是你能够想到的任何商品）。"②

然而，当媒介组织与商业机构敏锐地捕捉到粉丝的这一消费逻辑，将其作为具有广阔前景的市场加以精心培育、追求利润最大化之时，就使得粉丝逐渐滑向消费主义的泥沼。③ 如同时下的 OL（office lady）们提出的口号——"不花钱的粉丝是没有价值的粉丝"。

（三）青少年作为具有主动性与传播力的生产者

青少年展现出了强大的主动性与传播力，基于自身的兴趣和爱好，诞生的手机应用产品应接不暇。

1. 主动性的生产者

作者性生产、配方式生产和再生性生产是文化产品的三种典型生产方式。④ 当青少年将文化产品开发扩散成一个符号体系，在互文性中生产意义，在消费环节造就与强化大众文化之时，这个衍生的符号资源体系反过来作用与产业的内容创意与生产。

---

① 陈彧：《新媒体技术条件下的粉丝文本研究——以百度贴吧的粉丝文本生产为例》，四川大学博士论文，2013 年。

② 陶东风：《经济的奇迹，精神的废墟——就粉丝、粉丝经济、粉丝文化答羊城晚报记者》，陶东风博客 http://blog.sina.com.cn/taodongfeng.s。

③ 蔡骐：《大众传播时代的粉丝经济》，《传播学论坛》，http://ruanzixiao.myrice.com。

④ 何群：《文化生产及产品分析》，高等教育出版社 2006 年版，第 88 页。

在产业链上游的内容创意与生产制造环节，是青少年创造力对内容产业最深层的互动。在文化创意产业中，"内容为王"，文化内容的创造活动是产业链的源头和核心，内容本身的优质决定了用户的注意力，决定了一款手机应用产品的生命力，且上游的内容创意与生产对产业链的各个环节都起到了显著的作用。

如之前提到的"脸萌"，就是由9个"90后"组成的创意团队。创始人1989年的郭列在接受采访时谈到："投资人首先要看创意团队，他们认为90后的团队才能真正了解年轻人的想法。"因为90后了解用户的爱好，了解他们的兴趣，热爱漫画，不喜欢规规矩矩的东西，喜欢好玩轻松无厘头的东西，喜欢无节操的恶搞。从这个侧面展现了青少年群体本身对于该群体的了解，使得他们先天具有创意生产的优势。直接面对无需费神就能理解的受众，最大化地跨越了年龄障碍，直抵青少年的内心。

从更重要的一个层面来看，青少年用户在使用脸萌时，从软件中不同的背景、脸型、气泡、五官、表情、道具等创造性地选择并生成制作符合当下心情的一款头像。这个过程本身就是文本和符号的再生产，这个再生产的过程，可以看作是从软件平台众多单一的元素中挑选、组合、搭配、编辑、生成一系列的创意生产行为。并配合自己使用的目的：向朋友诉苦；与朋友逗乐搞笑；向爱人撒娇示爱；向家人传递爱等。在这个再生产的过程中，青少年主动充当起了产业链中二次生产和创意制作者，乃至是传播和营销者的角色。

在手机平台中看到的每一幅脸萌头像（漫画），都是出自青少年受众本身的创意，实现了基于手机平台和手机应用软件的二次生产。而在这款手机应用投放市场之后，各种来自青少年的意见，比如，还应该增加更多的背景、脸型、气泡、五官、表情、道具等反馈给创意团队，无疑为该产品更好的设计和发展出谋划策。

青少年受众的主动生产带来文化创意生产空间的重组。在这一再生产重组的过程中，一方面媒体组织与商业机构致力于将内容流、信息流向更广泛的传播渠道扩张，从而产生更多的获利来源；另一方面，受众与消费者在各种新兴的互动媒体技术的支撑下，积极争取参与权，以便更好地掌握内容流，并发出自己的声音。这两股力量互相强化影响，创造出了界限日益模糊但又更紧密互利的生产与消费的关系形态——碎片化的受众与消费者可以看作是离散形态的生产节点，他们之间的互动联系以及他们与专业化的产业生产体系的交叉渗透构成了一个充满流动性的参与式生产网络。①

2. 具有传播力的生产者

青少年既是具有主动性的生产者，还同时兼具传播力的营销者这一角色。在生产亚文化的同时，青少年也在亚文化产业链终端的营销和传播环节贡献力量。一方面，为亚文化产业的发展开辟传播渠道；另一方面，成为主动的营销传播者。

青少年无疑充当了亚文化产业链中"二次营销"的角色，在个人的页面中，每发布一次动态所获取的注意力，以及潜在的传播力都是不可估量的。微信、微博本身带评论的转发功能，加上集网络人际传播、群体传播和大众传播等多种传播形态的融合，信息被"粉丝"转发，再被"粉丝的粉丝"层层转发，在短时间实现几何级数扩散，实现裂变式传播。

"裂变"一词来源于物理学上的"核裂变"。是指一种较重原子分裂成较轻原子的核反应形式。它具有两个特点：首先它是一种核连锁反应，即当发生一个核反应，两个或以上的周边核反应被触动，从而带动其他核反应以指数形式增长；其次这种裂变反应随着核裂变数目在极短时间内以几何级数形式增长过程能放出巨大能量。② 在微博、微信中，一方面信息通过粉丝关注呈几何速度广播式地传播出去；另一方面被多数人判定为有价值的信息，被多数人传播使用的手机软件应用可能会在短时间内产生巨大的社会效果。

网络社区成为媒体、企业与消费者互动的绝佳平台，面向虚拟社区的营销成为新兴的营销策略，营销人把这种策略称为"面向 C 世代的营销"③。关系网络成为一种社会资本和生产力要素，并且具有极强的外部性

---

① 王斌：《从多元主体到参与式网络：媒介生产的空间扩散》，《新闻大学》，2011 年第 2 期。

② 《裂变式传播让微博成"草根舞台"》，《中国产经新闻报》，2013 年 5 月 19 日，http://tech.jrj.com.cn/2013/05/19233715315154.shtml。

③ 张嫱：《粉丝方程式》，《CEOCIO》，2007 年第 20 期。

和正反馈性——由于新媒体是一种传播与反馈同时进行的交互性媒体,网上资源不仅可以无损耗地消费,还可以边消费、边生产。它所包含的信息和知识,被网络用户超文本地生产出更多的信息和感受,消费的人越多,包含的资源总量就越大。①

其次,口碑营销也为基于手机平台的各种应用及文化产品打了最好的广告。不同的手机应用产品在锁定目标用户和市场群体,确认主打功能方面都有着明确定位,一款产品的定位与倡导理念也就深深植入了用户的内心,成为口碑传播中的广告词。如学生圈:"给我一学霸,秒杀数理化";微博:"随时随地,分享新鲜事";脸萌:"创造你的卡通形象";Nice:"每天在睁开眼之后都应该对这个崭新的世界和自己说一句——It's Nice to be Nice!"②

三、青少年手机亚文化作为文化创造力:符号的创意与传播

消费社会里,商品化的逻辑将一切人、事、物都转化为商品,所有人都变成生产消费者,消费行为与身份认同、公民权利融合在一起。"作为消费者我们对舒适、美和价格感兴趣,而作为公民,我们对自由、真理和公正推崇备至,然而,自由与舒适、真理与美、公正与价格已经比以往任何时候更清晰地融合在了一起。自我的形成就诞生于他们的结合点:人们对公民权的体验开始像是作为消费者的体验。"③

在约翰·哈特利的《创意产业读本》一书中,提出"自主公民身份(DIY citizenship)":现代人对于自由的渴望表现在公民身份中,也体现在商业民主中——各种长期的趋势促使公民身份本身成为一个创意行为。人们在前进的同时创造自身,通过互动媒介技术(娱乐媒体和产品、电子游戏以及互联网),他们把私人的(个人的)身份与公共的(政治的)身份结合起来,又把这些与消费者商品与服务(时装、旅游以及家居产品)结

---

① 陈先红:《新媒体即关系》,尹韵公、明安香主编《传播学研究——和谐与发展》,新华出版社2006年版,第286—287页。

② http://news.tongbu.com/72084.html。

③ (澳)约翰·哈特利主编:《创意产业读本》,曹书乐等译,清华大学出版社,第27页。

第六章　展望：青少年手机亚文化的后现代创造力、意义及其未来

合起来。公民权围绕着消费者权利进行重新组合，进而在个人领域内核不同的群体中，从品味文化到青年亚文化创造自己的身份认同。[①]

创意产业一词的发明就是为了应对和描述介于产权和自由、工作与个人自我实现、持异议者与政府之间的这种张力。[②]

在新媒体技术的辅助下，新媒体平台赋予了每一个青少年成为普遍的创造者。其创造行为成为新媒体平台上的普遍行为，创造行为成为普遍范围内的文化精神，即人人都可以是艺术家，"创意公民"由"数字公民"率先实现。

青少年所呈现出的媒介素养（Media Literacy）也越来越高，Media Literacy 的基本含义是"读写能力"。可以将媒介素养视为一种媒介读写能力，即通过"读"获取信息，通过"写"表达思想，即手（妙手丹青）、眼（火眼金睛）、心（独立自主）三种能力，及媒介使用能力——使用媒介机械和软件的能力，媒介信息接收能力——观看、分析、识别正确与有用信息的能力，以及媒介表现力——使用媒介将思想、意见、感情等表现、表达出来的能力。[③]

史蒂夫·约翰逊在《坏事变好事——大众文化让我们变得更聪明》一书中提出一个"睡眠者曲线"概念[④]：表面来看大众文化似乎变得越发简单和弱智，有走向下坡路的趋势和标准，而事实上大众文化总体发展却越发复杂，在各种复杂的竞争元素与力量下，大众文化的环境系统变得越发的复杂。使我们沉迷其中的大众娱乐内容被证明是有营养的，并且让我们的大脑更加的丰富，使我们的见识更广，创造力更强，思维也更加的敏锐。

约翰逊的观点也许显得有些非主流，但是若仅把媒介当成一种认知训

[①] （澳）约翰·哈特利主编：《创意产业读本》，曹书乐等译，清华大学出版社，第93页。

[②] （澳）约翰·哈特利主编：《创意产业读本》，曹书乐等译，清华大学出版社，第44页。

[③] （日）水越伸：《数字媒介社会》，冉华等译，武汉大学出版社2009年版。

[④] （美）史蒂夫·约翰逊：《坏事变好事——大众文化让我们变得更聪明》，苑爱玲译，中信出版社2006年版，前言部分。

练,"睡眠者曲线"在对人们思维的训练方面成果显著。电子游戏能够训练玩家的图形信息处理能力、运动技巧、空间技能、灵活解决问题以及团队协作能力,能够建立他们的秩序与规则意识,帮助他们对技术变革习以为常,从而帮助青少年发展对他们未来深具价值的技能——在技术飞速变化的未来工作环境中灵活做出反应。①

在上述"睡眠者曲线"中,青少年以其独有的创新力,充当起了创造的中流砥柱:在不断沉浸与体验手机小说、手机动漫、手机游戏、手机视频、手机软件应用方方面面的过程中,实现了对媒介技能与思维能力、人际沟通与团队协作的训练。这群曾被视为盲目、疯狂、幼稚的受众也许是最具鉴别力、整合力、行动力的创造群体。青少年的这种"自知之明"更深层次意义上来源于内心对文化的体验,以及基于体验的主动阐释、生产与传播行为。

如何将丰富的传统文化遗产转化为符号资本,将文化及符号价值与经济价值联接起来,是中国面临的难题。这也是发展中国家所面临的共同问题,一种解决之道就是将自己定位为"自我创造的国家"②,即提倡创造性参与,促进一种开放性的文化观,使得人们可以通过自我表达和创意制作来追求机会,从而促进文化的再生产,促进本土文化与世界潮流的对话。③

第二节 青少年手机亚文化的意义及未来

一、"文化拉锯战"手机催生千姿百态的青少年亚文化景观

"景观"一词常在绘画和园艺上广泛使用,传统上指外在世界静态、

---

① (美)史蒂夫·约翰逊:《坏事变好事——大众文化让我们变得更聪明》,苑爱玲译,中信出版社2006年版,导读部分。
② (澳)约翰·哈特利主编:《创意产业读本》,曹书乐等译,清华大学出版社,第40页。
③ 陈彧:《新媒体技术条件下的粉丝文本研究——以百度贴吧的粉丝文本生产为例》,四川大学博士论文,2013年。

第六章　展望：青少年手机亚文化的后现代创造力、意义及其未来

固定的物体和形象的再现。① 景观的观看有许多方式，也是身为"主体"的"人"与作为"客体"的地形貌之间的关系探讨。

美国学者 W. J. T. 米切尔（W. J. T. Mitchell）在他所编的《景观与权力》（Landscape and Power）一书中认为景观的探索"不只是问景观'是'（is）什么或景观'意味'（means）什么，还要问景观作为一种文化实践到底做了什么"②。他在该书中的"帝国景观"（Imperial Landscape）一节中强调，景观是文化的媒介，可以从中检视出人们如何"观看"景观。科斯格罗夫（Cosgrove）在他的《社会变迁与景观象征》（*Social Formation and Symbolic Landscape*）一书中也提到："景观的概念（landscape idea）代表了一种观看方式（way of seeing）。"③

杰克逊（John Brinckerhoff Jackson）主张景观是诠释文化的关键，是空间的构成，亦牵涉空间如何被拥有、被利用、被创造与被改变等问题。④ 换言之，景观可以说是一种文化事件，它具有文化的象征意义，我们可以探讨人们以什么眼光来"观看"景观与"想象"景观，进而得知景观本身或景观图像（如景观画、景观摄影）被人塑造的文化意义。⑤

新媒介技术打造了更加绚丽的图像"秀场"，从凝固的时空切片的摄影成像，到编制流动时空梦境的视觉神话，通过虚拟的视觉技术，将虚幻变成现实。在进行审美和叙事的同时，呈现了大量的视觉资源，梦幻之境，让人流连忘返。

与手机繁衍相伴而来的青少年亚文化催生了千姿百态的亚文化景观，呈现出人类文明的万花筒。"年轻人渴望确立自己的身份，又不愿意落入俗套，所以会不自觉地寻求一些抵制或摆脱成人社会的途径。"⑥ 我们在看

---

① E. Relph. *Rational Landscapes and Humanistic Geography*, London, Groom Helm, 1981.
② W. J. T. Mitchell. *Landscape and Power*, Chicago, University of Chicago Press, 1994, p. 1.
③ D. E. Cosgrove. *Social Formation and Symbolic Landscape*, Madidon, University of Wisconsin Press, 1998.
④ J. B. Jackson. *Discovering the Vernacular Landscape*, Yale University Press, 1984.
⑤ 陈龙：《传媒文化研究》，中国人民大学出版社 2009 年版，第 163 页。
⑥ 孟登迎：《"亚文化"概念形成史浅析》，《外国文学》，2008 年第 6 期。

一部影视作品的时候，往往欣赏的不仅仅是影视艺术，或者演员扮演的角色，而是将话题向日常生活延伸。如更多地关注明星在现实生活的角色形象（如感情与婚姻生活、家世背景、个性爱好、言谈举止等），将影视角色的穿戴、发型、化妆挪用到自己的日常生活中等。①

从西方二战后的无赖青年、光头仔、摩登派、朋克、嬉皮士、摇滚一代、迷惘一代、垮掉一代、烂掉一代，到当代中国的知青亚文化、流行歌曲、摇滚乐、另类写作、无厘头、大话文艺、漫画迷、网络文化、粉丝文化、K文化、快闪暴走族（flash mob）等，"恶搞""动漫""粉丝"等一系列文化现象构筑起了时下盛行的青少年亚文化景观。

二、从"图像转向"视觉文化到"可穿戴设备"移动智能终端时代

手机媒介促使我们走进一个视觉文化的时代。居伊·德波在《景观社会》中指出："在现代生产条件无所不在的社会，社会本身展现为景观（spectacles）的庞大积聚，直接存在的一切，全都转化为一个表象。"② 这个表象其实就是图像，经过视觉机器编码的图像如今已成为生活中的一种物质力量，不仅仅只是反映了我们所生活的世界，也创造了这个大千世界，我们就寄身于对待图像奇观之中，并借助视觉机器与技术来获取有关世界的视觉经验。③

如今，高质量的沉浸式VR也慢慢在中国兴盛起来，尽管目前看起来还是个比较艰难的任务，因为不稳定的带宽可能会带来包括频繁的缓冲和不稳定的图像质量等致命问题。但相信伴随这技术的不断升级及成熟，虚拟技术将更好地融入人们的生活。如台湾的HTC公司试图建立10亿美元的虚拟现实投资资本联盟；迪士尼支持的Jaunt和上海东方传媒集团和华人文化产业投资基金合作成立了VR内容制作公司"Jaunt中国"。预计在

---

① 蒋原伦：《媒体文化与消费文化》，中央编译出版社2004年版，第44—52页。
② （法）居伊·德波：《景观社会》，王昭凤译，南京大学出版社2006年版，第3页。
③ 吴琼：《视觉性与视觉文化》，吴琼等编《上帝的眼睛》，中国人民大学出版社2005年版，第12页。

第六章 展望：青少年手机亚文化的后现代创造力、意义及其未来

今后四年内，VR 市场规模将达到 85 亿美元。

视觉文化包括两方面内容：其一，作为当代最主要的文化形态，视觉文化奇观的大量生产带来了视觉奇观的泛滥，即"作为所生产的物品被生产的同时必不可少的附件，作为附着在制度理性上的一般虚饰，作为直接对不断增长的形象——物品生产负责的发达经济部门，奇观是当今社会的首要产品"。① 我们正生活在一个被各种人工的、审美化的视觉景观包裹的世界里。其二，依据美国学者 W. J. T. 米切尔（W. J. T. Mitchell）《图像转向》一文的说法，继语言学之后，当代西方思想界、学术界正在经历一次"图像转向"，一套新的学术研究、文化批判的方法正在构建之中。从高深精微的学术思考到大众流行的粗俗浅薄的生产制作，以图像为中心的视觉文化正在深刻地影响着我们今天文化的每一个方面。这种视觉文化的蔓延是全球的。②

在视觉文化盛行之前，社会文化的总体特征是以语言为中心的，叙述借助语言、借助想象来实现意义的传播。但随着后现代社会的来临，生活节奏加快，尤其在消费时代，人们的接受趣味发生了转型。文化大众口味如同日常消费品一样，需要不断地更换。文化口味更换频率加快，最终只能靠视觉做出取舍，因此文化产品首先的努力方向就是实现视觉效果，过去在农业化时代养成的品味、深思的慢节奏文化接受习惯，那种对叙事方式的期待以及对故事逻辑性的追求已经不重要了，重要的就是要热闹、好看、有趣。③ 印度裔美国学者卡普兰（E. Ann·Kap·lan）将奇观文化概括为两点：一是由消费社会提供的，即按照消费者的需要，设计制作出的供消费者消费的文化；二是消费者自我建构的文化，即消费者在镜像阶段逐步形成的文化自我认同和自我需要。④

布尔迪尔认为："对大众趣味来说，艺术必须服务于一个目的，或者有一个相关点。从中产阶级的观点来看，质问艺术有什么用是'野蛮'的

---

① （法）居易·德波：《奇观社会》，吴琼编《视觉文化的奇观——视觉文化总论》，中国人民大学出版社 2005 年版，第 63 页。
② 陈龙：《传媒文化研究》，中国人民大学出版社 2009 年版，第 164 页。
③ 陈龙：《传媒文化研究》，中国人民大学出版社 2009 年版，第 165 页。
④ 陈龙：《传媒文化研究》，中国人民大学出版社 2009 年版，第 166 页。

行径,因为这样问,就等于质疑艺术的无功利性或艺术的距离。但是大众艺术的家只是依据其'功利'的程度来评判的,也就是说,有利于日常生活,而不是与之保持距离。"①

对于"图像新一代"我们不能表现出百分百的乐观,如联合国科教文组织的有关人员就曾指出:"由于电视的普及,我们正面临着以活版印刷术为中心的文化向以电子图像为基础的文化迅速交替的现实。"它带来的最明显的后果,就是出现了迥异于铅字文化时代的"图像新一代",又称"图像族"。所谓"图像族",只是一种相对的概念,② 基于图像的阅读对于青少年而言比以往的传统文字的阅读更加容易,因此从某种程度上纵容了青少年的图像阅读方式,他们对图像会情不自禁地全盘接受,这会对他们的思维习惯、认知态度都产生不良影响,会形成图像性思维,即非逻辑性的、直观的、感性的、被动的思维特点。

(一)移动终端时代"读屏时代"的视觉审美

海伦·凯勒曾说道:"世界赐给了人们各种观感智能,善用这些天赋,你会为大自然一点一滴的美好而动容。不过,我依然认为,在人类全部感知能力中,视觉是最令人愉悦的。"

随着手机的问世,"屏幕"这一传统概念,不仅仅只停留在最初的剧场,而早已随着不同大小的形式,深入到千家万户。读者的一台台电脑屏幕标志着进入了"读屏"时代;在户外的公交、地铁等忙碌运行的交通工具上,一个个移动的终端屏幕吸引了众多"拇指族"的眼球;青少年手中的一个个手机屏幕,也成为他们碎片化时间下娱乐及咨询的最好入口。屏幕技术已经成为信息科技的重要分支,屏幕美学已经成为读图时代到来的重要标志。

作为屏幕美学研究的背景,作为手机文化的外在形式,屏幕之美的多种元素,对提升青少年手机亚文化的内涵和品质,审美注意力,扩大影响力,增强传播力十分重要。

---

① (美)戴维·斯沃茨:《文化与权力:布尔迪厄的社会学》,陶东风译,上海译文出版社 2006 年版,第 177 页。

② 陈龙:《传媒文化研究》,中国人民大学出版社 2009 年版,第 270 页。

第六章　展望：青少年手机亚文化的后现代创造力、意义及其未来

威利斯等人在《共同文化：青年日常文化中的游戏符号作品》有过精彩的论述：我们坚持认为，符号创造不仅仅是在日常人类行为的生活中的行为，而是一个在日常的创造性与表现中，有一种活跃的符号生活和符号的创造性——即使有时候是不可见的，被忽视了或被轻视了，大部分的青年人的生活不是专注于艺术，而实际上充满了表达、符码和符号。基于此，个体与团体创造性地寻求建立他们的在场、认同和意义。青年人一直在表达或试图去表达关于他们的实际的或潜在的文化意指。这是活生生的共同文化领域。[①] 也就是说，在日常生活中，在青少年的共同文化中，他们用一个个代表他们意义的符号，去共同建立他们的立场、认同与意义。通过在手机平台上这种方式的表达，形成了青少年们活生生的共同文化领域，形成了独特的青少年手机亚文化景观。

（二）引领审美价值取向

在一网打天下的社交媒体时代，关于文化生态失衡与文化生态建设的思考，作为担当中国社会文化转型先锋的手机文化，除坚持政治力量、国家权力的社会文化渗透和舆论控制外，坚守寓教于乐的文化艺术教养引领也是不可或缺的。国家权力和民众意志的关系好比种子和土壤的关系，土壤的面积总是大于种子的面积，没有广阔的沃土，再好的种子也是枉然。国家权力好比是种子，而民众意志好比是土壤，没有人民大众的文化根基，国家权力的社会文化渗透和舆论控制也是一纸空文。

青少年爱手机，其本质是爱手机亚文化，爱一个亲近他们的年龄，爱一个充满人性化与多元化的手机亚文化。在百花争艳的文化沃土上，一个个薪火相传的文化话题，如爱与恨、情与仇、生命与死亡、崇高与卑鄙，正如爱是一个永恒的话题一样，永远为人们津津乐道，永远为人们幸福相伴，永远为人们期盼追求。因为在人类漫长生存发展的历史长河中，是它的涓涓细流滋润着人类共同的精神家园。之所以薪火相传，是因为有爱之源泉。之所以有信仰传承，是因为有爱之精神链条。由爱而繁衍的文化，

---

① Paul Willis (with S. Jones, J. Canaan and G. Hurd). *Common Culture: Symbolic Work at Play in the Everyday Cultures of the Young*, Milton Keynes: Open University, Boulder, Colorado: Westview Press, 1990, pp. 1-2.

是人类引领教养永不枯竭的源头。同理，人们期盼着像"爱"一样的手机文化，从那里获取滋润我们精神家园的养分，从那里获取我们审美价值取向的砝码，从那里找到我们文化缺失的平衡，从那里找到我们文化认知的归属感。

如下面的两条消息都是由手机报摘发的，只因一个爱字，话说两个故事，有弥足珍贵的父爱，有以善报恶的纯情恋爱。

中西方文化共同的"真、善、美"：2013年6月14日据《新华手机报》早报摘目前一英国女孩的分手信吸引了众多眼球。发现男友劈腿后，她没有像一般女孩把男友的东西扔在街上，而是放在对他们曾经有"意义"的地方，衣物放在最初相识的地方，电脑游戏放在第一次亲吻的地方，最后还不忘附上一句"祝你找东西找得开心哦"。这封信在网上的浏览次数已经超过18万。试问：何以赢得数万计网友喜爱？答：勿施暴，以善报恶的纯情之美，这缘于并满足了东西方文化共同的审美价值取向——"真、善、美"之故。

"拇指上的父爱"：2012年10月《新华手机报》摘《长江日报》载，儿子从孝感市云梦县考入华中师大一附中读高中，他每天发手机短信与儿子交流。三年里，他累计发短信10万字，今年他整理这些短信发到了网上。他就是网友"黑皮蔓"，是当地一位郑姓公务员。他的"拇指上的父爱"感动了众多网友。

人性之美，人性之爱，是人类共同的最高精神寄托和归属感。为何有的是因美丽而可爱，有的是因可爱而美丽。究其原因就是审美价值取向作祟。美是一个很大的文化范畴，包涵了人类文化认知取向的倾向性和合理性，即包涵了文化范畴、哲学范畴、艺术范畴等综合元素，是对人的一种行为规范和意识影响。一个充满人性化的手机文化，应该具有这样的文化品质：内容美，形式美，文字美，语言美，表达美。使之成为手机亚文化之沃土，人们在这里看到是非曲直的评判，奋发进取的力量，精神慰藉的良方，浮躁与迷茫的心能在这里看到价值的方向。[①]

---

① 摘自《学术月刊》，2012年第7期。

第六章 展望：青少年手机亚文化的后现代创造力、意义及其未来

（三）"可穿戴式设备"智能终端时代

2013年是可穿戴设备爆发的元年，可穿戴式设备在2013年一年里发展迅猛，远超过智能机过去三年的进步。随着Google Glass的推出，英特尔等行业巨头的进入，可反复弯曲使用的新材料，使用传感器应用的制造工艺等，无论是在技术还是资本上，可穿戴式设备都呈现着迅猛的发展。

美国趣味科学网站2013年6月12日载文说，到2018年的智能手机将是一个全新的面貌，到2020年，可穿戴式设备将会琳琅满目。如google眼镜等，通过眼睛和声音识别的设备；可计算的摄像头；可语音进行控制和操作的设备；可弯曲的电子屏幕；折光液晶屏等等。到2018年，全天候电池续航都将成为可能。

移动互联网智能终端对人类生活产生了巨大影响，使得手机也越发地只是一个移动终端。未来随着智能机、大屏手机、可弯曲手机、低功耗手机及互动性极强手机的出现，手机的功能将会远远超出人们的设想，结合大数据技术和通信技术的发展。到那个时候，手机作为移动互联网的终端，将成为一个物联中心；在任何地方，都可以用手机来代替目前使用的卡和钥匙，手机成了遥控电子设备的总遥控器。手机将作为移动智能终端应用于不同的行业，未来发展不可阻挡。

结　语

　　通过对青少年手机亚文化的研究，我颇为感慨，也很有收获。首先，从研究的各种信息显示：我国已经成为世界第一手机大国，且我国青少年手机亚文化越发丰富多元，我也越发感受到这个选题本身的魅力，并逐步加深了对青少年手机亚文化价值的认知。

　　通过对我国青少年手机亚文化的研究，我发现这是一个非常具备普适性价值的课题。无论你走到哪里，手机都是一道风景。在移动智能终端时代，青少年这个庞大的群体在这个特殊的平台上就其身份确认、个人愿景、价值认同等进行互动交流，用特殊的符号系统进行特殊的文化创意活动，生产出无限丰富而又有趣味的文化产品，并人人分享，在这一过程中享受快乐。同时，通过终端参与日益广泛的电子商务活动，其文化的经济含量也在剧增。

　　同时，我也有忧虑的思考。因为青少年手机亚文化所代表的是青少年群体的切身利益与话语权，它集中反映出的是对主流文化，对母语文化的一种抵抗与颠覆。这种生发于新媒体平台上的亚文化容易对青少年产生替代主流文化的错觉与误导。如包含大量的颓废、娱乐、逃避主流文化等现象，久而久之形成藩篱，造成与社会交流的障碍。因此，在手机亚文化浪潮中，因媒介管理、媒介素养、正确引导缺失而导致的问题普遍，指责也不少。在这个庞大的群体中，青少年是最为活跃的。有的四五岁的幼儿也开始玩智能手机，中小学生使用手机的现象就更普遍了。以往说"电脑从娃娃抓起"，现在可以说"手机亚文化教育也要从娃娃抓起"。应该看到，青少年手机亚文化不仅是一种文化现象，更是一个社会工程，教育工程，系统工程。如果没有社会的正确引导，没有加强对青少年的媒介素养教育，青少年手机亚文化很难做到和谐健康发展。

结　语

　　由于青少年人生观和价值观尚不稳定，因此容易受到手机网络文化中传递的价值观影响，加强对手机亚文化内容的监管，筛选更加积极健康的优质内容无疑是重要手段。但单纯采用这种方法也会降低青少年对不良内容的辨别能力，助长青少年对不良内容的好奇心理，进而不能达到效果。未来应在加强内容筛选的同时，尽快出台并完善对青少年，尤其是未成年人的手机网络文化内容分级制度，使未成年人在早期尽可能接触积极健康的内容。并随着年龄的增长能够接触到更加多元化的优质内容，以培养未成年人的独立思考能力和内容辨别能力，形成健康的价值观念。

　　手机改变生活，手机正改变着世界。我国是一个拥有10亿手机用户的手机大国，青少年手机亚文化所体现出的水平也映射和反作用于社会文化的水平。推动不同文化的对话与融合，推动文化秩序的再建，是手机与现实社会互动的最终落脚点。媒介即讯息；媒介即文化。在互动、共享，人人参与的新媒体时代，手机平台所生发的青少年亚文化如万花筒般气象万千，其文化产业创造力，文化生产力，文化效益影响力巨大。本书研究的成果是初步的，所形成的研究理论还有待进一步地完善和提高。由于青少年手机亚文化这个研究空间尚在不断地延伸和扩大，其裂变效益剧增，其研究的价值也会越来越大，期望有更多的学者来关注它，重视它，研究它，使得青少年手机亚文化的研究更加系统。

参考文献

一、中文文献

(一) 专著、教材

蒋原伦:《媒体文化与消费时代》,中央编译出版社 2004 年版。

蒋原伦:《媒介文化十二讲》,北京大学出版社 2010 年版。

郭庆光:《传播学教程》,中国人民大学出版社 1999 年版。

陶东风、胡疆锋:《亚文化读本》,北京大学出版社 2011 年版。

陆扬、王毅:《文化研究导论》,复旦大学出版社 2009 年版。

罗钢、刘象愚主编:《文化研究读本》,中国社会科学出版社 2000 年版。

高宣扬:《当代社会理论》,中国人民大学出版社 2005 年版。

高宣扬:《布迪厄的社会理论》,同济大学出版社 2004 年版。

沙莲香:《社会心理学》,中国人民大学出版社 1992 年版。

钱中文主编:《巴赫金全集》(第 6 卷),河北教育出版社 1998 年版。

程正民:《巴赫金的文化诗学》,北京师范大学出版社 2001 年版。

蔡骐:《大众传播时代的青少年亚文化》,岳麓书社 2011 年版。

秦艳华、路英勇:《全媒体时代的手机研究》,北京大学出版社 2013 年版。

陈龙:《传媒文化研究》,中国人民大学出版社 2009 年版。

王宁:《消费社会学:一个分析的视角》,社会科学文献出版社 2001 年版。

金元浦:《美学与艺术鉴赏》,首都师范大学出版社 1999 年版。

姚建平：《消费认同》，中国社会科学文献出版社 2006 年版。

刘怀光、赵昆鹏：《当代媒体文化与青少年》，中西书局 2011 年版。

赵勇：《大众媒介与文化变迁：中国当代媒介文化的散点透视》，北京大学出版社 2010 年版。

蒋荣昌：《消费社会的文学文本：广义大众传媒时代的文学文本形态》，四川大学出版社 2004 年版。

林东泰：《大众传播理论》，台湾师大书苑有限公司 2004 年版。

马克思：《1844 年经济学—哲学手稿》，人民出版社 1979 年版。

滕守饶：《审美心理描述》，四川人民出版社 1998 年版。

吴廷俊：《中国新闻史 1978—2008》，中国人民大学出版社 2012 年版。

宫承波：《新媒体概论》，中国广播电视出版社 2009 年版。

匡文波：《手机媒体概论》，中国人民大学出版社 2006 年版。

匡文波：《新媒体概论（第三版）》，中国人民大学出版社 2012 年版。

朱海松：《第五媒体：无线营销下的分众传媒与定向传播》，广东经济出版社 2005 年版。

肖弦奕、杨成：《手机电视：产业融合的移动革命》，人民邮电出版社 2008 年版。

鲍宗豪：《网络与当代社会文化》，三联书店 2001 年版。

王萍：《传播与生活：中国当代社会手机文化研究》，华夏出版社 2005 年版。

蒋晓丽、石磊：《传媒与文化：文化视角下的传媒研究》，华夏出版社 2008 年版。

王萍：《传播与生活——中国当代社会手机文化研究》，华夏出版社 2008 年版。

孙慧英：《多重视域下的第五媒体文化研究》，北京邮电大学出版社 2010 年版。

倪桓：《手机短信传播心理探析》，中国传媒大学出版社 2009 年版。

童晓渝、张磊：《第五媒体原理》，人民邮电出版社 2006 年版。

邓惟佳：《迷与迷群：媒介使用中的身份认同建构（媒介与社会书系）》，中国传媒大学出版社 2011 年版。

江凌：《新媒体节目形态》，河南大学出版社2013年版。

(二) 论文、报告

中国新闻出版研究院：《第十次全国国民阅读调查报告》，2013年4月18日。

胡疆锋：《亚文化的风格：抵抗与收编——伯明翰青年文化理论研究》，首都师范大学博士论文，2008年。

陈彧：《新媒体技术条件下的粉丝文本研究——以百度贴吧的粉丝文本生产为例》，四川大学博士论文，2013年。

陆道夫：《英国伯明翰学派早期亚文化研究探微》，《广东技术师范学院学报》，2005（2）。

胡疆锋、陆道夫：《抵抗、风格、收编——英国伯明翰学派亚文化理论关键词解读》，《南京社会科学》，2006（4）。

刘志友：《文化研究的四个研究模式》，《新疆大学学报（哲学·人文社会科学版）》，2006年1月第34卷第1期。

陶东风：《经济的奇迹，精神的废墟——就粉丝、粉丝经济、粉丝文化答羊城晚报记者》，载陶东风博客 http://blog.sina.com.cn/taodongfeng.s。

蔡骐：《大众传播时代的粉丝经济》，《传播学论坛》，http://ruanzixiao.myrice.com。

蒋晓丽：《从"第五媒体"到后现代文化——中国学者研究视域中的"手机短信"综述》，《西南民族大学学报》，2007（1）。

石义彬、熊慧：《媒介仪式，空间与文化认同：符号权力的批判性观照与诠释》，《湖北社会科学》，2008（2）。

蔡贻象：《影视消费的文化美学意味》，《北京电影学院学报》，2003年第4期。

熊国荣、衫木：《手机：最有资格成为第五媒体》，《新闻与写作》，2005（3）。

冯光华：《初露端倪的新媒体——手机》，《新闻记者》，2003（1）。

李瑞、高菲：《手机文化综述》，《山西广播电视大学学报》，2008

(4)。

汪振军：《走向媒介文化研究》，《新闻爱好者》，2008（3）。

张怡：《符号权力和抵抗政治——布迪厄的文化理论》，《国外理论动态》，2003（3）。

张怡：《文化与误识：符号权力的巫术》，《文艺研究》，2003（2）。

韩冰、王蕾：《手机存在形式解析及前瞻》，《新闻界》，2009（1）。

许莹莹、陈娟、姚红静：《手机的传播优势》，《新闻爱好者》，2009（10）。

周怡、姜岩：《试论手机对新闻传播活动的影响》，《新闻界》，2009（1）。

孟登迎：《"亚文化"概念形成史浅析》，《外国文学》，2008（6）。

冷艳：《个人即信息，手机成就新生活方式》，吉林大学硕士论文，2007年。

王玲：《手机与媒介生态重塑》，西北大学硕士论文，2005年。

姜岩：《影子媒体引领移动互联新时代——手机传播研究》，山东大学硕士论文，2008年。

马晓莺：《手机文化的深度解析》，上海师范大学硕士论文，2005年。

邱韵：《消费文化影响下的群体手机使用情况分析》，四川社会科学院硕士毕业论文，2012年。

孟丽娟：《新媒体阅读对青少年精神成长的影响——以中学生为例》，杭州师范大学硕士论文，2012年5月。

王忠：《后现代主义视野中的创造力理论研究》，东南大学硕士论文，2004年。

江凌：《我国手机电视运营现状与对策研究》，上海大学硕士论文，2010年。

Jiang Ling：《Research on the Displacing Effect of the Internet on The traditional media》，International Journal of Social Science and Humanity，2014，8.

江凌：《2014年我国手机电视运营分析》，《新媒体蓝皮书——中国新媒体发展报告（2014）》，社会科学文献出版社2015年。

江凌：《2013年我国手机电视运营分析》，《新媒体蓝皮书——中国新媒体发展报告（2013）》，社会科学文献出版社2014年。

江凌：《我国手机电视的重围与突围》，《编辑之友》，2013（2）。

江凌：《论网络文化生产力》，《编辑之友》，2012（11）。

江凌：《2013年我国手机电视产业发展报告》，《新媒体蓝皮书——中国新媒体发展报告（2014）》，社会科学文献出版社2014年。

江凌：《2012年我国手机电视产业发展报告》，《新媒体蓝皮书——中国新媒体发展报告（2013）》，社会科学文献出版社2013年。

江凌：《2011年我国手机电视产业发展报告》，《新媒体蓝皮书——中国新媒体发展报告（2012）》，社会科学文献出版社2012年。

江凌：《2010年我国手机电视运营分析》，《新媒体蓝皮书——中国新媒体发展报告（2011）》，社会科学文献出版社2011年。

二、中文译著

【美】迪克·赫伯迪格：《亚文化：风格的意义》，陆道夫，胡疆锋译，北京大学出版社2009年版。

【美】斯图亚特·霍尔：《编码/解码》，载罗岗，刘象愚主编《文化研究读本》，中国社会科学出版社2000年版。

【美】威尔伯·施拉姆、威廉·波特：《传播学概论》，新华出版社1984年版。

【法】让·鲍德里亚：《消费社会》，刘成富、全志纲译，南京大学出版社2001年版。

【法】居伊·德波：《景观社会》，王昭凤译，南京大学出版社2006年版。

【英】雷蒙·威廉斯：《文化与社会》，北京大学出版社1999年版。

【英】保罗·杜盖伊等：《做文化研究——索尼随身听的故事》，商务印书馆2003年版。

【美】马斯洛：《自我实现的人》，许金生等译，三联书店1987年版。

【俄】米哈伊尔·巴赫金：《巴赫金文选》，中国社会科学出版社1996年版。

【澳】约翰·哈特利主编：《创意产业读本》，曹书乐等译，清华大学出版社 2007 年版。

【日】水越伸：《数字媒介社会》，冉华等译，武汉大学出版社 2009 年版。

【美】戴维·斯沃茨：《文化与权力：布尔迪厄的社会学》，陶东风译，上海译文出版社 2006 年版。

【美】戴维·冈特利特：《网络研究：数字化时代媒介研究的重新定向》，新华出版社 2004 年版。

【美】施拉姆：《传播学概论》，陈亮、周立力、李启译，新华出版社 1984 年版。

【俄】米哈伊尔·巴赫金：《陀思妥耶夫斯基诗学问题》，三联书店 1988 年版。

【英】安东尼·吉登斯：《现代性与自我认同》，赵旭东等译，三联书店 1998 年版。

【法】孟德斯鸠：《波斯人信札》，罗大冈译，人民文学出版社 1984 年版。

【美】戴维·博普诺：《社会学》（第十版），中国人民大学出版社 1999 年版。

【英】弗兰克·莫特：《消费文化——20 世纪后期英国男性气质和社会空间》，余宁平译，南京大学出版社 2001 年版。

【美】费瑟斯通：《消费文化与后现代主义》，刘精明译，译林出版社 2000 年版。

【英】齐格蒙特·鲍曼：《全球化——人类的后果》，郭国良等译，商务印书馆 2001 年版。

【法】让·波德里亚：《消费社会》，刘成富、全志钢译，南京大学出版社 2001 年版。

【美】尼古拉斯·阿伯克隆比：《电视和社会》，南京大学出版社 2001 年版。

【美】尼古拉·尼葛洛庞帝：《数字化生存》，胡泳等译，海南出版社 1996 年版。

【美】雪莉·特克：《虚拟化身：网络时代的身份认同》，谭天等译，台湾源流出版 1998 年版。

【美】约翰·帕夫利克：《新媒体技术——文化和商业前景》，传媒产业与管理译丛，清华大学出版社 2005 年版。

【美】约翰·菲斯克：《关键概念——传播与文化研究辞典》，新华出版社 2004 年版。

【美】约翰·费斯克：《理解大众文化》，王晓珏、宋伟杰译，中央编译出版社 2001 年版。

【美】斯蒂文·小约翰：《传播理论》，陈德民、叶晓辉译，中国社会科学出版社 1999 年 1 版。

【英】哈罗德·伊尼斯：《传播的偏向》何道宽译，北京：中国人民大学出版社 2003 年版。

【加】马歇尔·麦克卢汉：《理解媒介——论人的延伸》，何道宽译，商务印书馆 2000 年版。

【美】尼尔·波兹曼：《娱乐至死》，章艳译，广西师范大学出版社 2004 年版。

【美】尼尔·波斯曼：《技术垄断：文化向技术投降》，何道宽译，北京大学出版社 2007 年。

【美】尼尔·波兹曼：《童年的消逝》，何道宽译，广东外语外贸出版社。

【美】保罗·莱文森：《数字麦克卢汉》，何道宽译，社会科学文献出版社 2001 年版。

【美】保罗·莱文森：《手机挡不住的呼唤》，何道宽译，中国人民大学出版社 2004 年版。

【美】保罗·莱文森：《思想无羁：技术时代的认识论》，何道宽译，南京大学出版社 2003 年版。

【美】保罗·莱文森：《软边缘：信息革命的历史与未来》，熊澄宇译，清华大学出版社 2002 年版。

【美】尼克·莱文森：《认识媒介文化：社会理论与大众传播》，王文斌译，商务印书馆 2001 年版。

【法】居伊·德波：《景观社会》，王昭凤译，南京大学出版社 2006

年版。

【美】尼古拉斯·阿伯克隆比：《电视和社会》，南京大学出版社 2001 年版。

【美】约翰·帕夫利克：《新媒体技术——文化和商业前景》，清华大学出版社 2005 年版。

【美】马克·波斯特：《第二媒介时代》，范静晔译，南京大学出版社 2001 年版。

【美】马克·波斯特：《信息方式：后结构主义与社会语境》，范静晔译，商务印书馆 2000 年版。

【加】欧文·戈夫曼：《日常生活中的自我呈现》，黄爱华等译，浙江人民出版社 1989 年版。

【美】格奥尔格·西美尔：《大都会与精神生活》，汪民安等主编《城市文化读本》，北京大学出版社 2008 年版。

【美】理查德·韦斯特，林恩·H. 特纳：《传播理论导引：分析与应用》，刘海龙译，中国人民大学出版社 2007 年版。

【德】里普斯：《论移情作用》，朱光潜译，马奇主编《西方美学史资料选编》（下卷），上海人民出版社 1987 年版。

三、英文文献

（一）专著

Marshall McLuhan：*Understanding Media：The Extensions of Man*，1994.

Dich Hebdige：*Subculture：The Meaning of Style*，London：Routledge，1979.

Neil Postman：*Technology：the surrender of culture to Technology*，1993.

Neil Postman：*Amusing ourselves to death*，2006.

Paul Levinson：*Cellphone：the Story of the World's Most Mobile Medium and How It has Transformed Everything*，2004.

Paul Levinson：*Digital McLuhan*，1999.

Thrkle, S.：*Life on the screen：Identity in the age of the internet*，New

York: Touch stone, 1995.

Mills, C. W.: *the power elite*, New York: oxford university Press, 1956.

John Pavlik: New Media Technology: Cultural and Commercial Perspectives, 1998.

Nicholas Negroponte: *Being Digital Vintage Books*, 1995.

Dan Schiller: *Digital Capitalism: Networking the Global Market System*, MIT Press, 2000.

Alvin Toffler: *Future Shock*, Random House Publishing Group, 1970.

James Robert Walker, Douglas A. Ferguson, John Long, Kevin Sauter: *The Broadcast Television Industry: Part of the Allyn & Bacon Series in Mass Communication*, Allyn and Boston, 1998.

Thompson J.: *Ideology and Modern Culture*, Stanford university press, 1990.

Milton Gordon: *The Concept of Sub - culture and its Application*, in Ken Gelder - and, Sarah Thornton, ds, *The Sub cultures Reader*, London and New York: Routledge, 1997.

Lyon, David: *Jesus in Disneyland: Religion in Postmodern Times*, Cambridge: Polity Press, 2000.

（二）论文

Alex S. Taylor and Richard Harper: A study of gift - giving between teenage mobile phone users, Minneapolis, Minnesota, usa 20 - 25 April 2002.

Ronald Davie: Mobile phone ownership and usage among pre - adolescents, www. elsevier. com/locate/tele.

Terhi - Anna Wilska: Mobile Phone Use as Part of Young People's Consumption Styles, *Journal of Consumer Policy*, 26: 441 - 463, 2003.

Nilgün Tosun: The Effect of the Internet and Mobile Phones on the Habit of Teacher Candidates' Using Turkish Language as Written Language. *Procedia - Social and Behavioral Sciences* 55: 766 - 775, 2012.

Leopoldina Fortunati: The mobile phone use in Mainland China: Some insights from an exploratory study in Beijing, *Telematics and Informatics*, 27, 2010.

Robert E. Park: the City, in Ken Gelder and Sarah Thornton, eds., the Subcultures Reader, London and New York: Routledge, 1997.

Richard Johnson: What Is Cultural Studies Anyway?, *Social Text*, No. 16. (Winter, 1986 – 1987).

四、主要参考媒体及网址

中国互联网络信息中心: http: //www. cnnic. net. cn/

中国移动旗下音乐门户咪咕音乐: http: //www. migu. cn/

钛媒体: http: //www. tmtpost. com/

中广互联: http: //www. sarft. net/

新浪微博会员: http: //help. weibo. com/newtopic/vip/list/1607

腾讯会员: http: //vip. qq. com/

传媒人民网: http: //media. people. com. cn/.

飞象网: http: //www. cctime. com/

百度早恋吧: http: //tieba. baidu. com/f? kw = %D4%E7%C1%B5

作业帮: http: //zhidao. baidu. com/zuoyebang/

附：

问卷调查

您好，我是四川大学新闻学博士生，为了更好地掌握我国青少年手机使用情况及认知，完成我的博士论文《我国青少年手机亚文化研究》，如果您的年龄在13至25岁之间，请您抽出几分钟回答以下问题，问卷只用于学术研究，绝无其他用途。衷心感谢您的支持！

一、基本信息

1. 您的性别是？ A. 男　　　　B. 女
2. 您的年龄是？ A. 13~15岁　　B. 16~18岁
　　　　　　　　C. 19~21岁　　D. 22~25岁
3. 您的受教育程度是？ A. 小学及以下　B. 初中　C. 高中、中专、中师等　D. 大专　E. 本科　F. 硕士及以上
4. 您目前从事的行业属于以下哪一项？
   A. 学生　B. 机关/行政单位　C. 知识、教育行业　D. 自由职业
   E. 企业　F. 服务业　G. 其他_____

二、手机及 APP 使用情况

5. 您使用手机的情况是？
   A. 固定使用一个
   B. 同时使用两个
   C. 同时使用了两个以上
   D. 其他_____
6. 您已经使用手机_____年了？
   A. 一年~三年
   B. 三年~五年

C. 五年~七年

D. 七年以上

E. 其他_____

7. 您在睡前和早上醒来时，通过手机进行阅读、娱乐或社交加起来大约多长时间？

A. 1 小时以内

B. 1~2 小时

C. 2~3 小时

D. 3~4 小时

E. 4 小时以上

8. 您从 App Store（苹果应用商店）或 Android Market（安卓应用商店）下载并使用 APP 手机软件的情况是？

A. 下载并使用

B. 下载不使用

C. 不下载

9. 您一个月的手机付费项目花费占您总体生活开支的百分比为？

A. 5% 以内

B. 5%~10%

C. 10%~15%

D. 15%~20%

E. 20% 以上

三、手机及 APP 使用偏好

10. 下面有关您使用手机业务类型的陈述，请选择与您情况相符合的选项。

A. 我使用影音娱乐类业务，如 YouTube、优酷、腾讯视频、搜狐视频、乐视网等

B. 我使用休闲游戏类业务，如"捕鱼达人""天天酷跑""放开那三国"等游戏

C. 我使用工具学习类业务，如有道词典、google 地图、百词斩、懒人

听讲座等

  D. 我使用资讯新闻类业务，如 Zaker、凤凰新闻、腾讯新闻等

  E. 我使用社交软件类业务，如微信、微博、腾讯 QQ、飞信、Facebook 等

  F. 我使用手机购物与支付等电子商务类业务，如滴滴打车、淘宝、京东、大麦网、余额宝等

11. 下面一组关于您对手机视频内容偏好的陈述，请选择与您情况相符合的选项。

  A. 我用手机观看电影、电视剧类节目，如《万万想不到》《爱情公寓》《海贼王》等

  B. 我用手机观看综艺、音乐类节目，如《康熙来了》《中国好声音》《我是歌手》等

  C. 我用手机观看财经类讯息

  D. 我用手机观看体育类讯息

  E. 我用手机观看新闻类讯息

  F. 我用手机观看原创性微视频

  G. 我用手机观看移动客户端推荐的视频专题

12. 下面一组关于您对手机阅读内容的陈述，请选择与您情况相符合的选项。

  A. 我用手机阅读手机小说

  B. 我用手机阅读新闻资讯

  C. 我用手机阅读娱乐八卦

  D. 我用手机阅读朋友圈和微博的动态分享

  E. 我通过手机阅读相关学习材料的电子版

13. 下面有关您使用一款手机 APP 原因的陈述，请选择与您情况相符合的选项。

  A. 我会因为周围同学、朋友的推荐去尝试一款新的 APP

  B. 我会因为追赶潮流去尝试一款新的 APP，如 Nice、Instagram、豆瓣等

  C. 我会因为有趣、人性化的设计而去尝试一款新的 APP，如脸萌、魔

漫、疯狂猜图等

　　D. 我会因为自身需求而去使用新的 APP，如音乐雷达、照片保险柜、陌陌、作业帮等

　14. 您目前使用的是哪（几）款社交软件：

　　A. 微信

　　B. 新浪微博、腾讯微博等

　　C. Facebook、WhatsApp、Instagram、LinkedIn、Twitter、Snapchat、Tinder 等

　　D. QQ/飞信

　　E. 其他＿＿＿＿＿＿＿＿＿＿

　15. 您本人在社交软件上发布动态的一般频率为？

　　A. 一天不足一次

　　B. 一天一次

　　C. 一天约三次

　　D. 一天超过三次

　　E. 随时都在刷屏

　16. 下面一组关于使用微信功能的陈述，请选择与您情况相符的选项。

　　A. 我经常在微信里跟朋友们聊天

　　B. 我经常在微信朋友圈里浏览朋友们发的动态

　　C. 我经常对朋友们发的动态作出点赞、回复、转发或收藏等反应

　　D. 我经常在微信朋友圈发原创动态

　　E. 我经常使用微信里的理财、消费或支付等功能

　　F. 我经常看附近的人和使用"摇一摇"功能

　17. 下面一组关于微信朋友圈中发布个人动态内容的陈述，请选择与您情况相符的选项。

　　A. 我通常发布有关个人吃、喝、玩、乐的生活内容

　　B. 我通常分享转发学习、见识、成长类营养帖

　　C. 我通常分享新闻或八卦讯息

　　D. 我通常发布个人自拍的照片

　　E. 我通常转发朋友的帖子

F. 我通常分享视频或音乐

18. 下面一组关于您对手机社交软件使用感受的陈述，请选择与您情况相符合的选项。

A. 通过手机平台与朋友互动带给我一种很享受的感觉

B. 我很关心朋友们对于我发的个人动态有何反应

C. 我在对朋友们的动态进行回复时会顾及他们的感受

D. 在手机社交软件中与朋友们互动经常让我感到很投入

E. 我在使用手机社交软件时觉得时间不知不觉就过去了

19. 下面一组关于手机社交对您社交习惯和心理影响的陈述，请选择与您情况相符的选项。

A. 通过陌陌、微信、人人等手机社交软件，我拓宽了人际圈

B. 手机社交让我克服了羞涩心理，建立了更多的自信，增强了社交能力

C. 手机社交降低了我面对面的交流能力，导致我社交能力退化

D. 手机社交让我性格孤僻，且更多依赖于虚拟社交

四、手机及 APP 使用认知

20. 下面一组关于您使用手机阅读对思维影响的陈述，请选择与您情况相符合的选项。

非常同意　比较同意　不太确定　比较不同意　非常不同意

A. 手机阅读让我思维方式更加灵活

B. 手机阅读让我思维方式更加全面

C. 手机阅读让我思维方式更加创新

D. 手机阅读让我思维方式更加深入

E. 手机阅读让我思维方式更加独立

21. 下面一组关于手机阅读对您知识面和阅读量影响的陈述，请选择与您情况相符的选项。

非常同意　比较同意　不太确定　比较不同意　非常不同意

A. 手机阅读扩大了我的知识面

B. 手机阅读扩大了我的阅读量

C. 手机阅读减少了我的知识面

D. 手机阅读减少了我的阅读量

E. 和没有手机阅读的时代相比，我的知识面和阅读量没有太多变化

22. 下面一组关于手机游戏使用心理的陈述，请选择与您情况相符合的选项。

非常同意　比较同意　不太确定　比较不同意　非常不同意

A. 排解学习工作生活的压力

B. 在虚拟空间中实现自我角色，体验成就感

C. 游戏本身很好玩且有趣

D. 打发时间

E. 受周围朋友同学影响

23. 下面一组关于手机对你个人消费影响的认知陈述，请选择与您情况相符合的选项。

非常同意　比较同意　不太确定　比较不同意　非常不同意

A. 手机帮助我获取了更多的消费资讯

B. 手机培养了我的消费习惯

C. 手机促进了我更多的消费行为

24. 下面一组关于您对手机 APP 使用需求满足的陈述，请选择与您情况相符合的选项。

非常同意　比较同意　不太确定　比较不同意　非常不同意

A. 通过不同 APP 的使用，能够满足我通信的需求

B. 通过不同 APP 的使用，能够满足我娱乐的需求

C. 通过不同 APP 的使用，能够满足我社交的需求

D. 通过不同 APP 的使用，能够满足我消费的需求

25. 下面一组关于手机及 APP 操作容易度的陈述，请选择与您情况相符合的选项。

非常同意　比较同意　不太确定　比较不同意　非常不同意

A. 我认为在手机上搜索、下载、安装及使用 APP 的操作很简单

B. 我可以轻易地学会手机及 APP 推出的新功能

C. 我认为手机 APP 的用户界面很友好

D. 我认为手机 APP 的各项功能设计很人性化

26. 下面一组关于使用手机的心理感受的陈述句，请选择与您情况相符合的选项。

非常同意　比较同意　不太确定　比较不同意　非常不同意

A. 使用手机让我觉得很有趣

B. 使用手机让我觉得很放松

C. 使用手机让我觉得很困惑

D. 使用手机让我觉得很烦恼

27. 下面一组关于您对手机正面影响的认知陈述，请选择与您情况相符合的选项。

非常同意　比较同意　不太确定　比较不同意　非常不同意

A. 使用手机让我更好地认识这个社会

B. 使用手机增强或拓宽了我的社交联系

C. 使用手机增进了我对朋友们的了解

D. 使用手机有助于增进朋友们对我的了解

E. 使用手机让我学到很多有用的知识

28. 下面一组关于您对手机负面影响的认知陈述，请选择与您情况相符合的选项。

非常同意　比较同意　不太确定　比较不同意　非常不同意

A. 手机在不知不觉中浪费了我很多时间

B. 自身对手机的依赖加剧让我身心疲惫

C. 手机上的海量和虚假信息影响了我的判断

D. 过多使用手机影响了我的正常作息

E. 过多使用手机导致我精神空虚、情感麻木

29. 试想如果从明天开始您的生活中没有了手机，您的心情是？

非常同意　比较同意　不太确定　比较不同意　非常不同意

A. 非常不开心，完全无法想象没有手机的生活

B. 一般不开心，但可以尝试去适应没有手机的生活

C. 能够接受，并慢慢去适应没有手机的生活

D. 开心，我终于摆脱手机了

后 记

　　风光秀丽，云淡风轻。美国密苏里州哥伦比亚小镇，静谧而安详，时常让人生发心中的许多想象。此刻，伏案于密苏里新闻学院的图书馆里，回顾一年来博士论文的写作历程，恰巧今天正值我29岁生日，顿时感觉这将是我人生的一个重要里程碑：完成博士论文，结束一年的美国学习，回国答辩毕业，迈入而立之年，走上工作岗位，回报国家培养。

　　这一瞬间，我不禁回想起四年前写硕士论文致谢的场景，内心澎湃的情感依旧荡漾。又是四年，几多四年。四年时光是否真得就这么过去？自己经历了什么？成长了多少？

　　读博终究是一件美好而又奢侈的事情，美好到感觉将自己藏于不食人间烟火的象牙塔里，远离了社会的喧嚣，这样的安逸对于一个原本应该在社会历练的青年而言，有些奢侈。但实际上，做一名博士又是一件劳心费力很不容易的事。除了在象牙塔里博览学习，还需要到社会中调研，这毕竟是一个穷究学理的过程。奇怪的是对学术了解得越多，越发觉得自己的无知，最后恍然大悟学术原来是一个无底洞。在努力去做好博士的时候，内心却越发不自信起来。令我终身难忘的是，我的博士导师蒋晓丽教授总会在百忙之中给我指导，她以渊博的学识教诲，细心体贴的人文关怀，引领我攻坚克难一路前行。我耳闻目睹蒋老师如何用心做研究，为师严谨的风范，还从女性学者的角度看到她如何待人接物，关怀家人，帮助他人，为人优雅从容的风采。于我，这是一笔宝贵的财富，也是特别的收获。一路走来，师亲情重。毕业过后，不忘引路人。对蒋老师的感激之情难以用言语表达，唯求自己做得更好，以此为报。

　　感谢我的硕士导师上海大学影视学院的吴信训先生，是他带领我步入新闻传播学这一领域，并始终以严谨的治学态度要求我，以前瞻的战略眼光指引我，鞭策并激励我走得更远，恩师难忘，唯有埋头耕耘，方为报答。

感谢给予我教导与关怀的北京大学龚鹏程教授以及四川大学文学与新闻学院的教授们，他们是邱沛篁、欧阳宏生、张小元、蔡尚伟、操慧、王炎龙、朱天；感谢四川社科院的林之达教授；感谢上海大学影视学院郑涵院长，忘不了在迈阿密的露天小院，您指导我的博士论文到凌晨，以及"读博首先要学会做人，对世界报以通达的胸怀，坚持独立的自我，淡泊明志"的谆谆教诲；感谢给我无微不至关怀的上海大学陈瑶老师、狄勤丰教授，影视学院聂伟副院长及吴小坤副教授。

读博的这段经历，于我是难得的人生修行。尤其是在美国密苏里新闻学院学习的一年，舒适优雅的学习环境，丰富的教学和研究资源，为我的博士论文写作提供了最好的环境，带来了无尽的写作灵感和人生感悟。由此，特别感谢密苏里新闻学院的 FRITZ CROPP 博士、章于炎博士与杨力老师对我访美学习的支持。

感谢我的好闺蜜大齐和 Jack，多年来我们一起成长；感谢曹月娟师姐对我的关怀与激励，一次次让我相信自己。感谢在密苏里大学重逢的李晓梅师姐，和您每次谈话都如同一剂良药让我拨云见日，豁然开朗。感谢我四川大学的同学们，我所有来不及一一点到的朋友们，以及我美国的小伙伴们：王欣慧、Chinedu Justin Umeozor、Dainec Stefan、Ahmad Alsugair、Graham Michael Kennedy、Alex Klang 谢谢你们与我分享你们纷呈的世界。

感谢老爸，我最佳的楷模，虽然您不是天底下最出色的记者，可您却总是以自己的行动、作品、才华来征服我，并让我看到新闻这门学科鲜活的生命力。作为扎根少数民族地区近 40 年的一线记者，您总是对我叮嘱，做新闻研究要"接地气"，写博士论文要有"烟火气"："理形于言，叙理成论。词深人天，致远方寸"。在旁人都说我"子承父业"的时候，我却知道您对我的要求永远比我对自己的高，不由惭愧地道一句："姜还是老的辣！"

老妈，永远是一副老妈的样子，默默无闻却又放不下各种叮嘱：多吃新鲜水果，多喝牛奶，少熬夜，身体最重要。随着年龄的长大，老妈也慢慢不太关心我的学习和事业了，而更多关心我的健康和心情，其实，老妈不老，老妈是世上最温暖的人。最后要感谢从小把我带大的外公、外婆；感谢相亲相伴的姨爹、小姨和韬韬；我的家人们，我是如此爱你们。

感谢这一切，你们的相伴与支持如同喷涌不竭的幸福源泉，给我的生命带来加州般的橘色阳光，唱响一曲曲密苏里河畔动人的歌谣。

2014 年 7 月 24 日于密苏里大学新闻学院